해커스변호사

헌법

Constitutional Law

변호사시험

명품 **기출문제집**

사례형

 해커스변호사

1. 들어가며

저자는 2001년 2월 첫 강의를 시작한 이래 현재까지 22년째 헌법, 행정법시험을 준비하는 수험생들을 위한 강의를 해오고 있습니다. 2002년까지 저자 역시 같은 고시생 신분임에도 불구하고 깜짝 놀랄 정도로 많은 수험생들이 저자를 믿고 강의를 수강해 주었는데, 그들의 신뢰는 지금까지 저자가 저서를 집필하고 강의를 계속할 수 있게 한 원동력이 되었습니다. 이제는 각자의 영역에서 열심히 살고 있을 그들에게 새삼 안녕과 감사의 마음을 전합니다. 그리고 지난 20여년간 저자의 책으로 공부하고, 저자의 강의를 들어준 헤아릴 수 없이 많은 수험생들 한 사람 한 사람 모두에게 역시 깊은 감사의 마음을 전합니다. 아울러 고시생에서 합격생으로, 합격생에서 다시 변호사 겸 대학 겸임교수로의 신분상 변화에도 20여년 동안 한결같은 열정으로 더 좋은 저서를 집필하고 더 나은 강의를 위해 정진해온 저자 스스로에게도 위로와 격려를 보냅니다.

20여년 전이나 지금이나 시험은 어렵고 수험생활은 고난과 시련의 연속인 것 같습니다. 저자가 경험하고 지켜본 시험이란 제도는 우수한 인재를 선발한다는 당초의 목적과 달리 어찌 보면 고난과 시련을 이겨낼 수 있는 자, 즉 성실과 집념을 가지고 끝까지 살아남는 자만이 선택받을 수 있는 - 게다가 운까지 변수로 작용하는 - 지극히 가혹한 것이라는 생각도 듭니다. 하지만 시험제도를 당장 바꿀 수 없다면 수험생은 현 시험제도에 스스로를 맞춰갈 수밖에 없고, 그렇게 해야만 시험합격을 통한 자신만의 꿈을 이룰 수 있을 것입니다. 지금 이 시간에도 각자의 꿈을 향해 하루하루 고된 여정 중에 있는 모든 수험생들에게 진심어린 격려와 응원의 박수를 보냅니다.

한편, 2021년은 저자가 실무가인 변호사로서 우리 사회에 기여했다고 생각되는 한해였습니다. 저자는 소위 "선거운동기간 중 인터넷 실명제"(헌재 2021.1.28. 2018헌마456 등) 사건에서 관련 학술논문까지 써가며 청구인의 대리인으로서 많은 시간과 노력을 들여 그 위헌성을 주장하였는데, 헌법재판소가 저자의 의견을 받아들여 위헌결정을 선고한 것입니다. 앞으로도 실무가로서 잘못된 법에 대해 끊임없이 문제제기를 이어나갈 것이며, 우리 사회의 법제도적 개선을 위해 최선을 다하겠습니다.

2. 이 책의 기획의도

이 책은 변호사시험에 대비하고자 하는 로스쿨생을 위한 전형적인 수험서입니다. 다시 말하자면 이 책은 변호사시험 준비생들의 헌법사례 이해·정리에 도움을 주고자 기획한 것입니다.

3. 이 책의 특징과 활용법

(1) 이 책은 2015년부터 출간해온 『로스쿨 헌법 사례기출해설』(윌비스 刊) 책에서 수험생들의 부담을 덜어 주고자 사법시험 문제를 제외하고, **2012년 제1회부터 2022년 제11회까지 변호사시험 공법 사례형 헌법분야에 출제된 사례문제만을 모두 해설하여 재출간**하였습니다. 시험공부에 임할 때 기출문제를 이해하고 그 문제에 등장한 쟁점을 암기하는 것이 얼마나 중요한 것인가에 대해서는 아무리 강조해도 지나치지 않다고 생

각합니다. 왜냐하면 기출문제에 등장한 논점은 이미 헌법적으로 중요한 쟁점임을 공인받은 것이므로 향후 시험에서도 계속 출제될 수 있기 때문입니다. 실제로 기출문제를 분석해보면 앞서 출제된 논점이 때로는 '그대로', 때로는 '비슷한 형태로', 때로는 '응용·변형된 형태로' 계속 출제되고 있음을 알 수 있습니다. 따라서 기출문제를 대할 때 "여기서 등장한 논점들이 다음 시험에 또 출제될 수 있다."는 경각심을 가져야 하고, '일단 암기하고 보자'는 태도보다는 **'先이해, 後암기'**, 즉 응용·변형된 형태로 출제될 수 있으므로 "먼저 해당 논점을 정확히 이해하겠다."는 태도로 임하셔야 합니다. 각 사례해설 앞에 서술된 '핵심공략' 부분이 사례이해에 많은 도움을 줄 것입니다.

⑵ 모든 문제해설 앞에 **'핵심공략'**을 정리하여, 사례의 쟁점을 정확히 파악하고 이해할 수 있도록 하였습니다. 문제해설을 '핵심공략'과 '상세해설'로 이원화함으로써, **수준별 학습 및 시간 절약이 가능**하도록 함과 동시에 **실제 시험에서 기출 변형이나 낯선 문제가 출제되더라도 충분히 대비**할 수 있도록 하였습니다.

⑶ 이 책은 초심 독자들이 헌법사례를 이해하는데 도움을 주기 위해 기출문제 설문을 각 분설하여 교과서 진도별로 재정리하여 배치하였습니다(행정법 사례형 역시 진도별로 재정리함). 따라서 이 책은 변호사시험 기출 헌법사례를 교과서 진도별로 하나하나씩 공부하여 실력을 쌓을 수 있는 가장 효율적인 구성입니다.

⑷ **이 책은** 『로스쿨 헌법 사례기출해설』(제6판, 2021년 윌비스 刊)을 바탕으로 **2022년 2월 말까지 선고된 헌법재판소 결정, 대법원 판결 등을 반영**하고 저자의 관점에서 미흡하다고 생각되는 부분에 대하여 개고(改稿)를 하였습니다. 2022년 제11회 변호사시험 사례형 문제까지 모두 해설하였고, 이미 출간된 2022년판 『기본강의 헌법』과 『간추린 핵심강의 헌법』은 물론 『헌법 핵심정리 300』에 맞추어 기존 내용을 전반적으로 수정·보완하였습니다.

4. 로스쿨 공법(헌법·행정법) 강의 개설

저자는 2001년 강의를 시작한 이래 20여년간 공법(헌법·행정법) 강사로서 과분한 사랑을 받아왔습니다. 그런데 지난 몇 년간 여러 사정으로 강의를 많이 제공하지 못하였고, 이 점 늘 미안하고 안타까웠습니다. 다행히 올해부터는 **해커스변호사 학원에서 변호사시험을 대비한 다양한 공법(헌법·행정법) 강의를 진행**할 수 있게 되었습니다. 강의의 구체적인 내용은 다음과 같습니다. ① 2월 헌법기본강의(교재 『간추린 로스쿨 핵심강의헌법』), ② 3월 공법(헌법·행정법) 선택형 기출특강(교재 『변호사시험 핵심기출 200제 공법 선택형』), ③ 4월 공법(헌법·행정법) 사례형/기록형 기출특강(교재 『변호사시험 기출문제집 헌법·행정법 사례형』, 『공법 기록형 기출해설 + 기록형 핵심정리』), ④ 6월 공법(헌법·행정법) 암기장 + 주요판례/기록형 특강, ⑤ 7월 사례 + 최신판례 특강, ⑥ 9월 공법(헌법·행정법) 진도별 모의고사 특강, ⑦ 11월 공법(헌법·행정법) 파이널 특강 등을 예정하고 있습니다.

5. 감사 및 마무리 인사

이 책은 지난 20여년간 저자의 강의를 듣는 수강생으로서, 때로는 학문적 동료로서, 때로는 생각하지 못한 질문으로 과제를 던져주는 스승으로서, 저자와 함께한 수많은 수험생들이 있었기에 가능했습니다. 이 자리를 빌려 그 모든 이에게 감사의 마음을 전하고 싶습니다.

서산대사님은 "눈덮인 들판길을 걸어갈 때 함부로 어지럽게 걷지마라. 오늘 내가 가는 이 발자취는 뒷 사람의 이정표가 될 것이다."라고 하였습니다. 『헌법 사례형 기출해설』을 처음 집필할 때나 지금이나 저자로서, 헌법수험생들에게 이정표가 될 수 있는 책을 만들겠다는 심정으로 임하고 있습니다.

아무쪼록 제 책과 강의가 공법 공부에 많은 도움이 되고 합격의 영광도 함께 가져오기를 기원합니다.

2022.3.7.

도헌(道憲) 공법연구소에서

김유향

Chapter 03   헌법총론

Chapter 04   통치구조

Chapter

헌법재판

001 한정위헌청구의 적법 여부

2016년 5회 변호사 제1문

2015.6.16. 관할 경찰서장은 甲이 「경범죄 처벌법」 제3조 제34호를 위반하였다는 이유로 관할 지방법원에 즉결심판을 청구하였고, 위 법원은 같은 날 甲에게 벌금 5만원을 선고하였으며, 甲은 이에 불복하여 같은 해 6.19. 법원에 정식재판을 청구하였다. 1심 계속 중 甲은 위 「경범죄 처벌법」 제3조 제34호가 자신의 기본권을 침해한다고 주장하며 위 법원에 위헌법률심판 제청신청을 하였고, 법원은 2015.7.1. 위 신청을 기각하였다. 2015.7.6. 甲은 기각결정문을 송달받은 후, 2015.8.3. 「경범죄 처벌법」 제3조 제34호가 피의사실을 부인하는 경우에 적용되는 한 위헌이라며 헌법소원심판을 청구하였다.

1. 「경범죄 처벌법」 제3조 제34호에 관한 甲의 청구는 적법한가? (20점)

📁 **참조조문**

※ 아래 법령은 각 처분 당시 적용된 것으로 가상의 것이다.

경범죄 처벌법

제3조【경범죄의 종류】① 다음 각 호의 어느 하나에 해당하는 사람은 10만 원 이하의 벌금, 구류 또는 과료(科料)의 형으로 처벌한다.

　34. (지문채취 불응) 범죄 피의자로 입건된 사람의 신원을 지문조사 외의 다른 방법으로는 확인할 수 없어 경찰공무원이나 검사가 지문을 채취하려고 할 때에 정당한 이유 없이 이를 거부한 사람

핵심공략

설문 1은 이미 사시 55회에 출제되었던 '한정위헌청구의 적법 여부'가 중요 쟁점인 사례이다. 헌재는 종래 한정위헌의 판단을 구하는 청구는 원칙적으로 부적법하다고 보면서, 다만 청구인이 형식상 법률조항의 해석을 다투는 것이지만 실질적으로 법률조항 자체를 다투는 것으로 볼 수 있는 경우에는 예외적으로 적법한 청구로 보았다. 하지만 헌재는 2012년 종래 선례를 변경하여 한정위헌청구를 원칙적으로 적법한 것으로 보았다(2012.12.27. 2011헌바117). 따라서 위 헌재태도를 반드시 소개하여야 한다. 아울러 헌재가 "단순히 법률조항의 포섭이나 적용의 문제를 다투거나, 단지 재판결과를 다투는 경우 등에는 여전히 허용될 수 없다"고 판시하였는바, 한정위헌청구 사안이 출제될 경우 곧바로 적법하다고 결론짓는 것보다는 사안이 헌재가 말한 부적법한 경우에 해당되는 것은 아닌지에 대한 논의를 덧붙일 필요가 있다. 유의할 점은 설문이 "甲의 청구는 적법한가?"이므로 '한정위헌청구의 적법 여부' 외 '재판의 전제성', '청구기간' 등 다른 적법요건에 대해서도 반드시 검토를 해야 한다는 것이다. 특히 설문처럼 구체적 날짜가 주어진 경우 청구기간 준수 여부에 대한 판단을 누락해서는 안될 것이다.

〈목 차〉

I. 설문 1의 해결

1. 「헌법재판소법」 제68조 제2항 헌법소원의 요건

「헌법재판소법」 제68조 제2항의 위헌심사형 헌법소원은 실질적으로 위헌법률심판에 해당하기 때문에, ① 심판대상은 법률 또는 법률조항이고, ② 위헌여부심판의 제청신청이 법원에 의하여 「기각」된 때이어야 하며, ③ 재판의 전제성이 인정되어야 한다. 형식적으로는 헌법소원의 형식을 취하기 때문에 ④ 위헌제청신청 기각결정을 통지받은 날로부터 30일 이내에 청구하여야 하고, ⑤ 변호사 강제주의가 적용되며, 국선대리인선임을 신청할 수 있다. 이하에서 각 요건을 구체적으로 검토한다.

2. 법률해석이 위헌심판의 대상이 되는지 여부 - 한정위헌청구의 적법 여부

(1) 문제점

사안에서 甲은 「경범죄 처벌법」 제3조 제34호가 피의사실을 부인하는 경우에 적용되는 한 위헌이라며 헌법소원심판을 청구하였다. 그런데 헌법 제111조 제1항과 「헌법재판소법」 제41조 제1항, 제68조 제2항에서는 위헌심판의 대상을 '법률'로 정하고 있는바, 법률의 해석·적용에 대한 청구, 즉 한정위헌청구가 적법한지 문제된다.

(2) 헌법재판소의 태도

종래 헌법재판소는 한정위헌청구는 원칙적으로 부적법하고, 예외적으로 법률조항 자체의 불명확성을 다투는 것으로 볼 수 있는 경우, 일정한 해석이 법원에 의해 형성·집적된 경우 등에는 적법성을 인정하였다(2000헌바20 등).

그러나 최근 헌법재판소는 "헌법합치적 법률해석의 원칙상 한정적으로 위헌성이 있는 부분에 대한 한정위헌결정은 입법권에 대한 자제와 존중으로서 당연하면서도 불가피한 결론이고, 이러한 한정위헌결정을 구하는 한정위헌청구 또한 인정되는 것이 합당하다"고 판례를 변경하였다(2011헌바117). 다만, "재판소원을 금지하는 「헌법재판소법」 제68조 제1항의 취지에 비추어 단순히 법률조항의 포섭이나 적용의 문제를 다투거나, 단지 재판결과를 다투는 경우 등에는 여전히 허용될 수 없다"고 판시하였다.

(3) 검 토

생각건대 헌법재판소의 판시와 같이 법률의 의미는 결국 개별·구체화된 법률해석에 의해 확인될 것이므로 이는 동전의 양면과 같아 법률과 법률의 해석을 구분할 수는 없고 법률에 대한 규범통제는 결국 해석에 의해 구체화된 법률의 의미와 내용에 대한 헌법적 통제로서 헌법재판소의 고유권한이라 할 수 있으므로 원칙적으로 긍정함이 타당하다. 물론 재판헌법소원을 금지하는 「헌법재판소법」 제68조 제1항이 위헌인가는 별론으로 하고 개별, 구체적 사건에서의 단순히 법률조항의 포섭이나 적용의 문제를 다투거나 의미 있는 헌법문제에 대한 주장 없이 단지 재판결과를 다투는 경우 등은 여전히 부적법하다 할 것이다.

(4) 사안의 경우

사안의 경우 甲은 「경범죄 처벌법」 제3조 제34호의 해석에 관하여 피의사실을 부인하는 경우에 적용되는 한 위헌이라며 헌법소원심판을 청구하였는데, <u>이는 법률의 해석에 대한 위헌심판의 청구이고, 단순히 법률조항의 포섭이나 적용의 문제를 다투거나 단지 재판결과를 다투는 경우가 아니므로,</u> 앞서 검토한 바와 같이 규범통제절차에 있어 헌법재판소의 위헌심판권의 심사지평을 넓히는 의미에서 장려되어야 할 적법한 한정위헌청구이므로, 이를 심판대상으로 인정할 수 있다고 생각한다.

3. 재판의 전제성을 갖추었는지 여부

(1) 재판의 전제성의 의의

재판의 전제성이란 ① 소송사건이 법원에 계속 중이어야 하고, ② 위헌 여부가 문제된 법률이 당해 소송사건의 재판에 적용되어야 하며, ③ 그 법률의 위헌 여부에 따라 당해사건을 담당한 법원이 다른 내용의 재판을 하게 되는 경우를 말한다. 「다른 내용의 재판을 하게 되는 경우」라 함은, 당해 사건의 재판의 결론이나 주문이 달라지는 경우뿐만 아니라 재판의 결론을 이끌어내는 이유가 달라지거나 또는 재판의 내용과 효력에 관한 법률적 의미가 전혀 달라지는 경우를 포함한다. 다만 위헌법률심판과는 달리 위헌심사형 헌법소원의 경우에는 당해 소송사건이 헌법소원의 제기로 정지되지 않기 때문에 위 ①의 요건은 위헌제청신청시에만 충족되면 족하다.

(2) 사안의 경우

사안의 경우 甲의 「경범죄 처벌법」 제3조 제34호 위반죄에 대한 형사소송이 위헌제청신청 당시 법원에 계속 중이고, 위 조항은 당해 형사소송에 직접 적용되는 법률이며, 위 조항에 대한 <u>위헌결정이 선고되는 경우 甲은 무죄판결을 받을 수 있으므로 다른 내용의 재판을 하게 되므로</u> 재판의 전제성 요건은 갖춘 것으로 판단된다.

4. 기타 요건의 충족 여부

(1) 위헌제청신청 기각결정

「헌법재판소법」 제68조 제2항의 헌법소원은 법원에 위헌여부심판의 제청신청을 하여 그 신청이 기각된 때에만 청구할 수 있다.

사안의 경우 甲은 「경범죄 처벌법」 제3조 제34호가 자신의 기본권을 침해한다고 주장하며 법원에 위헌법률심판 제청신청을 하였고, 법원의 기각결정을 송달받았으므로 위 요건을 충족하였다.

(2) 청구기간

「헌법재판소법」 제69조 제2항에서는 제68조 제2항에 의한 헌법소원심판청구는 법률에 대한 위헌여부심판의 제청신청을 기각하는 결정을 통지받은 날로부터 30일 이내에 제기하여야 한다고 규정하고 있다.

사안의 경우 甲은 <u>2015.7.6. 위헌제청신청 기각결정문을 송달받은 후 30일 이내인 2015.8.3. 이 사건 헌법소원심판을 청구하였으므로</u> 위 요건을 충족하였다.

(3) 변호사 강제주의

「헌법재판소법」 제68조 제1항의 헌법소원과 마찬가지로 당사자인 사인은 변호사를 대리인으로 선임하여야 한다(제25조 제3항). 변호사를 대리인으로 선임할 자력이 없는 경우에는 국선대리인선임을 신청할 수 있다(제70조 제1항).

사안의 설문상 변호사강제주의와 관련된 내용이 없으므로, 일단 충족된 것으로 본다.

5. 사안의 해결

따라서 甲의 이 사건 헌법소원심판청구는 그 요건을 모두 갖추어 적법하다고 할 것이다.

002 법원의 합헌판단권과 위헌심판의 대상

20년 무사고 운전 경력의 레커 차량 기사인 甲은 2013.3.2. 혈중알코올농도 0.05%의 주취 상태로 레커 차량을 운전하다가 신호대기 중이던 乙의 승용차를 추돌하여 3중 연쇄추돌 교통사고를 일으켰다. 위 교통사고로 乙이 운전하던 승용차 등 3대의 승용차가 손괴되고, 승용차 운전자 2명이 약 10주의 치료가 필요한 상해를 입게 되었다.

서울지방경찰청장은 위 교통사고와 관련하여 甲이 음주운전 중에 자동차 등을 이용하여 범죄행위를 하였다는 이유로 1개의 운전면허 취소통지서로 「도로교통법」 제93조 제1항 제3호에 의하여 甲의 운전면허인 제1종 보통·대형·특수면허를 모두 취소하였다.

한편, 경찰조사 과정에서 乙이 위 교통사고가 발생하기 6년 전에 음주운전으로 이미 2회 운전면허 정지처분을 받았던 전력이 있는 사실과 乙이 위 교통사고 당시 혈중알코올농도 0.07% 주취 상태에서 운전한 사실이 밝혀지자, 서울지방경찰청장은 「도로교통법」 제93조 제1항 제2호에 의하여 乙의 운전면허인 제2종 보통면허를 취소하였다.

※ 참고자료로 제시된 법규의 일부 조항은 가상의 것으로, 이에 근거하여 답안을 작성할 것. 이와 다른 내용의 현행 법령이 있다면 제시된 법령이 현행 법령에 우선하는 것으로 할 것

3. 乙은 본인에게 책임이 없는 위 교통사고로 인하여 서울지방경찰청장이 乙에 대하여 한 운전면허 취소처분의 취소를 구하는 행정소송을 제기함과 동시에 처분의 근거가 된 「도로교통법」 제93조 제1항 제2호가 헌법에 위반된다는 이유로 위헌법률심판 제청신청을 하였으나, 당해 사건을 담당한 법원은 위헌의 여지를 의심했음에도 불구하고 기각결정을 내렸다. 乙은 이 기각결정 통지를 받은 후, 「도로교통법」 제93조 제1항 제2호, 제148조의2 제1항 제1호가 이중처벌금지원칙, 일반적 행동의 자유, 평등의 원칙에 위반된다며 헌법소원심판을 청구하였다.
    (1) 위 사례에서 법원의 위헌법률심판제청 기각결정에 대하여 헌법적으로 판단하시오. (10점)
    (2) 乙의 헌법소원심판청구 사건에서 위헌심판의 대상을 확정하시오. (10점)

📁 **참조조문**

도로교통법

제1조 【목적】 이 법은 도로에서 일어나는 교통상의 모든 위험과 장해를 방지하고 제거하여 안전하고 원활한 교통을 확보함을 목적으로 한다.

제80조【운전면허】 ① 자동차등을 운전하려는 사람은 지방경찰청장으로부터 운전면허를 받아야 한다.

② 지방경찰청장은 운전을 할 수 있는 차의 종류를 기준으로 다음 각 호와 같이 운전면허의 범위를 구분하고 관리하여야 한다. 이 경우 운전면허의 범위에 따라 운전할 수 있는 차의 종류는 안전행정부령으로 정한다.

  1. 제1종 운전면허

     가. 대형면허

     나. 보통면허

     다. 소형면허

     라. 특수면허

  2. 제2종 운전면허

     가. 보통면허

     나. 소형면허

     다. 원동기장치자전거면허

(이하 생략)

제44조【술에 취한 상태에서의 운전 금지】 ① 누구든지 술에 취한 상태에서 자동차등(「건설기계관리법」 제26조 제1항 단서에 따른 건설기계 외의 건설기계를 포함한다)을 운전하여서는 아니 된다.

제93조【운전면허의 취소·정지】 ① 지방경찰청장은 운전면허(연습운전면허는 제외한다)를 받은 사람이 다음 각 호의 어느 하나에 해당하면 안전행정부령으로 정하는 기준에 따라 운전면허를 취소하거나 1년 이내의 범위에서 운전면허의 효력을 정지시킬 수 있다. 다만, 제2호, 제3호, 제7호부터 제9호까지(정기 적성검사 기간이 지난 경우는 제외한다), 제12호, 제14호, 제16호부터 제18호까지의 규정에 해당하는 경우에는 운전면허를 취소하여야 한다.

  1. 제44조 제1항을 위반하여 술에 취한 상태에서 자동차등을 운전한 경우

  2. 제44조 제1항 또는 제2항 후단을 2회 이상 위반한 사람이 다시 같은 조 제1항을 위반하여 운전면허 정지 사유에 해당된 경우

  3. 운전면허를 받은 사람이 자동차등을 이용하여 범죄행위를 한 경우

(이하 생략)

제148조의2【벌칙】 ① 다음 각 호의 어느 하나에 해당하는 사람은 1년 이상 3년 이하의 징역이나 500만원 이상 1천만원 이하의 벌금에 처한다.

  1. 제44조 제1항을 2회 이상 위반한 사람으로서 다시 같은 조 제1항을 위반하여 술에 취한 상태에서 자동차등을 운전한 사람

(이하 생략)

📝 **핵심공략**

설문 3-(1)에서는 첫째, 법원의 합헌판단권(합헌결정권)이 있는지 여부, 둘째, 합헌판단권이 인정되더라도 법원이 위헌의 여지를 의심한 경우 위헌제청을 해야 하는지 여부, 즉 법원의 제청의무가 인정되는지 여부 및 위헌에 대한 의심의 정도를 논의할 필요가 있다.

설문 3-(2)에서는 헌재법 제68조 제2항 위헌소원의 대상은 법원의 기각결정을 받은 규정이므로 위헌제청신청을 하지 않았고 그 결과 법원의 기각결정도 없었던 부분에 대해서 원칙적으로 위헌소원을 청구할 수 없지만, 헌재는 이에 대한 예외를 계속 인정하고 있으므로(2005.12.22. 2004헌바24 등 다수) 헌재가 인정하는 예외를 정확히 설시해야 한다.

〈목 차〉

I. 설문 3-(1)의 해결

1. 논점의 정리

위 사례에서 법원은 위헌의 여지를 의심했음에도 불구하고 기각결정을 내렸다. 이를 헌법적으로 판단하기 위해서는 먼저, 법원의 합헌판단권(합헌결정권)이 있는지 여부가 문제된다. 만약 합헌판단권이 인정되지 않는다면 재판의 전제성을 충족하는 경우 법원은 위헌의 의심과 상관없이 위헌제청을 해야 하기 때문이다. 다음으로, 합헌판단권이 인정되더라도 사안은 법원이 위헌의 여지를 의심한 경우이므로, 즉 합헌이라 판단한 경우가 아니므로 위헌제청을 해야 하는지가 문제된다. 이는 법원의 제청의무가 인정되는지 여부 및 위헌에 대한 의심의 정도와 관련하여 논해져야 한다.

2. 법원의 합헌판단권

(1) 법원의 합헌판단권 인정 여부

1) 법원의 위헌법률심판제청권에 법률의 합헌결정권 내지 합헌판단권이 포함되는지 여부에 관해서 논란이 있다. 긍정설은, ① 법률의 효력에 대한 심사권은 법관의 고유한 권한이고, ② 법원의 위헌법률심판제청서에 위헌이라고 해석되는 이유를 기재하도록 규정하고 있으며, ③ 헌법재판소법 제68조 제2항이 당사자의 제청신청기각결정에 대하여 헌법소원심판청구를 인정하고 있다는점 등을 근거로 들고 있다. 부정설은, ① 현행헌법이 구 헌법 제108조 제1항의 법률이 헌법에 위반되는 것으로 인정할 때라는 문구를 삭제하였고, ② 구 헌법 당시 하급법원의 위헌제청에 대한 실질적 심사권을 대법원에 부여하였던 헌법위원회법 조항을 폐지하였다는 점 등을 근거로 하여 재판의 전제성만 인정되면 합헌이라고 생각되더라도 위헌제청해야 한다는 것이다.

2) 헌법재판소는 명시적 입장을 밝히고 있지는 않지만, 근거 조문이 없음을 강조하고 있다. 즉 "헌법재판소법 제41조 제4항은 위헌여부심판의 제청에 관한 결정에 대하여는 항고할 수 없다는 것으로서, 합헌판단권의 인정 여부와는 직접관계가 없는 조항이며, 또한 헌법재판소법 제68조 제2항 위헌제청신청이 기각된 때라는 것은 반드시 합헌판단에 의한 기각결정만을 의미하는 것이 아니라 재판의 전제성을 인정할 수 없어 내리는 기각결정도 포함하는 것으로 해석되므로, 그 조항 역시 법원의 합헌판단권을 인정하는 근거가 된다고 볼 수 없다"고 판시하였다(1993.7.29. 90헌바35).

3) 생각건대 법원은 구체적인 사건에 적용할 법규범에 대한 독자적 해석권을 고유권한으로 하고 있고, 일반법원은 실정법상 당사자의 제청신청을 기각하여 1차적인 합헌판단을 할 수 있고, 헌법재판소법 제43조 제4호가 법원의 위헌심판제청서에 위헌이라고 해석되는 이유를 기재하도록 하고 있으므로 긍정설이 타당하다.

(2) 사안의 경우

사안의 경우 행정소송이 법원에 계속 중이고, 위헌제청신청된 조항이 당해사건의 재판에 적용되며, 위헌제청신청된 조항의 위헌 여부에 따라 당해사건을 담당한 법원이 다른 내용의 재판을 하게 되는 경우이므로 재판의 전제성은 충족된다. 그러나 법원의 합헌판단권이 인정되므로 재판의 전제성이 충족되는 경우라도 법원은 합헌이라고 판단하였다면 위헌제청신청을 기각결정을 내릴 수 있다.

다만 사안은 위헌의 여지를 의심한 경우이므로 이러한 경우까지 법원이 기각결정을 내릴 수 있는지 여부를 논의할 필요가 있다.

3. 법원의 제청의무와 위헌의심의 정도

(1) 법원의 제청의무 여부

법원의 위헌법률심판 제청권은 법원의 권한이므로 제청 여부에 대하여 법원의 재량권이 인정된다는 견해가 있다. 그러나 헌법 제107조 제1항과 제111조 제1항에서 정하고 있는 법원의 위헌법률심판 제청권은 결정으로 행해지는 법원의 직무상 권한인 동시에 위헌제청의 요건이 충족되면 제청을 하여야하는 법원의 의무라고 볼 수 있다. 따라서 법원은 법률조항의 위헌여부가 재판의 전제가 되고 또한 위헌의 의심이 있다면 제청 여부에 대한 재량은 인정되지 않으며, 해당 법률조항에 대하여 위헌제청을 하여야 한다.

(2) 위헌의심의 정도

헌법재판소는 법률의 위헌성에 대한 의심의 정도에 관하여 "헌법 제107조 제1항과 헌법재판소법 제41조, 제43조 등의 각 규정의 취지는, 법원은 문제되는 법률조항이 담당법관 스스로의 법적 견해에 의하여 단순한 의심을 넘어선 합리적인 위헌의 의심이 있으면 위헌여부심판을 제청하라는 취지이지 … 합리적으로 의심의 여지가 없을만큼 명백한 경우 위헌심판제청을 할 수 있다는 의미는 아니다"(1993.12.23. 93헌가2)라고 판시하여 '단순한 의심'과 독일연방헌법재판소가 요구하는 위헌에 대한 '확신' 사이의 중간적인 입장을 취하고 있다. 그러나 '단순한 의심'과 '합리적 의심'은 개념상 구별될 수는 있어도 실제 재판과정에서 명백히 구별되기는 어려울 것이다. 따라서 위헌의심의 정도에 대하여 이론상 '합리적 의심'이 타당하다고 하더라도 실제 재판과정에서는 '단순한 의심'의 경우라도 위헌제청을 하여야 할 것이다.

(3) 사안의 경우

위에서 검토한 바와 같이 재판의 전제성이 충족되는 사례에서 당해사건을 담당한 법원은 위헌의 여지를 의심하였음에도 불구하고 위헌법률제청신청을 기각결정을 내렸는바, 사례에서 의심이 단순한 의심인지, 합리적 의심인지 명확하지 않으나 설사 단순한 의심이라 하더라도 법원은 해당 법률조항에 대하여 위헌심판을 제청하였어야 한다. 따라서 사례에서 법원의 기각결정은 헌법적으로 정당하지 못하다.

4. 사례의 해결

그러므로 재판의 전제성이 충족되는 본 사안에서 당해사건을 담당한 법원이 위헌의 여지를 의심했다면 위헌제청을 하였어야 하는바, 그럼에도 불구하고 위헌법률심판 제청신청을 기각결정한 것은 헌법적으로 정당하지 못하다.

Ⅱ. 설문 3-(2)의 해결

1. 논점의 정리

乙이 청구한 헌법소원심판은 헌법재판소법 제68조 제2항에 의한 위헌심사형 헌법소원심판으로 그 대상이 법률 또는 법률조항일 것을 요한다. 또한 헌법재판소법 제41조 제1항의 규정에 의한 위헌여부 심판의 제청신청을 법원이 기각한 경우에만 당사자가 헌법소원심판을 청구할 수 있으므로 법원의 위헌제청신청 기각결정의 대상이 되지 아니한 규정들에 대한 심판청구는 원칙적으로 부적법하게 된다. 다만 헌법재판소는 일정한 경우 예외를 허용하고 있으므로 이를 고려하여 이 사건에서 위헌심판의 대상을 검토한다.

2. 위헌심판의 심판대상의 확장과 헌법재판소 판례

헌법재판소는 헌법재판소법 제68조 제2항의 헌법소원은 법률의 위헌여부심판의 제청신청을 하여 그 신청이 기각된 때에만 청구할 수 있는 것이므로, 청구인이 특정 법률조항에 대한 위헌여부심판의 제청신청을 하지 않았고 따라서 법원의 기각결정도 없었다면 비록 헌법소원심판청구에 이르러 위헌 이라고 주장하는 법률조항에 대한 헌법소원은 <u>원칙적으로 심판청구요건을 갖추지 못하여 부적법한 것이나, 예외적으로 위헌제청신청을 기각 또는 각하한 법원이 위 조항을 실질적으로 판단하였거나</u> 위 조항이 명시적으로 위헌제청신청을 한 조항과 필연적 연관관계를 맺고 있어서 법원이 위 조항을 <u>묵시적으로나마 위헌제청신청으로 판단을 하였을 경우</u>에는 헌법재판소법 제68조 제2항의 헌법소원 으로서 적법하게 된다고 판시(2005.12.22. 2004헌바24)하여 심판대상의 확장을 인정하고 있다.

3. 사례의 해결

사안의 경우, 위헌심판대상은 乙이 법원에 위헌법률심판제청신청을 하였던 「도로교통법」 제93조 제1항 제2호가 된다. 乙이 법원에 위헌제청신청을 하지 아니하였던 「도로교통법」 제148조의2 제1항 제1호는 위헌제청신청을 기각한 법원이 실질적으로 판단하였거나 위헌제청을 한 「도로교통법」 제93 조 제1항 제2호와 필연적으로 관련되어 묵시적인 판단의 대상이 되었다고도 볼 수 없기에 심판대상 이 확장이 인정되는 경우에 해당되지 아니한다. 즉 <u>행정처분의 근거조항인 「도로교통법」 제93조 제1 항 제2호에 대한 위헌제청신청에서 명시적 대상으로 삼지 않은 형벌의 근거조항인 「도로교통법」 제 148조의2 제1항 제1호에 대해서까지 심판대상을 확장하기는 어려울 것이다.</u>

법무법인 甲, 乙 및 丙은 2015.3.3. 정기세무조사의 대상이 되어 2014 사업연도의 법인세 신고 및 납부내역에 대한 세무조사를 받았다. 정기세무조사는 매년 무작위로 대상자를 추출하여 조사하는 것으로 세무조사로 인한 부담을 덜어주기 위하여 동일한 과세기간에 대해서는 원칙적으로 재조사를 금지하고 있다. 그러나 관할 세무서장은 甲, 乙 및 丙의 같은 세목 및 같은 과세기간에 대하여 재조사 결정 및 이에 따른 통지 후 2016.5.20. 재조사를 실시하면서, 재조사 이유에 대해 과거 위 각 법인에서 근무하던 직원들의 제보를 받아 법인세 탈루혐의를 입증할 자료가 확보되었기 때문이라고 밝혔다. 관할 세무서장은 재조사 결과 甲, 乙 및 丙의 법인세 탈루사실이 인정된다고 보아 甲과 乙에 대해서는 2017.1.10. 丙에 대해서는 2017.11.3. 증액경정된 조세부과처분을 각각 발령하였다. 한편, 甲, 乙 및 丙은 세무조사로서의 재조사에 대하여 제소기간 내에 취소소송을 제기하였다.

3. 위 乙의 취소소송 계속 중, 乙은 재조사의 법적 근거인 「국세기본법」 제81조의4 제2항 제1호가 '조세탈루의 혐의가 인정되거나 의심되는 자료가 있는 경우'라고만 규정하여, 위법하게 수집된 자료 또는 명백히 혐의를 인정하기 부족한 자료가 있는 경우에도 재조사를 허용하는 것은 위헌이라고 주장하며 위헌법률심판제청을 신청하였다. 이에 헌법재판소는 2017.12.29. 동 조항에 대하여 위헌결정을 내렸다. 甲은 위 헌법재판소의 위헌결정의 효력을 자신의 취소소송에서 주장할 수 있는가? (20점)

📁 **참조조문**

※ 아래의 법령은 가상의 것임을 전제로 하며, 헌법재판소에서 해당 조항의 위헌 여부에 대하여 판단한 바 없다.

국세기본법

제81조의4【세무조사권 남용 금지】① 세무공무원은 적정하고 공평한 과세를 실현하기 위하여 필요한 최소한의 범위에서 세무조사를 하여야 하며, 다른 목적 등을 위하여 조사권을 남용해서는 아니 된다.

② 세무공무원은 다음 각 호의 어느 하나에 해당하는 경우가 아니면 같은 세목 및 같은 과세기간에 대하여 재조사를 할 수 없다.

1. 조세탈루의 혐의가 인정되거나 의심되는 자료가 있는 경우

2. ~ 6. <생략>

7. 그 밖에 제1호부터 제6호까지와 유사한 경우로서 대통령령으로 정하는 경우

제81조의7【세무조사의 통지와 연기신청】② 사전통지를 받은 납세자가 천재지변이나 그 밖에 대통령령으로 정하는 사유로 조사를 받기 곤란한 경우에는 대통령령으로 정하는 바에 따라 관할 세무관서의 장에게 조사를 연기해 줄 것을 신청할 수 있다.

제81조의17【납세자의 협력의무】납세자는 세무공무원의 적법한 질문·조사, 제출명령에 대하여 성실하게 협력하여야 한다.

조세범 처벌법

제17조【명령사항위반 등에 대한 과태료 부과】관할 세무서장은 다음 각 호의 어느 하나에 해당하는 자에게는 2,000만원 이하의 과태료를 부과한다.

1. ~ 4. <생략>

5. 「소득세법」·「법인세법」 등 세법의 질문·조사권 규정에 따른 세무공무원의 질문에 대하여 거짓으로 진술을 하거나 그 직무집행을 거부 또는 기피한 자

📝 핵심공략

본 사례는 乙 사건과 관련된 헌법재판소의 위헌결정의 효력이 甲 사건에도 미치는지를 묻고 있다. 헌법 재판소의 위헌결정이 법원의 사건에 미치기 위해서는 우선 위헌결정의 기속력이 인정되어야 한다. 다음 으로 위헌결정의 '소급효'가 문제되는데, 헌법재판소의 결정 이전에 법률요건이 완성된 경우(소급효)인지 아니면 헌법재판소의 결정 이후에 법률요건이 완성된 경우(장래효)인지를 검토하여야 한다. 장래효에 해 당되는 경우에는 헌법재판소법 제47조 제2항에 따라 헌법재판소의 위헌결정이 법원에 당연히 미치므로 소급효를 별도로 검토할 필요가 없다. 그러나 소급효에 해당되는 경우에는 우리 헌법재판소법이 비형벌 법규에 있어서 장래효를 원칙으로 하고 있으므로, 비형벌법규에도 위헌결정의 소급효가 인정되는지에 대한 학설과 판례의 태도를 서술하고 자신의 견해를 피력해야 한다. 본 사례는 헌법재판소의 위헌결정 이전에 甲과 관련된 조세부과처분이 발령되었으므로 소급효가 문제되는 사안이라는 것을 알 수 있다. 다음으로, 위헌결정의 소급효가 적용되는 사안인 경우, 당해 사안이 소급효가 미치는 범위에 포함되는지 가 문제된다. 소급효의 범위에 포함되어야 헌법재판소의 위헌결정이 법원에 미치기 때문이다. 소급효의 범위에 관한 판례의 태도를 서술한 후 사례에 적용하면 될 것이다. 위헌결정의 기속력이나 소급효 문제 는 사시 41회, 54회, 55회, 57회 등 여러 차례 출제된 적이 있다.

Ⅰ. 논점의 정리

甲은 2016.5.20. 세무조사의 재조사를 받고, 제소기간 내에 위 재조사에 대한 취소소송을 제기하였다. 그 후 헌법재판소는 위 재조사의 근거조항에 대하여 위헌결정을 내렸다. 이에 甲이 위 위헌결정의 효력을 자신의 취소소송에서 주장할 수 있는가는, 첫째, <u>위헌결정의 효력이 법원에 미치는지 여부</u>를 살펴보아야 하는데, 이는 위헌결정의 기속력 문제이고, 둘째, 위헌결정의 기속력을 인정할 경우 본 사례는 헌법재판소의 위헌결정 이전에 발생하여 위헌결정 당시 법원에 계속중인 사건에 대한 헌법재판소 위헌결정의 소급효 문제와 관련된다.

Ⅱ. 위헌결정의 기속력

1. 기속력의 의의

헌법재판소 제47조 제1항은 「법률의 위헌결정은 법원 기타 국가기관 및 지방자치단체를 기속한다」고 하여 기속력을 규정하고 있다. 여기서 <u>기속력이란 국가기관과 지방자치단체 등이 헌법재판소의 결정의 취지를 존중하고 이에 반하는 행위를 하여서는 안 되는 것을 말한다.</u> 기속력은 모든 국가기관이 헌법재판소의 구체적인 결정에 따라야 한다는 것과 그들이 장래에 어떠한 처분을 행할 때 헌법재판소의 결정을 존중할 것을 요구하고(결정준수의무), 모든 국가기관이 헌법재판소의 결정에서 문제된 심판대상뿐만 아니라 동일한 사정에서 동일한 이유에 근거한 동일내용의 공권력행사 또는 불행사를 금지한다(반복금지의무).

2. 기속력의 범위

기속력이 미치는 대상은 '법원 기타 국가기관 및 지방자치단체'이다. 따라서 <u>위헌법률심판을 제청한 당해 법원은 위헌으로 결정된 법률을 적용하여서는 아니 되고, 당해 법원이 아닌 경우에도</u> 법원은 재판에 계속중인 사건에 대하여 더 이상 위헌으로 선언된 법률조항을 적용할 수 없다.

Ⅲ. 위헌결정의 소급효

1. 위헌결정의 소급효의 의의

헌법재판소에 의해 위헌으로 결정된 법률은 그 효력이 상실되는데, 위헌결정의 이러한 효력이 언제 발생하느냐에 따라 장래효, 소급효, 미래효로 구분된다. 위헌결정의 효력이 헌법재판소가 위헌결정한 시점부터 발생할 때 이를 '장래효'라고 말하고, <u>위헌결정의 효력이 위헌사유가 발생한 시점부터 발생하는 것을 '소급효'</u>라고 말한다. 그리고 '미래효'란 위헌결정 이후 미래의 일정시점부터 위헌결정의 효력이 발생함을 뜻한다.

2. 위헌결정의 소급효의 인정 여부

(1) 문제점

헌법재판소법 제47조 제2항은 「위헌으로 결정된 법률 또는 법률조항은 그 결정이 있는 날로부터 효력을 상실한다」고 하여 원칙적으로 장래효를 규정하고 있다. 그렇다면 위헌결정의 소급효를 전혀 인정할 수 없는지가 문제된다.

(2) 학 설

이에 대하여 학설은 위헌결정의 효력은 원칙적으로 장래를 향하여 발생하지만 예외적으로 소급효를 가진다고 하는 견해(원칙적 장래효·예외적 소급효설)❶과 헌법재판소의 위헌결정은 원칙적으로 소급하지만, 법적 안정성 등을 이유로 예외적으로 소급효가 제한된다고 보는 견해(원칙적 소급효·예외적 장래효설)❷가 대립한다.

(3) 헌법재판소의 판례

헌법재판소는 소급효의 인정 여부는 헌법상 문제가 아니라 입법정책의 문제로 보고 법적 안정성과 구체적 타당성을 비교형량하여 판단할 것이라고 한다. 법적 안정성의 차원에서 원칙적으로 장래효이지만 언제나 소급효를 부인하면 현저히 부정의·불합리한 경우가 생기는 경우에는 소급효를 인정하여야 한다는 것이다. 헌법재판소는 "헌법재판소법 제47조 제2항에 대해서 예외를 허용하는 원칙규정으로 해석하는 한 헌법에 위반되지 않는다"고 판시하였다.

(4) 검 토

생각건대 당해 사건에 한해서만 소급효를 인정하는 견해는 소급효의 인정 범위를 지나치게 협소하게 함으로써 평등원칙에 위배될 소지가 있다. 그리고 헌법재판소법 제47조 제2항을 위헌으로 보는 견해는 재판을 받을 권리도 법적 안정성을 위해서는 제한할 수 있는 것이며 국가의 기본권보장의무도 그러한 범위에서 축소될 수 있다는 점에서 타당하다고 보기 어렵다. 당연무효설은 현행 헌법재판소법의 명시적 규정에 비추어 해석상 곤란하다고 볼 수 있다. 결국 법적 안정성과 구체적 타당성을 비교형량하여 해석에 의하여 예외적으로 소급효를 인정할 수 있다는 견해가 타당하다고 생각한다.

---

❶ 이 견해는 위헌결정의 효력은 원칙적으로 장래를 향하여 발생하지만 예외적으로 소급효를 가진다고 한다. 그리고 소급효의 범위에 관하여는 견해가 다시 갈린다. 첫째, 재판의 전제가 되어야 위헌제청할 수 있다는 헌법 제107조 제1항, 위헌심사형 헌법소원의 경우 인용결정이 있으면 재심을 청구할 수 있다는 헌법재판소법 제75조 제7항 등의 규정에 비추어 볼 때 위헌결정의 계기를 부여한 당해 사건에 한하여 예외적으로 소급효를 인정할 수 있다는 입장이 있고, 둘째, '법적 안정성 내지 신뢰보호의 원칙'과 '구체적 타당성 내지 정의·형평'을 비교형량하여 소급효의 구체적 범위를 정해야 한다는 입장이 있다.

❷ 이 견해는 헌법재판소의 위헌결정은 원칙적으로 소급하지만, 법적 안정성 등을 이유로 예외적으로 소급효가 제한된다고 본다. 이 견해에도 그 근거에 대하여는 두 가지로 갈린다. 첫째, 위헌결정의 소급효 인정 여부는 입법정책의 문제가 아니라 헌법상의 문제라고 보고 장래효를 규정하는 헌법재판소법 제47조 제2항을 헌법 제10조의 국가의 기본권보장의무, 헌법 제27조 제1항의 재판을 받을 권리, 헌법 제103조의 사법권의 독립에 위반된다고 하여 위헌으로 보는 견해가 있고, 둘째, 당연무효설의 입장에서 위헌결정된 법률은 처음부터 당연무효이기 때문에 소급효가 인정된다는 견해가 있다.

Ⅳ. 예외적 소급효의 인정 범위

1. 판 례

소급효를 예외적으로 인정할 경우 그 범위가 어떻게 되는지가 문제된다. 이에 대하여 헌법재판소는 첫째, 위헌결정을 위한 계기를 부여한 <u>당해 사건</u>, 둘째, 위헌결정 당시 헌법재판소에 위헌제청을 하였거나 법원에 위헌제청신청을 한 사건과 당해 법률 또는 법률조항이 재판의 전제가 되어 법원에 계속중인 <u>병행사건</u>, 셋째, 위헌결정 이후에 제소한 <u>일반사건 중 당사자의 권리구제를 위한 구체적 타당성의 요청이 현저한 반면에 소급효를 인정하여도 법적 안정성을 침해할 우려가 없는 사건</u>에 대해서 소급효를 인정한다.

대법원은 헌법재판소와 마찬가지로 당해 사건과 병행사건에 대하여 소급효를 인정하지만, 위헌결정 이후에 제소한 일반사건에 대하여는 원칙적으로 소급효를 인정하고 기판력에 저촉되는 경우, 행정처분의 확정력이 발생한 경우, 법적 안정성의 유지가 불가피한 경우에는 예외적으로 소급효를 제한한다.

2. 검 토

대법원과 헌법재판소는 위헌결정 이후에 법원에 제소한 일반사건에 있어서 원칙과 예외를 달리보고 있는 점에 차이가 있다. 그러나 이러한 입장의 차이는 주장·입증책임에서의 차이에 불과하므로 실제적으로는 차이점을 발견하기 어렵다. 다만 위헌결정 이후에 제소한 모든 사건에 대하여 원칙적으로 위헌결정의 소급효를 인정하게 되면 이는 <u>위헌결정의 장래효를 원칙으로 하고 있는 헌법재판소법 제47조 제2항에 위배될 소지가 있으므로</u> 헌법재판소의 견해가 보다 더 타당하다고 할 것이다.

Ⅴ. 사례의 경우

헌법재판소가 위헌결정을 한 경우 '위헌이라고 결정한 부분'의 법원에 대한 기속력이 인정되기 때문에, 소급효가 인정된다면 본 사례에서 <u>헌법재판소가 위헌결정한 법조항을 법원은 더 이상 재판에 적용해서는 안 된다.</u>

그런데 甲은 헌법재판소가 2017.12.29. 위헌결정이 내리기 전에 이미 취소소송을 제기하였고, 甲의 취소소송은 위 위헌결정 당시 「국세기본법」 제81조의4 제2항 제1호가 재판의 전제가 되어 법원에 계속 중이다. 따라서 甲의 사건은 <u>병행사건에 해당하므로 甲의 취소소송에 헌법재판소의 위헌결정의 소급효가 인정</u>된다.

결국 甲은 헌법재판소의 위헌결정의 효력을 자신의 취소소송에서 주장할 수 있다.

2022년 11회 변호사 제1문

혼인하여 3자녀를 둔 5인 가구의 세대주인 甲은 현재 독점적으로 전기를 공급하고 있는 전기판매사업자 S와 전기공급계약을 체결하고 전기를 공급받는 전기사용자이다. S는 甲에게 2016.7.3.부터 같은 해 8.2.까지 甲 가구가 사용한 525kWh의 전기에 대해 131,682원의 전기요금을 부과하였다. 甲은 위 기간 동안 특별히 전기를 많이 사용하지 않았음에도 불구하고 전월에 비해 전기요금이 2배 이상으로 부과된 것이 새로 도입한 누진요금제 때문이라는 것을 알게 되었다. 이에 甲은 S의 전기공급약관 중 누진요금에 관한 부분이 「전기사업법」 제16조 제1항, 「전기사업법 시행령」 제7조 제1항을 위반하고 甲의 계약의 자유를 침해하여 무효라고 주장하면서, 2016.11.16. 전주지방법원 군산지원에 S를 상대로 甲이 납부한 131,682원과 누진요금제 시행 이전 기준으로 산정한 55,500원(S의 전기공급약관 개정 전 [별표 1] 기준)의 차액 상당을 구하는 부당이득반환청구소송을 제기하였다. 甲은 위 소송 계속 중 2017.3.6. 위 법원에 「전기사업법」 제16조 제1항 중 '전기요금' 부분이 의회유보원칙 및 포괄위임금지원칙에 위배되고 혼인하여 대가족을 이룬 甲의 평등권을 침해한다고 주장하며 변호사 乙을 선임하여 위 법률조항 부분에 대한 위헌법률심판 제청신청을 하였다.

위 법원이 2017.7.20. 甲의 부당이득반환청구를 기각하면서 위헌법률심판 제청신청도 기각하자, 甲은 2017.8.16. 「전기사업법」 제16조 제1항 중 '전기요금'에 관한 부분과 같은 법 시행령 제7조 제1항에 대하여 「헌법재판소법」 제68조 제2항에 의한 헌법소원심판을 청구하였다. 한편 위 부당이득반환 청구에 대한 기각판결은 甲이 항소하지 않아 2017.8.10. 확정되었다.

1. 甲의 헌법소원심판청구의 적법 여부를 판단하시오. (20점)

📁 **참조조문**

※ 유의사항

    아래 조문들의 일부는 가상의 것임

전기사업법(2013.3.23. 법률 제11690호로 개정된 것)

제16조【전기의 공급약관】 ① 전기판매사업자는 대통령령으로 정하는 바에 따라 전기요금과 그 밖의 공급조건에 관한 약관(이하 "기본공급약관"이라 한다)을 작성하여 산업통상자원부장관의 인가를 받아야 한다. 이를 변경하려는 경우에도 또한 같다.

전기사업법 시행령(2013.3.23. 대통령령 제24442호로 개정된 것)

제7조【기본공급약관에 대한 인가기준】① 법 제16조 제1항에 따른 전기요금과 그 밖의 공급조건에 관한 약관에 대한 인가 또는 변경인가의 기준은 다음 각 호와 같다.

1. 전기요금이 적정 원가에 적정 이윤을 더한 것일 것
2. 전기요금을 공급 종류별 또는 전압별로 구분하여 규정하고 있을 것
3. 전기판매사업자와 전기사용자 간의 권리의무 관계와 책임에 관한 사항이 명확하게 규정되어 있을 것
4. 전력량계 등의 전기설비의 설치주체와 비용부담자가 명확하게 규정되어 있을 것

📝 **핵심공략**

「헌법재판소법」 제68조 제2항의 헌법소원이 적법하기 위해서는, ① 심판대상, ② 법원의 위헌제청신청 기각결정, ③ 재판의 전제성, ④ 청구기간, ⑤ 변호사 강제주의의 5가지 요건을 갖추어야 한다. 특히 위헌심사형 헌법소원의 적법 요건 중 심판대상과 재판의 전제성은 자주 출제되고 있는 쟁점이다. 그리고 위헌심사형 헌법소원은 위헌법률심판과 달리, 당해사건의 재판이 정지되지 않고 계속되므로, 재판의 전제성 중 '당해사건이 법원에 적법하게 계속 중'이라는 요건은 위헌법률심판 제청 당시에만 충족되면 충분하다는 점을 염두해두어야 한다.

〈목 차〉

I. 설문 1의 해결

1. 위헌심사형 헌법소원의 헌법소원청구의 요건

甲이 제기한 헌법소원심판은 「헌법재판소법」 제68조 제2항의 위헌심사형 헌법소원으로 그 청구가 적법하기 위하여는, ① 심판대상은 법률 또는 법률조항이어야 하고, ② 위헌여부심판의 제청신청이 법원에 의하여 기각된 때이어야 하며, ③ 재판의 전제성이 인정되어야 한다. 그리고 ④ 위헌제청신청 기각결정을 통지받은 날로부터 30일 이내에 청구하여야 하고, ⑤ 변호사 강제주의가 적용되는데 이 상의 요건을 갖추었는지를 살펴보고, 특히 설문과 관련하여, 위 요건 중 심판대상과 재판의 전제성을 자세히 검토한다.

2. 개별적 검토❶

(1) 법률 또는 법률조항

심판대상조항은 법률 또는 법률조항이어야 하는데, 사안에서 甲은 「전기사업법」 제16조 제1항 중 '전기요금'에 관한 부분과 같은 법 시행령 제7조 제1항을 문제삼고 있다. 여기서의 시행령은 대통령 령이므로, 법률이 아닌 명령에 해당하여 헌법 제107조 제2항과 제111조 제1항의 규정상 위헌제청의 대상이 되지 아니한다.

(2) 법원의 기각결정

위헌여부심판의 제청신청이 당해소송이 계속 중인 법원으로부터 기각당해야 하는데, 사안의 경우 甲이 S를 상대로 제기한 부당이득반환청구소송 계속 중에 위헌법률심판의 제청을 신청하였으나 당 해법원인 전주지방법원 군산지원으로부터 기각당한 것을 알 수 있으므로 이 요건 또한 충족하였다.

(3) 재판의 전제성 요건의 검토

1) 재판의 전제성의 의의

재판의 전제성이란 당해사건이 법원에 계속 중이어야 하고 위헌제청된 법률이 당해 소송사건의 재판에 적용되어야 하며, 그 법률의 위헌 여부에 따라 당해사건을 담당한 법원이 다른 내용의 재판을 하게 되는 것을 말한다. 여기서 다른 내용의 재판이란, 당해사건의 재판의 결론이나 주문이 달라지는 경우뿐만 아니라 재판의 결론을 이끌어내는 이유가 달라지는 경우나 재판의 내용이나 효력에 관한 법률적 의미가 달라지는 경우를 의미한다. 다만 「헌법재판소법」 제68조 제2항의 헌법소원심판은 위 헌법률심판과 달리 당해사건이 정지되지 않으므로 재판의 전제성 중 당해사건이 '법원에 계속 중'이

---

❶ [보론] 위헌심사형 헌법소원에서 심판대상의 적격과 그 확장
위헌심사형 헌법소원을 제기하면서 이전의 위헌법률심판제청 신청 당시 그 위헌 여부를 문제삼지 않았던 부분을 헌법소원의 대상으로 할 수 있는지가 문제된다. 이와 관련하여, 헌법재판소는 위헌심사형 헌법소원은 위헌여부심판의 제청신청을 하여 그 신청이 기각된 때에만 청구 가능하므로, 청구인이 제청신청하지 않았고, 법원의 기각결정도 없었다면 헌법소원심판청구에 이르러 위헌이라고 주장하는 법률조항에 대한 헌법소원은 원칙적 부적법하고, 다만, 예외적으로 법원이 실질적 묵시적 판단하였을 경우라면, 그 심판대상의 확장을 인정한다(2005.2.24. 2004헌바24). 사안의 경우, 청구인이 위헌법률심판제청 신청 당시 같은 법 시행령 제7조 제1항 부분에 대하여는 청구하지 않은 문제가 있는데, 시행령은 법률보다 하위의 명령이기 때문에 심판대상 확장 문제와 상관없이 위헌심사형 헌법소원의 대상이 될 수 없다.

어야 하는 요건은 위헌제청신청시에만 충족되면 족하다. 또한 당해 소송사건이 정지되지 않기 때문에 당해 소송사건은 헌법재판소의 위헌결정 이전에 확정될 수 있으므로, 「헌법재판소법」 제75조 제7항은 헌법재판소의 위헌결정이 있을 때에는 이미 확정된 당해 소송사건에 관하여 재심을 청구할 수 있도록 규정하고 있다.

2) 사안의 경우

사안에서 甲은 「전기사업법」 제16조 제1항 중 '전기요금' 부분(이하 '심판대상조항'이라 한다)에 따라 전기요금을 부과받았으므로 심판대상조항은 당해사건에 적용된다. 그리고 그 위헌 여부에 따라 甲이 S를 상대로 제기한 부당이득반환청구소송은 이미 확정되었지만, 「헌법재판소법」 제75조 제7항에 의거 재심을 청구하여 인용판결을 받을 수 있으므로, 재판의 결론이 달라지게 되는 경우에 해당한다. 또한 甲은 2017.3.6.에 심판대상조항에 대하여 위헌법률심판 제청신청을 하였고, 당해사건은 2017.8.10.에 확정됨으로써 종료되었으므로, 심판대상조항에 대한 위헌법률심판 제청신청시에는 당해 사건이 계속 중이었음이 명백하다. 따라서 재판의 전제성을 모두 갖추었다.

(4) 청구기간

그 밖에 형식적 요건으로 「헌법재판소법」 제69조 제2항에 따른 청구기간의 제한에 따라 위헌심사형 헌법소원은 법원의 제청신청 기각결정이 송달되고 30일 이내에 제기하여야 한다. 사안의 경우, 甲은 2017.7.20.에 심판대상조항에 대한 위헌법률심판 제청신청이 기각되자, 그로부터 30일 이내인 2017. 8.16.에 이 사건 헌법소원을 청구하였음이 역수상 명백하므로, 청구기간 역시 준수하였다.

(5) 변호사 강제주의

청구인이 사인(私人)인 경우, 「헌법재판소법」 제25조 제3항에 따라 변호사 강제주의가 적용되는 바, 사안의 경우 이와 관련하여 특별히 언급된 바가 없으므로 일응 충족된 것으로 보아 문제삼지 아니한다.

3. 사안의 해결

甲이 제기한 위헌심사형 헌법소원심판청구 중 「전기사업법」 제16조 제1항 중 '전기요금' 부분은 모든 청구요건들을 갖추어 적법하다. 그러나 같은 법 시행령 제7조 제1항 부분은 「헌법재판소법」 제68조 제2항의 헌법소원심판청구의 대상이 아니므로 이에 대한 헌법소원심판청구는 부적법하다.

2012년 1회 변호사 제1문

Chapter 01

고용노동부 일반직 7급 공무원인 甲은, 평소 비정규직 정책을 고수하는 A정당에 대하여 비판적인 입장을 가지고 있었다. 甲은 2011.9.22. 23:00경 자신의 집에서 Y인터넷포털 사이트에 있는, 자신의 블로그에 "수백만 비정규직 방치, 이대로 좋은가"라는 제목으로 "비정규직 노동자의 생존권을 외면하는 A정당을 반대한다. 비정규직 전면 철폐를 추진하는 B정당만이 비정규직 노동자의 생존권을 보장하는, 국민을 위한 참된 정당으로서 강추!!! 비정규직 철폐를 결사반대하는, A정당 소속 국회의원 乙은, 있는 자만을 대변하고 부동산투기로 축재한 부패한 정치인이다. 그런 乙이 다음 총선에 또 나오기 위해 후보자로 등록한 것은 민주주의의 수치다."라는 글을 게시하였다.

甲의 위 글이 네티즌의 폭발적인 관심과 지지를 받았고, 고용노동부장관은 甲이 특정 정당을 지지, 반대하는 행위를 함으로써 공무원에게 금지된 정치적 행위를 하였다는 이유로 甲에게 감봉 2개월의 징계처분을 하였다. 이에 甲은 징계처분에 대하여 법령에 따른 소청심사를 거쳐 취소를 구하는 행정소송을 제기하였다. 甲은 위 소송 계속 중, 「국가공무원법」 제78조 제1항 제1호, 제65조 제4항 및 동법 시행령 제27조 제1항 제2호, 제2항 제3호가 헌법상 표현의 자유를 침해한다고 주장하면서, 위헌법률심판제청을 신청하였으나, 2011.11.4. 기각당하였다. 이에 甲은 같은 달 22. 위 기각결정문을 송달받고 2011.12.16. 위 법령조항들에 대하여 헌법소원심판을 제기하였다.

1. 甲의 위 법령조항들에 대한 헌법소원심판청구는 적법한가? (30점)

📁 **참조조문**

국가공무원법

제78조【징계 사유】① 공무원이 다음 각 호의 어느 하나에 해당하면 징계 의결을 요구하여야 하고 그 징계 의결의 결과에 따라 징계처분을 하여야 한다.

1. 이 법 및 이 법에 따른 명령을 위반한 경우

제65조【정치 운동의 금지】④ 제3항 외에 정치적 행위의 금지에 관한 한계는 대통령령등으로 정한다.

국가공무원법 시행령

제27조【정치적 행위】① 법 제65조의 정치적 행위는 다음 각 호의 어느 하나에 해당하는 정치적 목적을 가진 것을 말한다.

1. 정당의 조직, 조직의 확장, 그 밖에 그 목적 달성을 위한 것
2. 특정 정당 또는 정치단체를 지지하거나 반대하는 것
3. 법률에 따른 공직선거에서 특정 후보자를 당선하게 하거나 낙선하게 하기 위한 것

② 제1항에 규정된 정치적 행위의 한계는 제1항에 따른 정치적 목적을 가지고 다음 각 호의 어느 하나에 해당하는 행위를 하는 것을 말한다.

1. 시위운동을 기획·조직·지휘하거나 이에 참가하거나 원조하는 행위
2. 정당이나 그 밖의 정치단체의 기관지인 신문과 간행물을 발행·편집·배부하거나 이와 같은 행위를 원조하거나 방해하는 행위
3. 특정 정당 또는 정치단체를 지지 또는 반대하거나 공직선거에서 특정 후보자를 지지 또는 반대하는 의견을 집회나 그 밖에 여럿이 모인 장소에서 발표하거나 문서·도서·신문 또는 그 밖의 간행물에 싣거나 인터넷포털 사이트의 게시판, 대화방, 블로그 등에 게시하는 행위

※ 위 국가공무원법 시행령 일부 조항은 가상의 것이며 현재 시행 중임을 전제로 할 것

📝 핵심공략

「헌법재판소법」 제68조 제2항의 헌법소원이 적법하기 위해서는, ① 심판대상, ② 법원의 위헌제청신청 기각결정, ③ 재판의 전제성, ④ 청구기간, ⑤ 변호사 강제주의의 5가지 요건을 갖추어야 한다. 헌법재 판소법 제68조 제2항의 헌법소원의 적법 여부가 논점이 되는 경우에는 적법요건 5가지에 대한 일반론을 우선 서술한 후 각 요건의 충족 여부를 사례에 대입하여 검토하면 된다. 특히 본 사례 설문 1에서는 심판대상 및 재판의 전제성충족 여부를 신중히 판단해야 한다.

─〈목 차〉─

Ⅰ. 설문 1의 해결

1. 「헌법재판소법」 제68조 제2항의 헌법소원청구의 요건

甲이 제기한 헌법소원심판은 헌법재판소법 제68조 제2항의 위헌심사형 헌법소원으로 그 청구가 적법하기 위하여는 ① 심판대상은 법률 또는 법률조항이어야 하고, ② 위헌여부심판의 제청신청이 법원에 의하여 기각된 때이어야 하며, ③ 재판의 전제성이 인정되어야 한다. 그리고 ④ 위헌제청신청 기각결정을 통지받은 날로부터 30일 이내에 청구하여야 하고, ⑤ 변호사 강제주의가 적용되는데 이상의 요건을 갖추었는지 살펴보고 특히 위헌심사형 헌법소원에서 중요한 재판의 전제성을 자세히 검토한다.

2. 개별적 검토

(1) 법률 또는 법률조항

심판대상조항은 법률 또는 법률조항이어야 하는데, 사안에서 甲은 「국가공무원법」 제78조 제1항 제1호, 동법 제65조 제4항과 동법 시행령 제27조 제1항 제2호, 제2항 제3호를 문제삼고 있다. 여기서 시행령은 대통령령이므로 법률이 아닌 명령에 해당하여 헌법 제107조 제2항과 제111조 제1항의 규정상 위헌제청의 대상이 되지 아니한다.

(2) 법원의 기각결정

위헌여부심판의 제청신청이 당해소송이 계속 중인 법원으로부터 기각당해야 하는데, 사안의 경우 甲이 행정소송 중 위헌법률심판의 제청을 신청하였으나 기각당한 것을 알 수 있으므로 이 요건 또한 갖추었다.

(3) 재판의 전제성 요건의 검토

1) 재판의 전제성의 의의

재판의 전제성이란 당해사건이 법원에 계속 중이어야 하고 위헌제청된 법률이 당해 소송사건의 재판에 적용되어야 하며, 그 법률의 위헌 여부에 따라 당해사건을 담당한 법원이 다른 내용의 재판을 하게 되는 것을 말한다. 여기서 다른 내용의 재판이란 당해사건의 재판의 결론이나 주문이 달라지는 경우뿐만 아니라 재판의 결론을 이끌어내는 이유가 달라지는 경우나 재판의 내용이나 효력에 관한 법률적 의미가 달라지는 경우를 의미한다. 다만 헌법재판소법 제68조 제2항의 헌법소원심판은 위헌법률심판과 달리 당해사건이 정지되지 않으므로 재판의 전제성 중 당해사건이 '법원에 계속 중'이어야 하는 요건은 위헌제청신청시에만 충족되면 족하다.

2) 사안의 경우

사안의 경우 甲이 징계처분에 대한 취소소송이 계속 중이고, 이 사건 법률조항들로 인해 甲이 징계처분을 받았으므로 이 사건 법률조항들은 당해사건에 적용되며, 심판대상조항들이 위헌결정될 경우 징계처분 취소소송은 인용결정을 받을 수 있으므로 재판의 결론이 달라지게 되는 경우에 해당한다, 따라서 재판의 전제성이 인정된다.

(4) 청구기간

그 밖에 형식적 요건으로 헌법재판소법 제69조 제2항에 따른 청구기간의 제한으로 법원의 제청신청 기각결정이 송달되고 30일 이내에 제기하여야 하는데 사안의 경우 <u>2011.11.22. 기각결정을 송달받고 30일 내인 2011.12.16. 헌법소원심판을 청구</u>하였으므로 청구기간 역시 준수하였다.

(5) 변호사 강제주의

「헌법재판소법」 제25조 제3항에 따라 변호사 강제주의가 적용되는데, 사안의 경우 특별히 언급된 바 없으므로 일응 충족된 것으로 보아 문제삼지 아니한다.

3. 사안의 해결

甲의 이 사건 법률조항들에 대한 헌법소원심판청구는 모든 청구요건들을 갖추어 적법하다. 그러나 이 사건 시행령조항들은 「헌법재판소법」 제68조 제2항의 헌법소원심판청구의 대상이 아니므로 이에 대한 헌법소원심판청구는 부적법하다.

2013년 2회 변호사 제2문

甲은 1992년 3월부터 공무원으로 재직하면서 「공무원연금법」상 보수월액의 65/1000에 해당하는 기여금을 매달 납부하여 오다가 2012년 3월 31일자로 퇴직을 하여 최종보수월액의 70%에 해당하는 퇴직연금을 지급받아 오던 자이다.

그런데 국회는 2012년 8월 6일 공무원연금의 재정상황이 날로 악화되어 2030년부터는 공무원연금의 재정이 고갈될 것이라고 하는 KDI의 보고서를 근거로 공무원연금 재정의 안정성을 도모하기 위한 조치로 「공무원연금법」 개혁을 단행하기로 하였다. 이에 따라 같은 날 「공무원연금법」을 개정하여, (1) 「공무원연금법」상 재직 공무원들이 납부해야 할 기여금의 납부율을 보수월액의 85/1000로 인상하고, (2) 퇴직자들에게 지급할 퇴직연금의 액수도 종전 최종보수월액의 70%에서 일률적으로 최종보수월액의 50%만 지급하며, (3) 공무원의 보수인상률에 맞추어 연금액을 인상하던 것을 공무원의 보수인상률과 전국소비자물가변동률의 차이가 3% 이상을 넘지 않도록 재조정하였다. (4) 그리고 경과규정으로, 재직기간과 상관없이 개정 당시 재직 중인 모든 공무원들에게 개정법률을 적용하는 부칙조항(이 사건 부칙 제1조)과, 퇴직연금 삭감조항은 2012년 1월 1일 이후에 퇴직하는 모든 공무원에게 소급하여 적용하는 부칙조항(이 사건 부칙 제2조)을 두었으며 동 법률은 2012년 8월 16일 공포되어 같은 날부터 시행되었다.

공무원연금관리공단은 개정법률의 시행에 따라 2012년 8월부터 甲에게 최종보수월액의 70%를 50%로 삭감하여 퇴직연금을 지급하였다.

甲은 공무원연금관리공단을 상대로 2012년 8월 26일 자신에게 종전대로 최종보수월액의 70%의 연금을 지급해 줄 것을 신청하였으나, 공무원연금관리공단은 2012년 9월 5일 50%를 넘는 부분에 대하여는 개정법률에 따라 그 지급을 거부하였다. 이에 甲은 감액된 연금액을 지급받기 위하여 위 거부행위를 대상으로 하여 서울행정법원에 그 취소를 구하는 행정소송을 제기하였다(이상 「공무원연금법」의 내용은 가상의 것임을 전제로 함).

3. 甲은 위 행정소송 계속 중 이 사건 퇴직연금 삭감조항 및 부칙 제1조와 제2조는 위헌이라고 주장하면서 2012년 10월 5일 서울행정법원에 위헌법률심판제청신청을 하였으나 동 법원은 같은 해 10월 19일 이를 기각하였고 그 기각결정의 정본은 10월 22일 甲에게 송달되었다. 대리인으로 선임된 변호사 丙은 그로부터 한 달 뒤인 11월 22일 이 사건 퇴직연금 삭감조항 및 부칙 제1조와 제2조가 청구인의 행복추구권, 재산권, 공무담임권과 평등권을 과잉하게 침해할 뿐만 아니라, 법치국가원리에서 나오는 신뢰보호의 원칙에도 위반된다고 주장을 하면서 헌법재판소법 제68조 제2항에 따른 헌법소원심판을 청구하였다.

(1) 甲이 제기한 헌법소원심판이 적법하기 위한 요건들을 검토한 다음, 적법 여부에 대한 결론을 제시하라. (20점)

달 력

2012년 8월~2012년 11월

2012년 8월

일	월	화	수	목	금	토
			1	2	3	4
5	6	7	8	9	10	11
12	13	14	15	16	17	18
19	20	21	22	23	24	25
26	27	28	29	30	31	

2012년 9월

일	월	화	수	목	금	토
						1
2	3	4	5	6	7	8
9	10	11	12	13	14	15
16	17	18	19	20	21	22
23 30	24	25	26	27	28	29

2012년 10월

일	월	화	수	목	금	토
	1	2	3	4	5	6
7	8	9	10	11	12	13
14	15	16	17	18	19	20
21	22	23	24	25	26	27
28	29	30	31			

2012년 11월

일	월	화	수	목	금	토
				1	2	3
4	5	6	7	8	9	10
11	12	13	14	15	16	17
18	19	20	21	22	23	24
25	26	27	28	29	30	

📝 **핵심공략**

우리 현행법상 헌법소원의 유형으로는 헌법재판소법 제68조 제1항의 권리구제형 헌법소원과 헌법재판소법 제68조 제2항의 위헌심사형 헌법소원이 있다. 헌법재판소법 제68조 제2항의 헌법소원이 적법하기 위해서는, ① 심판대상, ② 법원의 위헌제청신청 기각결정, ③ 재판의 전제성, ④ 청구기간, ⑤ 변호사 강제주의의 5가지 요건을 갖추어야 한다. 헌법재판소법 제68조 제2항의 헌법소원의 적법 여부가 논점이 되는 경우에는 적법요건 5가지에 대한 일반론을 우선 서술한 후 각 요건의 충족 여부를 사례에 대입하여 검토하면 된다. 특히 본 사례 설문 (1)에서는 재판의 전제성 및 청구기간 충족 여부를 신중히 판단해야 한다.

────────────────── 〈목 차〉 ──────────────────

I. 설문 (1)의 해결

1. 논점의 정리

甲이 제기한 헌법재판소법 제68조 제2항의 위헌심사형 헌법소원은 실질적으로 위헌법률심판에 해당하기 때문에, ① 심판대상은 법률 또는 법률조항이고, ② 위헌여부심판의 제청신청이 법원에 의하여 기각된 때이어야 하며, ③ 재판의 전제성이 인정되어야 한다. 다만, 위 헌법률심판과 달리 당해사건이 정지되지 않으므로 재판의 전제성 중 당해사건이 법원에 계속중이어야 하는 요건은 위헌제청신청서에만 충족되면 족하다. 형식적으로는 헌법소원의 형식을 취하기 때문에 ④ 위헌제청신청 기각결정을 통지받은 날로부터 30일이내에 청구하여야 하고, ⑤ 변호사 강제주의가 적용되는데 이를 검토해본다.

2. 개별적 검토

(1) 법률 또는 법률조항

사안의 경우 심판청구 대상은 개정된 「공무원연금법」의 퇴직금 삭감조항 및 부칙 조항으로 법률조항에 해당하여 대상적격이 충족된다.

(2) 위헌제청신청의 기각결정

사안의 경우 甲은 행정소송 계속 중 이 사건 법률조항에 대하여 위헌법률심판 제청신청을 하였으나 법원이 기각결정을 내렸으므로 위 요건을 충족한다.

(3) 재판의 전제성

위헌법률심판에서 요구되는 재판의 전제성이란 ① 당해사건이 법원에 계속 중이어야 하고, ② 위헌제청된 법률이 당해 소송사건의 재판에 적용되어야 하며, ③ 그 법률의 위헌 여부에 따라 당해사건을 담당한 법원이 다른 내용의 재판을 하게 되는 경우를 말한다. 여기서 다른 내용의 재판을 하게 되는 경우라 함은, 당해 사건의 재판의 결론이나 주문이 달라지는 경우뿐만 아니라 재판의 결론을 이끌어내는 이유가 달라지거나 또는 재판의 내용과 효력에 관한 법률적 의미가 전혀 달라지는 경우를 포함한다. 다만 헌법재판소법 제68조 제2항의 헌법소원은 위헌법률심판과 달리 당해사건이 정지되지 않으므로 재판의 전제성 중 "당해사건이 법원에 계속 중"이어야 하는 요건은 위헌제청신청시에만 충족되면 족하다.

사안의 경우 ① 행정법원에 퇴직연금 삭감처분의 취소를 구하는 <u>甲의 행정소송이 계속</u> 중이고, ② 문제되고 있는 심판대상 조항 중 <u>삭감조항과 부칙 제2조는 당해 행정소송에 적용될 법률</u>이며, ③ 위 조항들이 <u>위헌결정될 경우 甲의 취소소송이 인용될 수 있으며 퇴직금반환청구가 가능해져 재판의 결과가 달라지므로</u> 재판의 전제성이 인정된다고 볼 여지가 있다. 다만, <u>부칙 제1조는 법 개정 당시 공무원에게 적용되는 것이고, 甲이 제기한 취소소송에서 적용되는 법률이 아니므로</u> 재판의 전제성이 인정되지 아니한다.

그런데 대법원은 본 사안과 유사한 사건에서 「법 규정에 의하여 당연히 퇴직연금 중 일부 금액의 지급이 정지되는 것이므로, 공무원연금관리공단이 위와 같은 법령의 개정사실과 퇴직연금 수급자가 퇴직연금 중 일부 금액의 지급정지대상자가 되었다는 사실을 통보한 것은 단지 위와 같이 법령에서 정한 사유의 발생으로 퇴직연금 중 일부 금액의 지급이 정지된다는 점을 알려주는 관념의 통지에 불과하고, 그로 인하여 비로소 지급이 정지되는 것은 아니므로 항고소송의 대상이 되는 행정처분으로 볼 수 없다. ⋯ 이 경우 미지급퇴직연금에 대한 지급청구권은 공법상 권리로서 그의 지급을 구하는 소송은 공법상의 법률관계에 관한 소송인 공법상 당사자소송에 해당한다」고 판시하였다(2004.7.8, 2004두244). 이러한 대법원의 태도를 고려할 때, 공법상 당사자소송으로 변경되지 않는다면 甲의 행정소송은 부적법하므로 재판의 전제성이 인정되지 아니한다.

(4) 청구기간

헌법재판소법 제69조 제1항에 의하면 법원으로부터 위헌제청신청 기각결정을 통지받은 날로부터 30일 내에 헌법소원심판을 청구하여야 하는데, 사안의 경우 甲은 2012.10.22.에 기각결정의 정본을 송달받고 2012.11.22.에 헌법소원심판을 청구하였으므로 30일이 지나 청구기간을 지키지 못하여 부적법하다.

(5) 변호사 강제주의

변호사 丙을 대리인으로 선임하였으므로 변호사 강제주의 원칙을 준수하였다.

3. 사안의 해결

甲이 제기한 이 사건 헌법소원심판청구 중 부칙 제1조는 재판의 전제성이 없고, 삭감조항과 부칙 제2조 역시 공법상 당사자소송으로 변경되지 않는다면 재판의 전제성이 인정되지 아니한다. 또한 청구기간을 도과하였으므로 모두 부적법하다.

A주식회사는 2000.3.경 안동시장으로부터 분뇨수집·운반업 허가를 받은 다음 그 무렵 안동시장과 사이에 분뇨수집·운반 대행계약을 맺은 후 통상 3년 단위로 계약을 연장해 왔는데 2009.3.18. 계약기간을 그 다음 날부터 2012.3.18.까지로 다시 연장하였다.

B주식회사는 안동시에서 분뇨수집·운반업을 영위하기 위하여 「하수도법」 및 같은 법 시행령 소정의 시설, 장비 등을 구비하고 2011.11.10. 안동시장에게 분뇨수집·운반업 허가를 신청하여 같은 해 12.1. 허가처분(이하 '이 사건 처분'이라 한다)을 받았다.

안동시장은 이 사건 처분 후 안동시 전역을 2개 구역으로 나누어 A, B주식회사에 한 구역씩을 책임구역으로 배정하고 각각 2014.12.31.까지를 대행기간으로 하는 새로운 대행계약을 체결하였다. A주식회사는 과거 안동시 전역에서 단독으로 분뇨 관련 영업을 하던 기득권이 전혀 인정되지 않은데다가 수익성이 낮은 구역을 배정받은 데 불만을 품고, B주식회사에 대한 이 사건 처분은 허가기준에 위배되는 위법한 처분이라고 주장하면서 안동시장을 상대로 2011.12.20. 관할 법원에 그 취소를 구하는 행정소송을 제기하였다.

안동시장은 이 사건 처분을 함에 있어 분뇨수집·운반업 허가에 필요한 조건을 붙일 수 있다는 「하수도법」 제45조 제5항에 따라 B주식회사에게 안동시립박물관 건립기금 5억 원의 납부를 조건으로 부가하였다.

4. 위 조건이 부가된 처분을 받은 B주식회사가 「하수도법」 제45조 제5항에 대하여 「헌법재판소법」 제68조 제1항의 헌법소원심판을 청구할 경우 그 적법 여부에 관하여 다음 사항을 검토하시오.

   (1) 기본권 주체성 (10점)

   (2) 자기관련성 (5점)

   (3) 직접성 (10점)

   (4) 보충성 (5점)

📁 **참조조문**

하수도법

제1조【목적】 이 법은 하수도의 설치 및 관리의 기준 등을 정함으로써 하수와 분뇨를 적정하게 처리하여 지역사회의 건전한 발전과 공중위생의 향상에 기여하고 공공수역의 수질을 보전함을 목적으로 한다.

제2조【정의】 이 법에서 사용하는 용어의 정의는 다음과 같다.

  2. "분뇨"라 함은 수거식 화장실에서 수거되는 액체성 또는 고체성의 오염물질(개인하수처리시설의 청소과정에서 발생하는 찌꺼기를 포함한다)을 말한다.

10. "분뇨처리시설"이라 함은 분뇨를 침전·분해 등의 방법으로 처리하는 시설을 말한다.

제3조【국가 및 지방자치단체의 책무】 ① 국가는 하수도의 설치·관리 및 관련 기술개발 등에 관한 기본정책을 수립하고, 지방자치단체가 제2항의 규정에 따른 책무를 성실하게 수행할 수 있도록 필요한 기술적·재정적 지원을 할 책무를 진다.

② 지방자치단체의 장은 공공하수도의 설치·관리를 통하여 관할구역 안에서 발생하는 하수 및 분뇨를 적정하게 처리하여야 할 책무를 진다.

제41조【분뇨처리 의무】 ① 특별자치도지사·시장·군수·구청장은 관할구역 안에서 발생하는 분뇨를 수집·운반 및 처리하여야 한다. 이 경우 특별자치도지사·시장·군수·구청장은 당해 지방자치단체의 조례가 정하는 바에 따라 제45조의 규정에 따른 분뇨수집·운반업자로 하여금 그 수집·운반을 대행하게 할 수 있다.

제45조【분뇨수집·운반업】 ① 분뇨를 수집(개인하수처리시설의 내부청소를 포함한다)·운반하는 영업(이하 "분뇨수집·운반업"이라 한다)을 하고자 하는 자는 대통령령이 정하는 기준에 따른 시설·장비 및 기술인력 등의 요건을 갖추어 특별자치도지사·시장·군수·구청장의 허가를 받아야 하며, 허가받은 사항 중 환경부령이 정하는 중요한 사항을 변경하고자 하는 때에는 특별자치도지사·시장·군수·구청장에게 변경신고를 하여야 한다.

⑤ 특별자치도지사·시장·군수·구청장은 관할구역 안에서 발생하는 분뇨를 효율적으로 수집·운반하기 위하여 필요한 때에는 제1항에 따른 허가를 함에 있어 관할 구역의 분뇨 발생량, 분뇨처리시설의 처리용량, 분뇨수집·운반업자의 지역적 분포 및 장비보유 현황, 분뇨를 발생시키는 발생원의 지역적 분포 및 수집·운반의 난이도 등을 고려하여 영업구역을 정하거나 필요한 조건을 붙일 수 있다.

부칙

이 법은 2000.1.1.부터 시행한다.

※ 위 「하수도법」의 일부 조항은 가상의 것이며 현재 시행 중임을 전제로 할 것

📝 **핵심공략**

「헌법재판소법」제68조 제1항의 헌법소원심판청구의 요건은 8가지이다. 「헌법재판소법」제68조 제1항의 헌법소원심판청구의 적법 여부를 판단하려면 심판청구 요건 8가지에 대한 일반론을 서술한 후 각 요건들을 사례에 대입하여 그 충족 여부를 개별적으로 검토하여야 한다. 특히 각 요건의 예외에 주의해야 한다. 즉 '기본권침해의 자기관련성'과 관련해서는 공권력행사의 직접 상대방이 아닌 제3자일 경우 직접적·법적 이해관계가 있는지를, '기본권침해의 직접성'과 관련해서는 특히 법령헌법소원에서 집행행위가 존재함에도 직접성이 예외적으로 인정되는 경우에 해당하는지를, 그리고 '기본권침해의 현재성'도 장래의 침해일 경우 침해가 현재 확실히 예측될 수 있는지를 검토하여야 한다. 또한 사전 권리구제절차가 있음에도 '보충성'의 예외에 해당하는지를, '권리보호이익'과 관련해서는 기본권침해행위가 취소되거나 종료된 경우에도 객관적 헌법질서의 수호차원에서 심판이익이 인정되는지를, '청구기간'의 경우에도 청구기간 도과에 정당한 사유가 있는지를 검토하여야 한다. 아울러 본 사례처럼 청구인이 법인이거나 외국인인 경우 기본권 주체성 여부를 반드시 논의해야 한다.

설문에서는 기본권 주체성, 자기관련성, 직접성, 보충성으로 한정하였으므로 이에 대해서만 검토하면 된다.

〈목 차〉

I. 기본권 주체성

　1. 문제점
　2. 기본권 주체성 인정 여부
　　(1) 법인의 기본권 주체성
　　(2) 사안의 경우
　3. 사례의 해결

II. 자기관련성

　1. 문제점
　2. 자기관련성 인정 여부
　　(1) 자기관련성의 원칙과 예외
　　(2) 사안의 경우
　3. 사례의 해결

III. 직접성

　1. 문제점
　2. 직접성 인정 여부
　　(1) 기본권침해의 직접성과 그 예외
　　(2) 사안의 경우
　3. 사례의 해결

IV. 보충성

　1. 문제점
　2. 보충성 인정 여부
　　(1) 보충성의 원칙과 예외
　　(2) 사안의 경우
　3. 사례의 해결

I. 기본권 주체성

1. 문제점

「헌법재판소법」 제68조 제1항의 권리구제형 헌법소원심판은 기본권주체성이 인정되는 자연인이어야 한다는 것이 청구인 능력으로서 적법요건인데 B주식회사는 자연인이 아닌 법인이므로 기본권 주체성이 인정될 수 있는지 문제된다.

2. 기본권 주체성 인정 여부

(1) 법인의 기본권 주체성

기본권은 본래 국가 대 자연인을 전제로 한 법률관계이므로 법인 기타 단체의 기본권 주체성 인정 여부가 문제된다. 생각건대 법인의 활동은 궁극에 있어서는 자연인의 이익을 목적으로 할 뿐만 아니라 법인 자체도 실제 사회에서 자연인과 같이 활동하는 실체이므로, 기본권의 성질이 허락할 수 있는 한 법인에게도 기본권의 주체성을 인정해야 할 것이다. 또한 법인뿐만 아니라 법인이 아닌 사단, 재단 등의 단체라도 대표자의 정함이 있고 독립된 사회적 조직체로서 활동하는 때에는 성질이 허용하는 한 기본권의 주체성을 인정할 수 있다(1991.6.3. 90헌마56). 그리고 법인·단체에게 기본권주체성을 인정할 경우 그 인정 범위가 문제되는데, 성질상 법인·단체에게 인정될 수 없는 기본권을 제외한 나머지 기본권 중에서 법인·단체의 기능·목적·활동의 유형에 비추어 개별적·구체적으로 판단하여야 할 것이다.

(2) 사안의 경우

B주식회사는 안동시에서 분뇨수집·운반업을 영위하기 위하여 하수도법령 소정의 시설, 장비 등을 구비하고 안동시장에게 분뇨수집·운반업 허가를 신청하여 허가를 받은 법인으로서 사안의 조건이 부과된 처분을 받았다. 이 때 B주식회사의 계약의 자유, 재산권 등이 문제될 수 있는데, 이는 성질상 법인에게 인정될 수 있는 기본권이고 분뇨수집·운반업을 위해 관련법령에 따라 시설 등을 적법하게 갖추어 설립된 B주식회사 법인의 기능, 목적, 활동의 유형에 비추어도 기본권 주체성이 인정된다고 보여진다.

3. 사례의 해결

이 사건 헌법소원심판청구에서 B주식회사는 법인이지만 기본권 주체성이 인정된다.

Ⅱ. 자기관련성

1. 문제점

이 사안에서 문제되는 계약의 자유, 재산권 등 기본권침해와 관련하여 B주식회사에게 자기관련성이 인정되는지 여부를 검토한다.

2. 자기관련성 인정 여부

(1) 자기관련성의 원칙과 예외

기본권침해의 자기관련성이란 심판청구인 자신의 기본권이 침해당한 경우를 말하므로 자기관련성이 인정되기 위해서는 원칙적으로 공권력 작용의 직접 상대방이어야 한다. 따라서 제3자가 자신의 이름으로 타인의 이익을 위하여 헌법소원을 제기할 수 없다. 다만, 공권력 작용의 직접 상대방이 아닌 제3자라도 공권력 작용으로 인해 직접적·법률적 이해관계를 가지고 있으면 예외적으로 자기관련성이 인정된다. 그러나 공권력 작용에 단지 간접적·사실적·경제적 이해관계가 있을 뿐인 제3자인 경우에는 자기관련성이 인정되지 않는다.

(2) 사안의 경우

사안의 경우 B회사가 헌법소원심판을 청구한 「하수도법」 제45조 제5항은 특별자치도지사·시장·군수·구청장을 그 수범자로 하고 있어 B회사는 직접 상대방은 아니다. 그러나 그 직접 상대방인 안동시장이 조건이 부가된 처분을 B회사에 부과하고, B회사로서는 그 처분을 이행할 수밖에 없을 것이다. 따라서 B회사는 「하수도법」 제45조 제5항에 대하여 직접적·법률적 이해관계를 갖게 되므로 자기관련성의 예외가 인정된다.

3. 사례의 해결

B주식회사는 「하수도법」 제45조 제5항의 직접적인 수범자는 아니지만 자기관련성의 예외에 해당하므로 이 사건 헌법소원심판청구에서 자기관련성이 인정된다.

Ⅲ. 직접성

1. 문제점

이 사건 B주식회사의 헌법소원심판청구에서 재량행위로 규정된 「하수도법」 제45조 제5항에 대하여 기본권침해의 직접성을 인정할 수 있는지 여부를 검토해 본다.

2. 직접성 인정 여부

(1) 기본권침해의 직접성과 그 예외

기본권침해는 그 침해를 야기한 공권력 행사 그 자체로 인해 바로 발생되는 침해여야 하므로 심판대상인 공권력 작용 외의 집행행위 등 다른 공권력작용(집행행위)이 매개되어야만 기본권침해가 발생한다면 기본권침해의 직접성이 인정되지 않는다. 다만, 집행행위가 예정되어 있는 경우라도, ① 집행행위를 대상으로 하는 구제절차가 없거나 구제절차가 있더라도 권리구제의 가능성이 없는 경우, ② 형벌조항과 같이 법령의 집행행위를 기다렸다가 그 집행행위에 대한 권리구제절차를 밟을 것을 요구할 수 없는 경우, ③ 법령이 일의적이고 명백해서 재량의 여지가 없는 경우, ④ 집행행위 이전에 이미 권리관계가 확정된 상태인 경우 등에는 예외적으로 기본권침해의 직접성이 인정된다.

이러한 직접성은 법령헌법소원에서 특히 문제되는바, 즉 구체적 집행행위에 의하지 아니하고 법령 그 자체에 의하여 자유의 제한, 의무의 부과, 권리 또는 법적 지위의 박탈이 생긴 경우여야 한다. 따라서 실체적인 처분을 위한 집행행위를 예정하고 있다면 원칙적으로 법령 그 자체가 아니라 그 집행행위에 의하여 기본권이 침해받는 경우이므로 직접성이 인정되지 않는다.

(2) 사안의 경우

사안에서 문제되는 「하수도법」 제45조 제5항은 분뇨수집·운반업 허가를 함에 조건을 '붙일 수 있다'고 재량행위로 규정되어 있기 때문에, 조건의 부가로 인한 기본권침해는 심판대상조항에 의하여 직접 발생하는 것이 아니라 심판대상조항에 따른 조건의 부가라는 구체적인 집행행위가 있을 때 비로소 현실적으로 나타난다. 조건을 부가받은 자는 조건의 부가에 대하여 행정심판이나 행정소송을 제기할 수 있으며, 그 절차에서 집행행위의 근거가 된 심판대상조항의 위헌 여부에 대한 심판제청을 신청할 수 있다. 더구나 사안의 조건의 부가는 '부담'에 해당되고, 대법원은 부담이 주된 행정행위로부터 분리될 수 있으며 그 자체가 독립된 행정행위이므로 주된 행정행위로부터 분리하여 쟁송의 대상이 될 수 있다는 태도(2001.6.15. 99두509)이므로, 그러한 절차를 밟도록 하는 것이 B주식회사에게 불필요한 우회절차를 강요하는 것이라고 볼 수도 없다. 따라서 심판대상조항을 직접 대상으로 하는 이 사건 헌법소원심판은 직접성 요건을 갖추지 못하였다.

3. 사례의 해결

B주식회사는 조건의 부가에 대하여 다투어야 하므로, 이 사건 「하수도법」 제45조 제5항을 대상으로 한 헌법소원심판은 직접성요건을 충족하지 못하였다.

Ⅳ. 보충성

1. 문제점

B주식회사의 헌법소원심판청구가 「헌법재판소법」 제68조 제1항의 헌법소원심판청구의 적법요건으로서의 보충성을 갖추었는지 검토해본다.

2. 보충성 인정 여부

(1) 보충성의 원칙과 예외

헌법재판소법 제68조 제1항 후단에 따라, 헌법소원심판은 원칙적으로 다른 법률에 정한 구제절차를 모두 거친 후가 아니면 청구할 수 없다. 여기서의 '다른 법률에 의한 구제절차'라 함은 공권력의 행사 또는 불행사를 직접 대상으로 하여 그 효력을 다툴 수 있는 적법한 권리구제절차를 의미하는 것이다. 그러나 예외적으로 ① 사전구제절차가 없거나 또는 권리구제절차가 허용되는지 여부가 객관적으로 분명하지 않은 경우, ② 사전구제절차가 있더라도 권리구제의 가능성이 없는 경우, ③ 청구인의 불이익으로 돌릴 수 없는 정당한 이유가 있는 착오로 사전구제절차를 밟지 않은 경우, ④ 기타 전심절차를 거칠 것을 기대하기 어려운 경우 등은 심판청구가 적법하다.

(2) 사안의 경우

B주식회사가 「하수도법」 제45조 제5항에 의한 직접적인 기본권침해를 주장하는 경우 법률자체의 효력을 직접 다투는 것을 소송물로 하여 일반법원에 소송을 제기하는 길이 없어 구제절차가 있는 경우가 아니므로, 다른 구제절차를 거치지 아니한 채 바로 헌법소원을 청구할 수 있다.

3. 사례의 해결

사안의 경우 「하수도법」 제45조 제5항의 효력을 직접 다투는 것을 소송물로 하여 법원에 소송을 제기할 수 있는 방법이 없기 때문에 보충성 요건을 갖춘 것으로 볼 수 있다.

의료기기법에 대한 헌법소원심판청구의 적법성

2017년 6회 변호사 제1문

甲과 乙은 A시에서 甲 의료기, 乙 의료기라는 상호로 의료기기 판매업을 하는 자들이다. 甲은 전립선 자극기 'J2V'를 공급받아 판매하기 위하여 "전립선에 특수한 효능, 효과로 남자의 자신감이 달라집니다."라는 문구를 사용하여 인터넷 광고를 하였다. 甲의 위 광고에 대하여 A시장은 2016.7.1. 甲에게 「의료기기에 관한 법률」(이하 '의료기기법'이라 함) 제24조 위반을 이유로 3개월 업무 정지처분을 하였다. 甲은 2016.7.11. 위 업무정지처분에 대하여 관할 행정심판위원회에 행정심판을 청구하였고, 동 위원회는 2016.8.25. 3개월 업무정지처분을 과징금 500만 원 부과처분으로 변경할 것을 명령하는 재결을 하였으며, 위 재결서 정본은 2016.8.29. 甲에게 송달되었다. 그러자 A시장은 2016.9.12. 甲에 대한 3개월 업무정지처분을 과징금 500만 원 부과처분으로 변경하였다. 또한, 甲은 2016.9.1. 의료기기법 제52조를 근거로 벌금 300만 원의 약식명령을 고지받자, 정식재판을 청구하였다.

한편, 甲의 경쟁업체인 乙은 2016.11.10. 전립선 자극기 'U2V'의 인터넷 광고를 하려던 차에 甲이 위 형사처벌을 받은 사실을 알게 되었다. 이에 乙은 변호사 丙을 대리인으로 선임하여, 2016. 12.15. 사전심의를 거치지 않은 의료기기 광고를 금지하고 이를 어기면 처벌하는 의료기기법 제24조 및 제52조가 자신의 표현의 자유를 침해한다고 주장하면서, 헌법재판소에 「헌법재판소법」 제68조 제1항에 의한 헌법소원심판을 청구하였다.

1. 乙의 헌법소원심판청구는 적법한가? (30점)

📁 **참조조문**

※ 유의사항
   1. 아래 법령은 가상의 것으로, 이와 다른 내용의 현행 법령이 있다면 제시된 법령이 현행 법령에 우선하는 것으로 할 것
   2. 아래 법령 중 「의료기기에 관한 법률」은 '의료기기법'으로, 「의료기기 광고 사전심의규정」은 '심의규정'으로 약칭할 수 있음

의료기기에 관한 법률(법률 제10000호)

제2조 【정의】 ① 이 법에서 "의료기기"란 사람이나 동물에게 단독 또는 조합하여 사용되는 기구·기계·장치·재료 또는 이와 유사한 제품으로서 다음 각 호의 어느 하나에 해당하는 제품을 말한다.
   1. 질병을 진단·치료·경감·처치 또는 예방할 목적으로 사용되는 제품
   2. 상해 또는 장애를 진단·치료·경감 또는 보정할 목적으로 사용되는 제품
   ② 이 법에서 "의료기기 취급자"란 의료기기를 업무상 취급하는 자로서 의료기기 제조업자, 의료기기 수입업자, 의료기기 수리업자, 의료기기 판매업자와 의료기기 임대업자를 말한다.

제20조 【의료기기 관련단체】 의료기기 취급자는 의료기기 관련단체를 설립할 수 있다.

제24조 【광고의 금지】 누구든지 제25조에 따른 심의를 받지 아니하거나 심의받은 내용과 다른 내용의 의료기기의 광고를 하여서는 아니 된다.

제25조 【광고의 심의】 ① 의료기기를 광고하려는 자는 미리 식품의약품안전처장의 심의를 받아야 한다.

② 식품의약품안전처장은 제1항에 따른 심의에 관한 업무를 제20조에 따라 설립된 의료기기 관련 단체에 위탁할 수 있다.

③ 제1항에 따른 심의기준, 방법 및 절차와 제2항에 따른 심의업무의 위탁 등 의료기기 광고의 심의에 필요한 사항은 식품의약품안전처장이 정한다.

제36조 【허가 등의 취소와 업무의 정지 등】 ① 의료기기 취급자가 제24조를 위반하여 의료기기를 광고한 경우 의료기기의 제조업자·수입업자 및 수리업자에 대하여는 식품의약품안전처장이, 판매업자 및 임대업자에 대하여는 시장·군수 또는 구청장이 허가 또는 인증의 취소, 영업소의 폐쇄, 품목류 또는 품목의 제조·수입·판매의 금지 또는 1년의 범위에서 그 업무의 전부 또는 일부의 정지를 명할 수 있다.

② 식품의약품안전처장, 시장·군수 또는 구청장은 의료기기 취급자가 제1항의 규정에 해당하는 경우로서 업무정지처분이 의료기기를 이용하는 자에게 심한 불편을 주거나 그 밖에 특별한 사유가 인정되는 때에는 국민건강에 해를 끼치지 아니하는 범위 안에서 업무정지처분에 갈음하여 5천만 원 이하의 과징금을 부과할 수 있다.

제42조 【경비 보조】 식품의약품안전처장, 시장·군수 또는 구청장은 국민보건 향상을 위하여 필요하다고 인정될 때에는 제20조에 따라 설립된 의료기기 관련단체에 대하여 시설, 운영 경비, 조사·연구 비용의 전부 또는 일부를 보조할 수 있다.

제52조 【벌칙】 제24조를 위반한 자는 3년 이하의 징역 또는 3천만원 이하의 벌금에 처한다.

부 칙

이 법은 2016년 1월 1일부터 시행한다.

달 력

2016년 7월~2017년 2월

2016년 7월

일	월	화	수	목	금	토
					1	2
3	4	5	6	7	8	9
10	11	12	13	14	15	16
17	18	19	20	21	22	23
24/31	25	26	27	28	29	30

2016년 8월

일	월	화	수	목	금	토
	1	2	3	4	5	6
7	8	9	10	11	12	13
14	15	16	17	18	19	20
21	22	23	24	25	26	27
28	29	30	31			

2016년 9월

일	월	화	수	목	금	토
				1	2	3
4	5	6	7	8	9	10
11	12	13	14	15	16	17
18	19	20	21	22	23	24
25	26	27	28	29	30	

2016년 10월

일	월	화	수	목	금	토
						1
2	3	4	5	6	7	8
9	10	11	12	13	14	15
16	17	18	19	20	21	22
23/30	24/31	25	26	27	28	29

2016년 11월

일	월	화	수	목	금	토
		1	2	3	4	5
6	7	8	9	10	11	12
13	14	15	16	17	18	19
20	21	22	23	24	25	26
27	28	29	30			

2016년 12월

일	월	화	수	목	금	토
				1	2	3
4	5	6	7	8	9	10
11	12	13	14	15	16	17
18	19	20	21	22	23	24
25	26	27	28	29	30	31

2017년 1월

일	월	화	수	목	금	토
1	2	3	4	5	6	7
8	9	10	11	12	13	14
15	16	17	18	19	20	21
22	23	24	25	26	27	28
29	30	31				

2017년 2월

일	월	화	수	목	금	토
			1	2	3	4
5	6	7	8	9	10	11
12	13	14	15	16	17	18
19	20	21	22	23	24	25
26	27	28				

📝 **핵심공략**

설문 1은 헌재법 제68조 제1항 헌법소원심판청구의 적법성 여부를 물었으므로, 적법요건 8가지를 모두 판단하여야 한다. 즉 헌재법 제68조 제1항 헌법소원심판청구의 적법요건 8가지에 대한 일반론을 서술한 후 각 요건들을 설문에 대입하여 그 충족 여부를 개별적으로 검토하여야 한다. 이때 각 요건의 예외에 주의해야 하는데, 설문은 이른바 '법령헌법소원'이므로 특히 '기본권침해의 직접성과 그 예외', '보충성과 그 예외', '청구기간의 기산점' 등에 대한 정확한 설시가 필요하다.

〈목 차〉

I. 설문 1의 해결

1. 「헌법재판소법」 제68조 제1항의 헌법소원의 일반적 요건

「헌법재판소법」 제68조 제1항의 권리구제형 헌법소원심판을 청구하기 위해서는, ① 청구인 능력으로서 기본권 주체성이 인정되어야 하고, ② 공권력의 행사 또는 불행사가 있어야 하고, ③ 헌법상 보장된 기본권의 침해주장 및 침해가능성이 있어야 하고, ④ 기본권침해의 자기관련성·현재성·직접성이 인정되어야 하며, ⑤ 다른 법률의 구제절차를 모두 마친 후이어야 하고(보충성), ⑥ 권리보호의 필요성이 있어야 한다. 그리고 ⑦ 청구기간을 준수하고, ⑧ 변호사 강제주의에 따라 변호사를 대리인으로 선임하여야 한다.

2. 구체적 검토

(1) 청구인의 능력

기본권 주체성이 인정되면 누구든지 청구인능력이 인정된다. 乙은 자연인으로서 기본권 주체성이 인정되므로 청구인능력을 갖추고 있다.

(2) 공권력의 행사 또는 불행사

헌법소원심판의 대상이 되는 공권력 행사·불행사란 공권력주체에 의한 작위·부작위로서 그로 인해 국민의 권리·의무 내지 법적 지위에 직접적인 영향을 가져오는 행위를 말한다. 여기의 공권력작용에는 원칙적으로 입법작용, 집행작용, 사법작용을 행사하는 모든 국가작용을 포함한다.

사안의 경우 심판대상인 의료기기법(이하 '법'이라 한다) 제24조 및 제52조는 법률로서 입법작용을 행사하는 국가작용에 해당하는 바, 헌법소원의 대상이 되는 공권력 행사에 해당한다.

(3) 기본권의 침해주장 및 침해가능성

乙은 의료기기라는 상호로 의료기기 판매업을 하는 자로서 법 제24조에 의하여 심의를 받지 아니하거나 심의받은 내용과 다른 내용의 의료기기의 광고를 해서는 아니 되고, 이를 위반하면 법 제52조에 의하여 벌칙을 받을 위험성이 있는 바, 헌법 제21조 표현의 자유가 침해될 가능성이 있다.

(4) 기본권침해의 자기관련성과 그 예외

기본권침해란 심판청구인 자신의 기본권이 침해당한 경우를 말하므로 자기관련성이 인정되기 위해서는 원칙적으로 공권력작용의 직접 상대방이어야 한다. 다만, 공권력작용의 직접 상대방이 아닌 제3자라도 공권력작용으로 인해 직접적·법률적 이해관계를 갖고 있으면 예외적으로 자기관련성이 인정된다. 그러나 간접적·사실적·경제적 이해관계가 있을 뿐인 제3자인 경우에는 자기관련성이 인정되지 않는다.

사안의 경우 법 제24조는 '누구든지'라고 규정하고 있으나, 법 제25조에 따라 의료기기를 광고하려는 자는 심의를 받지 아니하거나 심의받은 내용과 다른 내용의 의료기기의 광고를 하여서는 아니된다고 종합적으로 해석될 수 있다. 따라서 乙은 乙 의료기라는 상호로 의료기기 판매업을 하는 자로서 전립선 자극기 'U2V'의 인터넷 광고를 하려던 자이다. 따라서 이 사건 법률조항인 법 제24조 및 제52조에 대하여 자기관련성이 인정된다.

(5) 기본권침해의 직접성과 그 예외

1) 일반론

기본권침해는 그 침해를 야기한 공권력행사·불행사 그 자체로 인해 바로 발생되는 침해이어야 하므로 심판대상인 공권력작용 외의 다른 공권력작용(집행행위)이 매개되어야만 기본권침해가 발생한다면 기본권침해의 직접성이 인정되지 않는다.

다만, 집행행위가 예정되어 있는 경우라도, ① 집행행위를 대상으로 하는 구제절차가 없거나 구제절차가 있더라도 권리구제의 가능성이 없는 경우, ② 형벌조항과 같이 법령의 집행행위를 기다렸다가 그 집행행위에 대한 권리구제절차를 밟을 것을 요구할 수 없는 경우, ③ 법령이 일의적이고 명백해서 재량의 여지가 없는 경우, ④ 집행행위 이전에 이미 권리관계가 확정된 상태인 경우 등에는 예외적으로 기본권침해의 직접성이 인정된다.

2) 법령헌법소원에서 직접성

직접성은 법령소원에서 특히 문제되는바, 즉 구체적 집행행위에 의하지 아니하고 법령 그 자체에 의하여 자유의 제한, 의무의 부과, 권리 또는 법적 지위의 박탈이 생긴 경우여야 한다. 따라서 실체적인 처분을 위한 집행행위를 예정하고 있다면 원칙적으로 법령 그 자체가 아니라 그 집행행위에 의하여 기본권이 침해받는 경우이므로 직접성이 인정되지 않는다.

그리고 벌칙 조항의 전제가 되는 구성요건 조항이 별도로 규정되어 있는 경우에 벌칙 조항에 대하여는 청구인들이 그 법정형이 체계정당성에 어긋난다거나 과다하다는 등 그 자체가 위헌임을 주장하지 않는 한 직접성을 인정할 수 없다.

3) 사례의 경우

첫째, 법 제24조의 경우 누구든지 심의를 받지 아니하고는 의료기기의 광고를 하여서는 아니 된다고 규정하고 있다는 점에서 의료기기의 광고에 대하여 심의받을 것을 의무로 규정하고 있고, 또한 심의받은 내용과 다른 광고를 해서는 안된다는 점에서 표현의 자유를 제한하고 있다. 더욱이 법의 규정 형식은 '하여서는 아니 된다.'라고 규정하고 있다는 점에서 법률조항 자체에서 일의적이고 명백하게 재량의 여지가 없음을 보여주고 있다. 따라서 법 제24조의 광고의 금지 조항은 직접성이 인정된다.

둘째, 법 제52조의 경우 법 제24조를 위반한 자에 대하여 3년 이하의 징역 또는 3천만 원의 이하의 벌금에 처한다고 규정하고 있다. 이는 징역과 벌금이라고 하는 형벌조항으로서 법령의 집행행위를 기다렸다가 그 집행행위에 대한 권리구제절차를 밟을 것을 요구할 수 없는 경우에 해당되는바, 집행행위가 예정되어 있음에도 불구하고 직접성을 인정할 수 있는 경우에 해당한다. 그런데 사안에서 乙이 이 사건 처벌조항인 법 제52조에서 정한 법정형이 체계정당성에 어긋난다거나 과다하다는 등 그 자체의 고유한 위헌성을 다투는 것이 아니라, 전제되는 이 사건 금지조항인 제24조가 위헌이어서 그 제재조항인 이 사건 처벌조항도 당연히 위헌이라는 취지로 주장하고 있다면, 이러한 경우 구성요건조항과 별도로 규정된 벌칙조항에 대해서는 기본권 침해의 직접성이 인정되지 아니한다. 반면 乙이 일응 법 제52조 자체의 고유한 위헌성을 다투고 있다면, 직접성이 인정된다.

(6) 기본권침해의 현재성과 그 예외

헌법소원심판은 청구인의 기본권이 현재 침해되고 있음을 그 요건으로 한다. 따라서 과거에 기본권의 침해가 있었지만 헌법소원심판을 청구할 당시에는 이미 그 침해가 종료되었거나, 장차 미래에 기본권의 침해가 예상되는 잠재적인 경우에는 원칙적으로 기본권의 침해를 이유로 헌법소원심판을 청구할 수 없다. 그러나 가까운 장래에 기본권침해가 발생할 것이 현재 시점에서 확실하게 예측된다면, 기본권구제의 실효성을 위하여 현재성의 예외를 인정할 수 있다(상황성숙이론).

사안의 경우 乙은 전립선 자극기 'U2V'의 인터넷 광고를 하려던 차에 있던 자로서 법 제24조에서 말하는 법 제25조의 현재 '의료기기를 광고하려는 자'에 해당한다. 따라서 이 사건 법률조항인 법 제24조 및 제52조에 의한 표현의 자유 침해의 현재성이 인정된다.

(7) 보충성과 그 예외

헌법재판소법 제68조 제1항 후단에 따라, 헌법소원심판은 원칙적으로 다른 법률에 정한 구제절차를 모두 거친 후가 아니면 청구할 수 없다. 여기서의 '다른 법률에 의한 구제절차'라 함은 "공권력의 행사 또는 불행사를 직접 대상으로 하여 그 효력을 다툴 수 있는 적법한 권리구제절차를 의미하는 것이지 공권력의 행사 또는 불행사의 결과 생긴 효과를 원상복귀시키거나 사후적·보충적 구제수단인 손해배상청구나 손실보상청구를 의미하는 것은 아니다"(92헌마297).

그러나 이러한 보충성의 원칙을 지나치게 엄격히 적용할 경우에는 헌법소원의 대상이 극히 협소해지고 그 결과 헌법이 헌법소원제도를 규정하고 있는 취지가 거의 상실되기 때문에 우리 헌법재판소는 법률의 명문의 규정이 없음에도 보충성의 원칙에 대한 예외를 인정하고 있다. 따라서 ① 사전구제절차가 없거나 또는 권리구제절차가 허용되는지 여부가 객관적으로 분명하지 않은 경우, ② 사전구제절차가 있더라도 권리구제의 가능성이 없는 경우, ③ 청구인의 불이익으로 돌릴 수 없는 정당한 이유가 있는 착오로 사전구제절차를 밟지 않은 경우, ④ 기타 전심절차를 거칠 것을 기대하기 어려운 경우 등은 심판청구가 적법하다.

사안의 경우 법 제24조 및 제52조에 의한 자신의 표현의 자유를 침해한다고 주장하는 경우 법률자체의 효력을 직접 다투는 것을 소송물로 하여 일반법원에 소송을 제기하는 길이 없어 구제절차가 있는 경우가 아니므로, 다른 구제절차를 거치지 아니한 채 바로 헌법소원을 청구할 수 있다.

(8) 권리보호의 이익

헌법소원은 주관적 권리구제제도이므로 제도의 취지상 당연히 권리보호이익이 있는 경우라야 하므로, 공권력행사의 종료 등의 사정변경으로 기본권침해행위가 배제된 경우 또는 침해행위가 이미 종료된 경우 권리보호이익이 없게 되어 헌법소원심판청구는 부적법하다. 그러나 헌법소원은 객관적 헌법질서의 보장도 겸하므로 청구인의 권리구제에 별 도움이 아니 되는 경우라도 그러한 침해행위의 반복위험이 있거나 당해분쟁의 해결이 헌법질서의 수호·유지를 위하여 긴요한 사항이어서 헌법적 해명이 중대한 의미를 지니고 있는 경우에는 심판청구의 이익이 인정된다(91헌마111).

사례의 경우 헌법재판소가 법 제24조 및 제52조에 대하여 위헌결정을 할 경우 乙은 심의를 받지 아니하고 의료기기의 광고를 할 수 있는 바, 헌재의 위헌결정은 침해된 표현의 자유의 구제책이 된다. 따라서 권리보호의 이익이 인정된다.

(9) 청구기간

1) 일반론

「헌법재판소법」제69조 제1항은 "제68조 제1항에 따른 헌법소원의 심판은 그 사유가 있음을 안 날부터 90일 이내에, 그 사유가 있는 날부터 1년 이내에 청구하여야 한다."고 규정하고 있다. 여기서 '사유가 있는 날'이란 공권력의 행사로 인하여 기본권이 침해되는 사실이 발생한 객관적 시점을 말하고, '사유가 있음을 안 날'이란 공권력의 행사에 의한 기본권침해의 사실관계를 특정할 수 있을 정도로 현실적으로 인식한 날을 의미한다(89헌마31). 위 두 기간은 모두 지켜져야 하므로 어느 한 기간이라도 도과하게 되면 심판청구는 부적법하게 된다(2004헌마93).

2) 법령헌법소원에 있어서의 청구기간

법령헌법소원의 경우, 원칙적으로 법령의 시행과 동시에 기본권을 침해받게 된다고 할 것이므로 그 법령이 시행된 사실을 안 날로부터 90일 이내에, 법령이 시행된 날로부터 1년 이내에 헌법소원심판을 청구하여야 한다(「헌법재판소법」제69조 제1항). 그러나 법령의 시행 후 그 법령에 해당하는 사유가 발생하여 기본권의 침해를 받게 된 경우에는 그 사유가 발생했음을 안 날로부터 90일 이내에, 그 사유가 발생한 날로부터 1년 이내에 헌법소원심판을 청구하여야 한다.

3) 사안의 경우

사안의 법 제24조 및 제52조는 <u>의료기기를 광고하려는 자</u>를 규범의 수범자로 한다는 점에서 법령의 시행 후 그 법령에 해당하는 사유가 발생하여 기본권의 침해를 받게 된 경우에 해당한다. 따라서 '법령에 해당하는 사유'는 의료기기를 광고하려는 자에 대한 광고 규제를 의미하고, 사안에서 <u>乙은 경쟁자인 甲의 형사처벌을 받은 사실을 알게 된 2016.11.10. 이를 알게 되었다고 판단되는 바, 이로부터 90일 이내에 해당한다.</u> 법령에 해당하는 사유가 발생한 날인 이 법 시행일 2016.1.1.(의료기기에 관한 법률 부칙)로 볼 것인지, 아니면 인터넷 광고를 하려던 차인 2016.11.10.로 볼 것인지 문제되지만 어느 날부터 기산하더라도 1년 이내에 해당하는 2016.12.15.에 「헌법재판소법」제68조 제1항의 헌법소원을 제기하였다. 따라서 청구기간을 준수하였다.

(10) 변호사 강제주의

「헌법재판소법」제25조 제2항과 제70조 제1항에 따라 헌법소원을 청구하기 위해서는 변호사를 대리인으로 선임하든가 국선변호인의 선임을 신청하여야 한다.

사안의 경우 乙은 변호사 丙을 대리인으로 선임한 바, 변호사 강제주의의 요건을 충족하였다.

3. 결 론

사안의 乙은 「헌법재판소법」제68조 제1항의 헌법소원의 요건을 갖추고 있으므로, 乙의 헌법소원 심판청구는 적법하다.

009 조례헌법소원의 적법성

2018년 7회 변호사 제1문

A도 교육청 교육감 甲은 교육의 경제적 효율성을 제고하고 인구절벽이라는 시대상황을 정책에 반영하기 위하여, ① 전체 재학생수가 10명 미만인 초등학교의 경우 인근 학교와의 적극적인 통·폐합을 추진하고, ② 전체 재학생수가 3명 미만인 경우에는 해당 학교를 폐지하기 위한 작업을 준비하였다. 또한 A도 의회는 2016.12.20. 'A도 학교설치 조례' 제2조의 [별표 1]란 중 "다동초등학교"란을 삭제하는 내용의 'A도 학교설치조례 개정안'을 의결하였다. 이 조례는 2016.12.31. 공포되었고, 이 조례에 대해서는 어떠한 재의요구도 없었다.

다른 한편 A도의 도민인 다동초등학교의 학부모 丙과 丙의 자녀인 丁은 2017.1.10. 위 조례에 대하여 통학조건의 변화로 인한 기본권침해를 주장하며 헌법소원심판을 청구하였다.

1. 丙과 丁이 청구한 헌법소원심판의 적법성에 대하여 판단하시오. (30점)

📁 **참조조문**

※ 아래의 법령은 가상의 것임을 전제로 한다.

지방교육자치에 관한 법률

제2조【교육·학예사무의 관장】 지방자치단체의 교육·과학·기술·체육 그 밖의 학예(이하 "교육·학예"라 한다)에 관한 사무는 특별시·광역시 및 도(이하 "시·도"라 한다)의 사무로 한다.

제3조【지방자치법과의 관계】 지방자치단체의 교육·학예에 관한 사무를 관장하는 기관의 설치와 그 조직 및 운영 등에 관하여 이 법에서 규정한 사항을 제외하고는 그 성질에 반하지 않는 한 「지방자치법」의 관련 규정을 준용한다. 이 경우 "지방자치단체의 장"또는 "시·도지사"는 "교육감"으로, "지방자치단체의 사무"는 "지방자치단체의 교육·학예에 관한 사무"로, "자치사무"는 "교육·학예에 관한 자치사무"로, "행정안전부장관"·"주무부장관" 및 "중앙행정기관의 장"은 "교육부장관"으로 본다.

제18조【교육감】 ① 시·도의 교육·학예에 관한 사무의 집행기관으로 시·도에 교육감을 둔다.

② 교육감은 교육·학예에 관한 소관 사무로 인한 소송이나 재산의 등기 등에 대하여 당해 시·도를 대표한다.

제19조【국가행정사무의 위임】 국가행정사무 중 시·도에 위임하여 시행하는 사무로서 교육·학예에 관한 사무는 교육감에게 위임하여 행한다. 다만, 법령에 다른 규정이 있는 경우에는 그러하지 아니하다.

제20조【관장사무】 교육감은 교육·학예에 관한 다음 각 호의 사항에 관한 사무를 관장한다.

1. 조례안의 작성 및 제출에 관한 사항
2. 예산안의 편성 및 제출에 관한 사항
3. 결산서의 작성 및 제출에 관한 사항
4. 교육규칙의 제정에 관한 사항

5. 학교, 그 밖의 교육기관의 설치·이전 및 폐지에 관한 사항

6. 교육과정의 운영에 관한 사항

초·중등교육법 시행령

제15조【취학아동명부의 작성 등】 ① 읍·면·동의 장은 매년 10월 1일 현재 그 관내에 거주하는 자로서 그 해 1월 1일부터 12월 31일까지 연령이 만 6세에 달하는 자를 조사하여 그 해 10월 31일까지 취학아동명부를 작성하여야 한다. 이 경우 제3항에 따라 만 6세가 되는 날이 속하는 해에 입학연기를 신청하여 취학아동명부에서 제외된 자는 포함하여야 한다.

② 취학아동의 조사 및 명부작성에 관하여 필요한 사항은 교육감이 정한다.

개정된「A도 학교설치 조례」

제2조 ① A도 내 도립초등학교는 [별표 1]과 같이 설치한다.

[별표 1]의 내용

A도 내 도립초등학교

(개정 전)   (개정 후)

A도 B군	A도 B군
1. 가동 초등학교	1. 가동 초등학교
2. 나동 초등학교	2. 나동 초등학교
3. 다동 초등학교	3. (삭제)

※ 별도의 부칙은 없음

📝 핵심공략

설문 1은 헌재법 제68조 제1항 헌법소원심판청구의 적법성 여부를 묻는바, 적법요건 8가지를 모두 판단해야 한다. 즉 헌재법 제68조 제1항 헌법소원심판청구의 적법요건 8가지에 대한 일반론을 서술한 후 각 요건들을 설문에 대입하여 그 충족 여부를 개별적으로 검토해야 한다. 이때 각 요건의 예외에 주의해야 하는데, 설문은 이른바 '조례헌법소원'이므로 특히 '기본권침해의 직접성과 그 예외', '보충성과 그 예외', '청구기간의 기산점' 등에 대한 정확한 설시가 필요하다. 그리고 설문은 '상황성숙이론'이 적용되는 사안이므로 '기본권침해의 현재성과 그 예외', '청구기간과 상황성숙이론의 문제' 등을 판단할 필요가 있다. 아울러 소위 '두밀분교 폐지 조례 사건'과 유사하므로 '처분적 조례'인지, '처분적 조례로서 항고소송의 대상인지' 등이 보충성 요건에서 검토되어야 한다.

〈목 차〉

I. 설문 1 – 헌법소원심판의 적법성

1. 논점의 정리

「헌법재판소법」 제68조 제1항의 권리구제형 헌법소원심판을 청구하기 위해서는, ① 청구인 능력으로서 기본권 주체성이 인정되어야 하고, ② 공권력의 행사 또는 불행사가 있어야 하고, ③ 헌법상 보장된 기본권의 침해주장이 있어야 하고, ④ 기본권 침해의 자기관련성·현재성·직접성이 인정되어야 하며, ⑤ 다른 법률의 구제절차를 모두 마친 후이어야 하고, ⑥ 권리보호의 필요성이 있어야 한다. 그리고 ⑦ 청구기간을 준수하고, ⑧ 변호사 강제주의에 따라 변호사를 대리인으로 선임하여야 한다.

사안에서는 조례를 공권력의 행사로 볼 수 있는지, 헌법상 보장된 기본권에는 어떤 것이 있는지, 현재성에 있어서 상황성숙이론이 적용될 수 있는지, 그렇다면 청구기간에도 적용될 수 있는지, 보충성의 예외에 해당하는지가 특히 문제된다.

2. 개별적 검토

(1) 청구인의 능력

丙은 대한민국 국민으로서 기본권 주체성이 인정된다. 미성년자 丁도 대한민국 국민인 이상 기본권 주체성(기본권능력)은 인정되지만, 미성년자는 성숙한 판단능력을 갖고 있지 못하기 때문에 기본권 행사능력이 제한되는 경우가 있다. 헌법재판소도 계속하여 미성년자의 기본권 주체성을 인정하고 있다. 사안에서 문제되는 기본권이 '학교선택권' 등인 점을 고려할 때, 丁의 기본권 주체성을 부인할 이유도 없다.

따라서 丙과 丁은 기본권 주체성이 인정되므로 청구인 능력을 갖추고 있다.

(2) 공권력의 행사 또는 불행사

'공권력'이란 입법권·행정권·사법권을 행사하는 모든 국가기관뿐만 아니라 공법인, 국립대학교 등의 간접적 국가작용도 포함된다. 그리고 '공권력의 행사 또는 불행사'라 함은 공권력을 행사할 수 있는 지위에 있는 기관, 즉 공권력 주체에 의한 작위·부작위로서 그로 인해 국민의 권리·의무 내지 법적 지위에 직접적인 영향을 가져오는 행위이어야 한다.

조례는 지방자치단체가 그 자치입법권에 근거하여 자주적으로 지방의회의 의결을 거쳐 제정한 법규로서, 입법작용의 일종이므로 헌법소원의 대상인 공권력행사에 해당한다.

(3) 헌법상 보장된 기본권의 침해가능성

헌법소원은 헌법상 보장된 기본권의 침해를 구제받기 위한 제도이므로 헌법소원심판을 청구하기 위해서는 문제되는 '기본권'이 있어야 한다. 그리고 처음부터 기본권의 침해 여지가 전혀 없는 경우에는 본안판단에 들어갈 필요가 없으므로 헌법소원심판청구가 적법하기 위해서는 기본권을 침해받을 가능성이 있어야 한다.

부모의 자녀학교선택권과 학생의 학교선택권은 헌법상 명문의 규정은 없으나 헌법재판소에 의하여 인정되는 헌법상의 기본권에 해당한다(2012.11.29. 2011헌마827). 또한 청구인들은 A도의 도민인 다동초등학교의 학부모 丙과 丙의 자녀 丁으로서, 이 사건 조례조항에 따라 다동초등학교는 삭제되었으므로, 학부모 丙의 자녀학교선택권, 丙의 자녀 丁의 학교선택권이 침해될 가능성이 있다.

(4) 기본권침해의 자기관련성·현재성·직접성

1) 자기관련성

헌법소원은 원칙적으로 자신의 기본권이 침해당한 경우에 청구할 수 있다.

사안의 경우 이 사건 조례는 A도 내 도립초등학교 중에서 다동초등학교에 대하여 삭제를 하고 있다. 이에 대하여 丙, 丁은 심판 청구 당시의 A도의 도민인 다동초등학교의 학부모와 그의 자녀라는 점에서 기본권 침해의 자기관련성을 인정한다.

2) 현재성

헌법소원심판은 청구인의 기본권이 현재 침해되고 있음을 그 요건으로 한다. 따라서 장차 미래에 기본권의 침해가 예상되는 잠재적인 경우에는 원칙적으로 기본권의 침해를 이유로 헌법소원심판을 청구할 수 없다. 그러나 가까운 장래에 기본권 침해가 발생할 것이 현재 시점에서 확실하게 예측된다면, 기본권 구제의 실효성을 위하여 현재성의 예외를 인정할 수 있다(상황성숙이론).

이 사건 조례는 2016.12.31. 공포되었고, 이로부터 20일 후에 효력이 발생한다(「지방자치법」 제26조 제8항).❶ 반면에 청구인들은 2017.1.10.에 이 사건 조례에 대한 헌법소원심판을 청구한바, 이는 공포되었지만 아직 효력이 발생하기 전의 조례에 대한 것이다. 그러나 통학조건의 변화라고 하는 위험성이 이미 발생하여 장래 기본권침해가 발생할 것이 현재 시점에서 확실하게 예상되는 경우로서 예외적으로 침해의 현재성이 인정된다.

3) 직접성

기본권침해는 그 침해를 야기한 공권력행사·불행사 그 자체로 인해 바로 발생되는 침해이어야 하므로 심판대상인 공권력작용 외의 다른 공권력작용(집행행위)이 매개되어야만 기본권침해가 발생한다면 기본권침해의 직접성이 인정되지 않는다. 직접성은 법령소원에서 특히 문제되는바, 즉 구체적 집행행위에 의하지 아니하고 법령 그 자체에 의하여 자유의 제한, 의무의 부과, 권리 또는 법적 지위의 박탈이 생긴 경우여야 한다. 따라서 실체적인 처분을 위한 집행행위를 예정하고 있다면 원칙적으로 법령 그 자체가 아니라 그 집행행위에 의하여 기본권이 침해받는 경우이므로 직접성이 인정되지 않는다.

이 사건 조례 자체에 의하여 집행행위의 매개 없이 다동초등학교가 삭제되어 그로 인해 청구인들의 통학조건의 변화가 불가피하게 되었다. 결국 丙, 丁의 학교선택권이 제한되고 있으므로 기본권침해의 직접성을 인정할 수 있다.

---

❶ 「지방자치법」 제26조(조례와 규칙의 제정 절차 등) ⑧ 조례와 규칙은 특별한 규정이 없으면 공포한 날부터 20일이 지나면 효력을 발생한다.

(5) 보충성의 예외

1) 보충성 의의

헌법재판소법 제68조 제1항 후단에 따라 다른 법률에 구제절차가 있는 경우에는 그 절차를 모두 거친 후가 아니면 헌법소원심판을 청구할 수 없다. 그리고 여기의 '다른 법률에 의한 구제절차'라 함은 공권력의 행사 또는 불행사를 직접 대상으로 하여 그 효력을 다툴 수 있는 적법한 권리구제를 의미한다.

다만, 헌법재판소는 ① 사전구제절차가 없거나 또는 권리구제절차가 허용되는지 여부가 객관적으로 분명하지 않은 경우, ② 사전구제절차가 있더라도 권리구제의 가능성이 없는 경우, ③ 청구인의 불이익으로 돌릴 수 없는 정당한 이유가 있는 착오로 사전구제절차를 밟지 않은 경우, ④ 기타 전심절차를 거칠 것을 기대하기 어려운 경우 등에 대하여 보충성의 예외를 인정하고 있다.

2) 사안의 경우

이 사건 조례는 A도에서 '다동초등학교'란을 삭제하는 내용을 가지고 있는바, 처분적 조례라고 볼 수 있다. 처분적 조례란 집행행위를 매개하지 않고 직접 주민의 권리·의무를 발생케 하고 적용범위·대상이 특정되는 조례를 말하는데, 이 사건 조례는 위 다동초등학교의 취학아동과의 관계에서 영조물인 특정의 초등학교를 구체적으로 이용할 이익을 직접적으로 상실하게 하는 것으로 처분적 조례로 볼 수 있다. 그런데 대법원은 '두밀분교 조례 사건'에서 두밀분교를 폐지하기로 한 조례의 무효확인을 구하는 원고들의 예비적 청구의 적법성을 인정한 바 있다(1996.9.20. 95누8003). 그러므로 사안의 조례는 대법원 판례에 따르면 항고소송이 인정된다는 점에서 '다른 법률에 의한 구제절차'가 존재하는 경우에 해당하므로 보충성의 요건을 결하게 된다.

(6) 권리보호이익

권리보호이익은 주관적 권리구제를 목적으로 하는 소송제도에 필연적으로 내재하는 것이므로 헌법소원심판청구에도 요구된다.

헌법재판소가 이 사건 조례에 대하여 위헌결정을 하게 되면 조례상 다동초등학교의 삭제가 없어지고, 이에 청구인은 통학조건의 변화를 받지 않을 수 있으므로 권리보호이익이 인정된다.

(7) 청구기간과 변호사 강제주의

1) 청구기간

헌법재판소법 제68조 제1항에 의한 헌법소원은 그 사유가 있음을 안 날부터 90일 이내에, 그 사유가 있은 날부터 1년 이내에 청구하여야 한다(제69조 제1항).

이 사건 조례는 상황성숙이론에 따라 현재성이 예외적으로 인정되는 경우로서 청구기간은 별도로 문제되지 않는다.

2) 변호사 강제주의

변호사를 대리인으로 선임하든가 국선대리인을 선임 신청하여야 한다(「헌법재판소법」 제25조 제2항, 제70조 제1항). 사안의 경우는 특별한 언급이 없는바, 이 요건은 갖춘 것으로 본다.

3. 소 결

丙과 丁이 청구한 헌법소원심판의 청구는 다른 요건을 모두 갖추었지만, 처분적 조례로서 대법원 판례에 의하면 항고소송의 대상이 되므로 <u>보충성 요건을 충족하지 못하여 부적법</u>하다.

2016년 5회 변호사 제2문

甲은 서울에서 주유소를 운영하는 자로, 기존 주유소 진입도로 외에 주유소 인근 구미대교 남단 도로(이하 '이 사건 본선도로'라 한다)에 인접한 도로부지(이하 '이 사건 도로'라 한다)를 주유소 진·출입을 위한 가·감속차로 용도로 사용하고자 관할구청장 乙에게 도로점용허가를 신청하였다. 이 사건 본선도로는 편도 6차로 도로이고, 주행제한속도는 시속 70km이며, 이 사건 도로는 이 사건 본선도로의 바깥쪽을 포함하는 부분으로 완만한 곡선구간의 중간 부분에 해당한다. 이 사건 본선도로 중 1, 2, 3차로는 구미대교 방향으로 가는 차량이, 4, 5차로는 월드컵대로 방향으로 가는 차량이 이용하도록 되어 있다. 4, 5차로를 이용하던 차량이 이 사건 본선도로 중 6차로 및 이 사건 도로부분을 가·감속차로로 하여 주유소에 진입하였다가 월드컵대로로 진입하는 데 별다른 어려움은 없다.

한편, 丙은 이 사건 도로상에서 적법한 도로점용허가를 받지 않고 수년 전부터 포장마차를 설치하여 영업을 하고 있었다.

4. 丙은 이 사건 도로상에서 운영하고 있던 포장마차를 인근 보도상으로 이전하고 「서울특별시 보도상 영업시설물 관리 등에 관한 조례」 제3조 제2항에 근거하여 乙로부터 도로점용허가를 받아 운영하게 되었다. 丙은 도로점용허가기간 만료에 임박하여 점용허가 갱신을 신청하려고 하던 중, 위 조례 제3조 제4항이 자산금액 요건을 충족한 경우에만 점용허가를 갱신해 주도록 하고 있는데, 자신의 자산금액이 그 갱신 요건을 충족하지 못하여 도로점용허가 갱신이 불가능하다는 것을 알게 되었다. 丙은 위 조례 제3조 제4항이 자신의 재산권을 침해하고 있다는 것을 이유로 헌법재판소에 헌법소원심판청구를 하려고 한다.

   가. 丙의 헌법소원심판청구의 적법요건 중 기본권침해의 직접성에 대하여 논하시오. (10점)

📁 **참조조문**

※ 아래 법령은 각 처분 당시 적용된 것으로 가상의 것이다.

서울특별시 보도상 영업시설물 관리 등에 관한 조례

제3조【점용허가】② 시장은 점용허가를 받은 운영자에게 별지 제2호 서식에 의한 도로점용허가증을 교부한다. 이 경우 점용허가기간은 1년 이내로 한다.

　④ 도로점용 허가기한이 만료되는 운영자는 본인 및 배우자 소유의 부동산, 「국민기초생활보호법 시행규칙」 제3조 제1항 제1호 다목의 규정에 의한 임차보증금 및 같은 조 같은 항 제2호 규정에 의한 금융재산을 합하여 2억 원 미만인 자에 한하여 1년의 범위 안에서 2회에 한하여 갱신 허가하되, 이 경우 제3항에 의한 위원회를 거치지 아니한다.

제12조【사무의 위임】이 조례에 의한 다음 각 호에 해당하는 시장의 사무는 시설물이 위치하는 지역을 관할하는 구청장에게 위임한다.

1. 제3조의 규정에 의한 도로점용허가

📑 핵심공략

설문 4-가는 이미 변호사 1회에 출제된 문제와 유사하다. 「헌법재판소법」 제68조 제1항의 헌법소원심판청구의 요건은 8가지이다. 「헌법재판소법」 제68조 제1항의 헌법소원심판청구의 적법 여부를 판단하려면 심판청구 요건 8가지에 대한 일반론을 서술한 후 각 요건들을 사례에 대입하여 그 충족 여부를 개별적으로 검토하여야 한다. 특히 각 요건의 예외에 주의해야 한다. 즉 '기본권침해의 자기관련성'과 관련해서는 공권력행사의 직접 상대방이 아닌 제3자일 경우 직접적·법적 이해관계가 있는지를, '기본권침해의 직접성'과 관련해서는 특히 법령헌법소원에서 집행행위가 존재함에도 직접성이 예외적으로 인정되는 경우에 해당하는지를, 그리고 '기본권침해의 현재성'도 장래의 침해일 경우 침해가 현재 확실히 예측될 수 있는지를 검토하여야 한다. 또한 사전 권리구제절차가 있음에도 '보충성'의 예외에 해당하는지를, '권리보호이익'과 관련해서는 기본권침해행위가 취소되거나 종료된 경우에도 객관적 헌법질서의 수호차원에서 심판이익이 인정되는지를, '청구기간'의 경우에도 청구기간 도과에 정당한 사유가 있는지를 검토하여야 한다. 아울러 청구인이 법인이거나 외국인인 경우 기본권 주체성 여부를 반드시 논의해야 한다. 설문에서는 '기본권침해의 직접성'으로 한정하였으므로 이에 대해서만 상세히 검토하면 된다.

─────────────〈목 차〉─────────────

I. 설문 4-가의 해결

1. 기본권침해의 직접성과 그 예외

(1) 직접성의 원칙

「헌법재판소법」 제68조 제1항의 헌법소원심판청구에서 요구되는 기본권침해는 그 침해를 야기한 공권력행사 그 자체로 인해 바로 발생되는 침해이어야 하므로 심판대상인 공권력작용 외의 다른 공권력작용(집행행위)이 매개되어야만 기본권침해가 발생한다면 기본권침해의 직접성이 인정되지 않는다. 이러한 직접성은 법령헌법소원에서 특히 문제되는바, 즉 구체적 집행행위에 의하지 아니하고 법령 그 자체에 의하여 자유의 제한, 의무의 부과, 권리 또는 법적 지위의 박탈이 생긴 경우여야 한다. 따라서 실체적인 처분을 위한 집행행위를 예정하고 있다면 원칙적으로 법령 그 자체가 아니라 그 집행행위에 의하여 기본권이 침해받는 경우이므로 직접성이 인정되지 않는다.

(2) 직접성의 예외

다만, 집행행위가 예정되어 있는 경우라도, ① 집행행위를 대상으로 하는 구제절차가 없거나 구제절차가 있더라도 권리구제의 가능성이 없는 경우, ② 형벌조항과 같이 법령의 집행행위를 기다렸다가 그 집행행위에 대한 권리구제절차를 밟을 것을 요구할 수 없는 경우, ③ 법령이 일의적이고 명백해서 재량의 여지가 없는 경우, ④ 집행행위 이전에 이미 권리관계가 확정된 상태인 경우 등에는 예외적으로 기본권침해의 직접성이 인정된다.

2. 사례의 해결

이 사건 조례조항은 관할 구청장의 갱신허가처분 내지 갱신허가거부처분이라는 집행행위가 예정되어 있으나, '자산가액이 2억 원 이상인 자'에 대하여는 갱신허가신청이 거부될 것이고, '자산가액이 2억 원 미만인 자'에 대하여는 '1년의 범위 안에서 2회에 한하여' 갱신허가될 것이라는 점이 이미 이 사건 조항들 자체에 의하여 일의적이고 명백하게 정해져 있다. 따라서 집행기관의 재량의 여지가 없고, 집행행위 이전에 국민의 법적 지위를 결정적으로 정하는 것이라고 볼 수 있으므로 예외적으로 기본권침해의 직접성이 인정된다. 헌법재판소도 유사한 사례에서 같은 취지로 판시하였다(2008.12.26. 2007헌마1387; 2008.12.26. 2007헌마1422 등).

011 퇴임재판관 후임자선출 부작위

2015년 4회 변호사 제1문의1

甲은 2012.10.10. 「민법」 제844조 친생자추정 조항에 대하여 위헌확인을 구하는 헌법소원심판을 청구하였다(이하 'A청구'라 한다). 국회는 2011.9.9. 임기만료로 퇴임한 J 헌법재판관의 후임자를 선출하지 아니하여 헌법재판관의 공석상태가 계속되고 있다. 위 J 헌법재판관은 국회에서 선출하여 대통령이 임명한 자이다. 甲은 위 헌법소원심판 계속 중 국회가 후임 헌법재판관을 선출하지 아니하고 있는 것이 자신의 기본권을 침해한다고 주장하면서 2013.3.3. 국회를 피청구인으로 하여 헌법소원심판을 청구하였다(이하 'B청구'라 한다).

헌법재판소는 국회가 후임 헌법재판관을 선출하지 아니한 상태에서 2013.6.30. A청구에 대하여 재판관 5(인용) : 3(기각)의 의견으로 청구를 기각하는 결정을 하였다. B청구는 심판계속 중이다. (위 사례는 가상의 것임)

1. B청구는 적법한가? (심판대상성, 청구기간, 권리보호이익에 한하여 판단하시오) (20점)
3. B청구가 적법함을 전제로 B청구를 심사함에 있어 甲의 기본권침해 여부에 대하여 판단하시오. (20점)

📁 참조조문

헌법

제111조 ② 헌법재판소는 법관의 자격을 가진 9인의 재판관으로 구성하며, 재판관은 대통령이 임명한다.
　③ 제2항의 재판관 중 3인은 국회에서 선출하는 자를, 3인은 대법원장이 지명하는 자를 임명한다.

헌법재판소법

제6조【재판관의 임명】② 재판관은 국회의 인사청문을 거쳐 임명·선출 또는 지명하여야 한다. 이 경우 대통령은 재판관(국회에서 선출하거나 대법원장이 지명하는 사람은 제외한다)을 임명하기 전에, 대법원장은 재판관을 지명하기 전에 인사청문을 요청한다.
　③ 재판관의 임기가 만료되거나 정년이 도래하는 경우에는 임기만료일 또는 정년도래일까지 후임자를 임명하여야 한다.
　④ 임기 중 재판관이 결원된 경우에는 결원된 날부터 30일 이내에 후임자를 임명하여야 한다.
　⑤ 제3항 및 제4항에도 불구하고 국회에서 선출한 재판관이 국회의 폐회 또는 휴회 중에 그 임기가 만료되거나 정년이 도래한 경우 또는 결원된 경우에는 국회는 다음 집회가 개시된 후 30일 이내에 후임자를 선출하여야 한다.

📝 **핵심공략**

본 사례는 퇴임재판관 후임자선출 부작위 위헌확인사건(2014.4.24. 2012헌마2)을 재구성한 것이다.

설문 1에서 정리하여야 할 논점은 ① 국회가 선출하여 임명된 헌법재판소 재판관 중 공석이 발생한 경우, 국회가 공석인 재판관의 후임자를 선출하여야 할 헌법상 작위의무의 존재 여부, ② 국회가 공석인 재판관의 후임자를 선출함에 있어 준수하여야 할 '상당한 기간'의 의미, ③ 국회가 임기만료로 퇴임한 헌법재판소 재판관의 후임자를 선출하지 아니하여 재판관의 공석 상태를 방치하고 있는 부작위의 위헌확인을 구하는 심판청구 이후, 8인의 재판관으로 청구인이 제기한 다른 헌법소원심판청구에 대하여 종국결정이 선고됨으로써 권리보호이익이 소멸하였는지의 여부, ④ 국회의 부작위와 관련하여 「헌법재판소법」 제69조 제1항의 청구기간 규정이 공권력의 불행사에 대한 헌법소원에서도 그대로 적용될 수 있는지의 여부이다.

설문 3에서 정리해야 할 논점은 ① 헌법재판관(국회에서 선출하여 대통령이 임명한 자)의 후임자를 국회가 선출하지 아니하여 헌법재판관의 공석상태가 지속되고 있는 상황에서의 헌법소원심판이 청구인의 어떠한 기본권을 제한하는지 여부, ② 국회의 부작위로 인하여 기본권이 침해되기 위해서는 어떤 판단기준이 적용되는지 여부, ③ 그 판단기준에 따른 청구인의 기본권침해 여부이다. 공권력불행사에 의한 기본권침해가 문제되는 사안에서는, 공권력불행사로 인한 기본권침해의 판단기준이 중요하므로 반드시 정리해 두어야 할 필요성이 있다. 헌법 제37조 제2항에서 도출되는 과잉금지원칙은 공권력 '불행사'의 경우에는 적용될 수 없기 때문에 공권력의 불행사에 대한 기본권침해의 판단기준은 달리 적용되어야 한다. 공권력의 불행사로 기본권이 침해되기 위해서는, ① 헌법에서 유래하는 작위의무가 존재하여야 하고, ② 그 헌법상의 작위의무를 불이행한 것이어야 하며, ③ 그러한 불이행에 정당한 사유가 없어야 한다. 즉 공권력 주체에게 헌법상 유래하는 작위의무가 있다고 하여 그 불이행의 모든 경우가 바로 헌법에 위반하지는 않는다.

Chapter 01

I. 설문 1의 해결

1. 논점의 정리

설문 1은 청구인 甲의 A청구 헌법소원심판 계속 중 국회가 후임 헌법재판관을 선출하지 아니하고 있는 것이 자신의 기본권을 침해한다고 주장하여 국회를 피청구인으로 하여 헌법소원심판을 청구(이하 B청구)하였는바, 이 사안의 논점은 「헌법재판소법」 제68조 제1항 헌법소원 요건과 관련하여 ① 국회가 선출하여 임명된 헌법재판소 재판관 중 공석이 발생한 경우, 국회가 공석인 재판관의 후임자를 선출하여야 할 헌법상 작위의무가 존재하는지가 문제되고, ② 만약 헌법상 작위의무가 존재한다면, 국회는 언제까지 공석인 재판관의 후임자를 선출하여야 하는지, 헌법상 작위의무를 해태하였는지가 문제되며, ③ 「헌법재판소법」 제69조 제1항의 청구기간 규정이 공권력의 불행사에 대한 헌법소원에서도 그대로 적용될 수 있는지가 문제된다. 또한 ④ B청구는 심판계속 중 헌법재판소가 국회가 후임 헌법재판관을 선출하지 아니한 상태에서 A청구에 대하여 재판관 5(인용) : 3(기각)의 의견으로 청구를 기각하는 결정을 내렸는데, 이 경우 B청구의 심판의 이익이 인정되는지가 문제된다.

2. 심판대상성

(1) 「헌법재판소법」 제68조 제1항의 헌법소원의 심판대상

1) 공권력의 행사·불행사

「헌법재판소법」 제68조 제1항의 헌법소원심판은 '공권력의 행사 또는 불행사로 인하여' 기본권을 침해받은 경우에 청구할 수 있다. 여기서 '공권력'이란 입법권·행정권·사법권을 행사하는 모든 국가기관뿐만 아니라 공법인, 국립대학교 등의 간접적 국가작용도 포함된다. 그리고 '공권력의 행사 또는 불행사'라 함은 공권력을 행사할 수 있는 지위에 있는 기관, 즉 공권력주체에 의한 작위·부작위로서 그로 인해 국민의 권리·의무 내지 법적 지위에 직접적인 영향을 가져오는 행위이어야 한다(1994.8.31. 92헌마174).

2) 공권력 불행사(부작위)에 대한 헌법소원의 요건

공권력의 부작위에 대한 헌법소원은 공권력의 주체에게 헌법에서 유래하는 작위의무가 특별히 구체적으로 규정되어 이에 의거하여 기본권의 주체가 행정행위 내지 공권력의 행사를 청구할 수 있음에도 공권력의 주체가 그 의무를 해태하는 경우에만 허용된다. 위에서 말하는 "공권력의 주체에게 헌법에서 유래하는 작위의무가 특별히 구체적으로 규정되어"가 의미하는 바는, 첫째, 헌법상 명문으로 공권력 주체의 작위의무가 규정되어 있는 경우, 둘째, 헌법의 해석상 공권력 주체의 작위의무가 도출되는 경우, 셋째, 공권력 주체의 작위의무가 법령에 구체적으로 규정되어 있는 경우 등을 포괄하고 있는 것으로 볼 수 있다.

3) 사안의 경우

사안의 경우 국회가 후임 헌법재판관을 선출하지 아니한 부작위가 헌법소원심판의 대상이 될 수 있는지 여부가 문제되는바, ① 국회가 선출하여 임명된 헌법재판소 재판관 중 공석이 발생한 경우, 국회가 공석인 재판관의 후임자를 선출하여야 할 헌법상 작위의무가 존재하는지가 문제되고, ② 만

약 헌법상 작위의무가 존재한다면, 국회는 언제까지 공석인 재판관의 후임자를 선출하여야 하는지가 문제된다.

(2) 헌법상 작위의무의 존재

1) 공석인 재판관의 후임자를 선출하여야 할 작위의무

공정한 재판을 받을 권리는 헌법 제27조의 재판청구권에 의하여 함께 보장되는 것이고, 재판청구권에는 민사재판, 형사재판, 행정재판뿐만 아니라 헌법재판을 받을 권리도 포함되므로, 헌법상 보장되는 기본권인 '공정한 재판을 받을 권리'에는 '공정한 헌법재판을 받을 권리'도 포함된다. 그런데 헌법 제111조 제2항은 헌법재판소는 법관의 자격을 가진 9인의 재판관으로 구성한다고 규정하고 있는 바, 이는 단순히 9인의 재판관으로 헌법재판소를 구성한다는 의미가 아니라 다양한 가치관과 헌법관을 가진 9인의 재판관으로 구성된 합의체가 헌법재판을 담당함으로써, 헌법재판에서 헌법의 해석에 관한 다양한 견해가 제시되고 그 견해들 간의 경쟁 기능이 충분히 발휘될 수 있도록 하기 위한 것이다. 또한 헌법 제111조 제3항은 재판관 중 3인은 국회에서 선출하는 자를 임명한다고 규정하고 있는데, 이는 국민의 대표기관인 피청구인으로 하여금 최고헌법기관인 헌법재판소의 구성에 관여하도록 함으로써 민주적 정당성을 부여함과 동시에 권력의 균형을 꾀하고자 하는 데에 그 근본적 의의가 있는 것이다. 그러므로 헌법이 피청구인에 대하여 공석인 재판관의 후임자를 선출할 의무를 부과하는 명시적인 규정을 두고 있는 것은 아니지만, 헌법 제27조, 제111조 제2항 및 제3항의 해석상 피청구인이 선출하여 임명된 재판관 중 공석이 발생한 경우, 피청구인은 공정한 헌법재판을 받을 권리의 보장을 위하여 공석인 재판관의 후임자를 선출하여야 할 구체적 작위의무를 부담한다고 보아야 한다(2014.4.24. 2012헌마2).

2) 공석인 재판관의 후임자를 선출함에 있어 준수하여야 할 기간

피청구인이 공석이 된 재판관의 후임자를 선출함에 있어서 준수하여야 할 기간에 관하여 보건대, 이 점에 관하여 헌법은 아무런 규정을 두고 있지 아니하고, 헌법해석상으로도 그 기간을 구체적으로 도출하기는 어렵다. 다만, 「헌법재판소법」에서는 제6조 제3항 내지 제5항에서 공석이 된 재판관의 후임자 선출 기한을 규정하고 있으나, 위 조항들은 훈시규정으로 보는 것이 타당하다. 그런데 「헌법재판소법」 제6조 제2항은 재판관의 선출 시 국회의 인사청문을 거쳐야 한다고 규정하고 있고, 「국회법」 및 「인사청문회법」은 이를 위한 구체적인 절차를 규정하고 있다(「국회법」 제46조의3 및 「인사청문회법」 제9조). 그렇다면 국회가 공석인 재판관의 후임자를 선출함에 있어 준수하여야 할 기간은 「헌법재판소법」 제6조 제3항 내지 제5항이 규정하고 있는 기간이 아니라, 헌법 제27조, 제111조 제2항 및 제3항의 입법취지, 공석인 재판관 후임자의 선출절차 진행에 소요되는 기간 등을 고려한 '상당한 기간'이라 할 것이므로, 국회는 '상당한 기간' 내에 공석이 된 재판관의 후임자를 선출하여야 할 헌법상 작위의무를 부담한다(2014.4.24. 2012헌마2).

3) 사안의 경우 - 헌법상 작위의무의 해태 여부

재판관의 후임자를 선출함에 있어 '상당한 기간'을 언제까지로 보아야 정당한 사유 없이 경과하여 작위의무의 이행을 지체하지 않았다고 볼 수 있는지의 여부가 문제인데, 재판관 후임자 선출절차 진행에 소요된 기간, 당시의 정치적 상황 등을 종합하여 고려하여야 한다(2014.4.24. 2012헌마2).

사안의 경우에는 2011.9.9. 임기만료로 퇴임한 J 헌법재판관(국회에서 선출하여 대통령이 임명한 자)의 후임자를 선출하지 아니하여 헌법재판관의 공석상태가 계속되었고, 甲이 2013.3.3. 국회를 피청구인으로 하여 국회가 후임 헌법재판관을 선출하지 아니하고 있는 것이 자신의 기본권을 침해한다고 주장하여 헌법소원을 청구할 당시까지 그 공석의 기간이 무려 1년 6개월에 달하고 2013.6.30. 甲의 A 청구가 기각될 때까지 1년 9개월에 달하고 있는 바, 이는 재판관 후임자 선출절차 진행에 소요된 기간, 당시의 정치적 상황 등을 종합하여 고려한다고 하더라도, 상당한 기간을 도과하였다고 볼 수 있다. 이러한 상황을 종합적으로 고려한다면, 상당한 기간 내에 후임 헌법재판관을 선출하지 아니한 국회의 부작위를 인정하지 않을 수 없다고 보아야 한다.

3. 청구기간

(1) 「헌법재판소법」 제68조 제1항의 헌법소원의 청구기간

「헌법재판소법」 제69조 제1항에서는 "제68조 제1항에 따른 헌법소원의 심판은 그 사유가 있음을 안 날부터 90일 이내에, 그 사유가 있는 날부터 1년 이내에 청구하여야 한다. 다만, 다른 법률에 따른 구제절차를 거친 헌법소원의 심판은 그 최종결정을 통지받은 날부터 30일 이내에 청구하여야 한다."고 규정하고 있다.

(2) 공권력의 불행사에 대한 헌법소원의 청구기간

위와 같은 헌법소원에 관한 청구기간 규정이 공권력의 불행사에 대한 헌법소원에서도 그대로 적용될 수 있는지가 문제된다. 그런데 공권력의 행사는 그 행사가 있는 때 기본권침해행위는 종료하고 그 위법상태가 계속될 수 있음에 비하여 공권력의 불행사는 그 불행사가 계속되는 한 기본권침해의 부작위가 계속된다 할 것이므로, 공권력의 불행사에 대한 헌법소원심판은 그 불행사가 계속되는 한 기간의 제약이 없이 적법하게 청구할 수 있다(1994.12.29. 89헌마).

(3) 사안의 경우

사안에서는 2011.9.9. 임기만료로 퇴임한 J 헌법재판관(국회에서 선출하여 대통령이 임명한 자)의 후임자를 국회가 선출하지 아니하여 헌법재판관의 공석상태가 지속되고 있어서 공권력의 불행사가 계속되었고, 그 기간에는 제약 없이 적법하게 청구할 수 있으므로 甲이 2013.3.3. 국회를 피청구인으로 하여 국회가 후임 헌법재판관을 선출하지 아니하고 있는 것이 자신의 기본권을 침해한다고 주장한 것은 적법한 청구에 해당한다.

4. 권리보호이익

(1) 권리보호이익의 원칙과 완화

헌법소원은 국민의 침해된 기본권을 구제하는 제도이므로 그 제도의 목적상 당연히 권리보호의 이익이 있는 경우라야 제기할 수 있다. 권리보호이익은 헌법소원 제기 당시뿐만 아니라 헌법재판소가 결정할 시점에서도 존재하여야 한다. 따라서 권리보호의 이익이 소멸 또는 제거된 경우에는 원칙적으로 심판청구는 부적법하게 된다.

그러나 헌법소원의 본질은 개인의 주관적 권리구제뿐만 아니라 객관적인 헌법질서의 보장도 겸하고 있으므로 헌법소원에 있어서의 권리보호이익은 일반 법원의 소송사건에서처럼 엄격하게 해석할 것은 아니다. 따라서 헌법소원이 청구인의 권리구제에 별 도움이 아니 되는 경우라도 그러한 침해행위의 반복위험이 있거나 당해분쟁의 해결이 헌법질서의 수호·유지를 위하여 긴요한 사항이어서 헌법적 해명이 중대한 의미를 지니고 있는 경우에는 심판청구의 이익이 인정된다(1991.1.24. 91헌마111).

(2) 헌법재판소의 판례

헌법재판소는 본 사안과 유사한 사안, 즉 '국회가 임기만료로 퇴임한 조대현 전 재판관의 후임자를 선출하지 아니한 부작위 위헌확인 사건'에서 「피청구인은 2012.9.4. 조대현 전 재판관 후임자를 비롯한 3인의 재판관 후보자에 대한 선출안을 위원회에 회부하였고, 2012.9.19. 위 각 선출안에 대한 심사경과보고서를 채택하였으며, 같은 날 본회의에서 위 각 선출안을 가결하였는바, 이로써 앞서 본 바와 같이 공석인 재판관의 후임자를 선출하지 않고 있던 피청구인의 헌법상 작위의무 이행지체 상태가 해소되었다. 나아가, 헌법재판소가 2013.11.28. 청구인이 제기한 헌법소원심판청구(2011헌마850)에 대하여 재판관 9인의 의견으로 각하결정을 선고함으로써, 9인의 재판관으로 구성된 헌법재판소 전원재판부의 판단을 받고자 하였던 청구인의 주관적 목적도 달성되었다. 그러므로 이 사건 심판청구의 권리보호이익은 소멸하였다고 할 것이다」고 판시하였다(2014.4.24. 2012헌마2).

(3) 사안의 경우

사안에서는 甲이 2013.3.3. 국회를 피청구인으로 하여 국회가 후임 헌법재판관을 선출하지 아니하고 있는 것이 자신의 기본권을 침해한다고 주장할 당시에는 권리보호의 이익이 소멸하지 않았으나, 국회가 후임 헌법재판관을 선출하지 않은 상황에서 헌법재판소가 8인의 재판관으로 2013.6.30. 재판관 5(인용) : 3(기각)의 의견으로 A청구에 대하여 기각하는 결정이 내려졌기 때문에 더 이상 다툴 수가 없어서 원칙적으로 주관적 권리보호이익은 소멸하였다고 보아야 할 것이다.

그러나 앞서 본 바와 같이 헌법은 피청구인이 공석이 된 재판관의 후임자를 선출하여야 할 기간에 대한 규정을 두고 있지 아니하고, 헌법재판소법 제6조 제3항 내지 제5항에서 규정하고 있는 기간은 훈시규정으로 해석된다. 이러한 헌법과 헌법재판소법의 규정 아래에서 이 사건과 같은 재판관의 장기간 공석 상태가 반복하여 발생되지 않으리라고 단정할 수 없다. 재판관의 장기간 공석 상태는 필연적으로 국민의 기본권을 보장하고 헌법질서를 수호·유지하여야 할 헌법재판소의 기능 내지 권한 행사에 중대한 지장을 초래할 뿐만 아니라 국민들이 공정한 헌법재판을 받을 권리를 침해할 가능성이 있음에도 불구하고, 국회가 공석인 재판관을 장기간 선출하지 아니하는 부작위가 헌법에 위반되는지 여부에 관하여는 아무런 해명이 이루어지지 아니하였는바, 이는 헌법질서의 수호·유지를 위하여 긴요할 뿐만 아니라 그 헌법적 해명이 중대한 의미를 가지는 사항이라 할 것이므로, 이 사건 심판청구는 예외적으로 심판청구의 이익을 인정할 수 있는 경우에 해당한다할 것이다(2014.4.24. 2012헌마2, 반대의견 참조).

5. 사례의 해결

따라서 후임 헌법재판관을 선출하지 아니하고 있는 국회의 부작위라는 심판의 대상성이 인정되고, 공권력불행사로 인한 헌법소원심판의 청구이므로 그 기간의 제약없이 청구할 수 있어 적법하고, 국회의 부작위로 인한 침해행위의 반복적 위험이 있고 당해분쟁의 해결이 헌법질서의 수호·유지를 위하여 긴요한 사항이어서 헌법적 해명이 중대한 의미를 지니고 있는 경우에 해당하여 예외적으로 심판청구의 이익이 인정된다고 할 것이므로, 甲의 B청구는 적법하다.

Ⅱ. 설문 3의 해결

1. 논점의 정리

설문 3은 B청구가 적법함을 전제로 B청구를 심사함에 있어 甲의 기본권침해 여부를 묻고 있다. 우선 제한되는 기본권이 무엇인지 여부, 다음으로 국회의 부작위로 인하여 기본권이 침해되기 위해서는 어떤 판단기준이 적용되는지 여부를 밝혀야 하고, 마지막으로 그 판단기준에 따라서 甲의 기본권침해 여부를 논하여야 한다. 아래에서는 이에 대해서 순차적으로 살펴보기로 한다.

2. 제한되는 기본권

(1) 공정한 재판을 받을 권리

1) 공정한 재판을 받을 권리의 의의

헌법에 '공정한 재판'에 관한 명문의 규정은 없지만, 재판청구권이 국민에게 효율적인 권리보호를 제공하기 위하여는 법원에 의한 재판이 공정해야 한다는 것은 당연하므로, '공정한 재판을 받을 권리'는 헌법 제27조의 재판청구권에 의하여 보장된다. 헌법재판소도 「공정한 재판을 받을 권리는 헌법 제27조의 재판청구권에 의하여 함께 보장되는 것이고, 재판청구권에는 민사재판, 형사재판, 행정재판 뿐만 아니라 헌법재판을 받을 권리도 포함되므로, 헌법상 보장되는 기본권인 '공정한 재판을 받을 권리'에는 '공정한 헌법재판을 받을 권리'도 포함된다」고 판시하였다(2014.4.24. 2012헌마2).

2) 공정한 재판을 받을 권리의 내용

일반적으로 '공정한 재판'이란 헌법과 법률이 정한 자격이 있고, 헌법 제104조 내지 제106조에 정한 절차에 의하여 임명되고 신분이 보장되어 독립하여 심판하는 법관으로부터 헌법과 법률에 의하여 그 양심에 따라 적법절차에 의하여 이루어지는 재판을 의미한다(1996.1.25. 95헌가5). 따라서 '공정한 헌법재판'이란 헌법과 법률이 정한 자격이 있고, 헌법 제111조 제2항 내지 제112조에 정한 절차에 의하여 임명되고 신분이 보장되어 독립하여 심판하는 재판관으로부터 헌법과 법률에 의하여 그 양심에 따라 적법절차에 의하여 이루어지는 재판을 의미한다고 볼 수 있다.

(2) 평등권❶

1) 평등의 의미

헌법 제11조 제1항은 객관적 법원칙인 평등의 원칙과 개개인의 주관적 공권인 평등권을 규정하고 있다. 동조항에서 규정하는 차별금지사유는 예시에 불과하고, 그 차별금지영역도 모든 영역으로 하고 있다. 여기에서 말하는 '법'이란 성문법, 불문법 등 모든 법규범을 의미하고, '법 앞의' 평등이란 법적용상의 평등뿐만 아니라 법내용상의 평등(입법자구속설)까지 의미하며, '평등'은 절대적 평등이 아니라 합리적인 이유가 있는 차별을 허용하는 상대적 평등을 의미한다.

2) 비교집단의 존재 및 차별취급

평등권침해가 인정되려면, 우선, 비교의 대상을 이루는 두 개의 집단(사실관계) 사이에 서로 상이한 취급을 정당화할 수 있을 정도의 차이가 없음에도 불구하고 두 집단(사실관계)을 서로 다르게 취급한다면, 입법자는 이로써 평등권을 침해하게 된다.

(3) 사안의 경우

앞서 살펴본 바와 같이 국회가 선출하여 임명된 재판관이 공석인 경우 헌법 제27조, 제111조 제2항 및 제3항의 해석상 공정한 재판을 받을 권리의 보장을 위하여 선출에 필요한 상당한 기간 내에 공석인 재판관을 선출하여야 할 국회의 헌법상의 구체적 작위의무가 도출되며, 헌법재판은 국가의 최상위 규범인 헌법에 기한 재판으로서 획일적인 판단 기준을 상정하기 어려우므로, 공정한 헌법재판이 이루어지기 위하여서는 재판관들이 토론 및 합의 과정에서 견해를 제시하고 각자의 견해의 타당성을 충분히 검증할 수 있어야 하는 것이다. 헌법 제111조 제2항이 직접 재판관의 정수를 9인으로 명시하고, 같은 조 제3항이 재판관 중 3인은 국회가 선출하는 자를 임명하도록 규정하고 있는 것은 헌법재판소가 국민의 다양한 가치관과 시각을 대표할 수 있는 재판관들로 구성되도록 함으로써 공정한 재판을 받을 권리를 보장하기 위한 것이다(2014.4.24. 2012헌마2, 반대의견 참조). 그런데 이 사안에서는 2011.9.9. 임기만료로 퇴임한 J 헌법재판관(국회에서 선출하여 대통령이 임명한 자)의 후임자를 국회가 선출하지 아니하여 헌법재판관의 공석상태가 지속되고 있는바 이는 甲의 공정한 재판을 받을 권리, 그 중에서도 공정한 헌법재판을 받을 권리를 제한하는 것이라 할 수 있다.

또한 상당한 기간 내에 공석인 재판관의 후임자를 선출하지 않은 경우, 전원재판부의 심리 및 결정을 중단할 수도 없으므로 재판관이 공석인 상태에서 헌법재판이 이루어질 수밖에 없게 된다. 이러한 상태에서는 심리 및 결정에 재판관 정원인 9인 전원의 견해가 빠짐없이 반영될 수 없다. 따라서 심리 및 결정에 재판관 정인인 9인 전원의 견해가 빠짐없이 반영된 다른 헌법재판 청구인에 비하여 甲이 차별취급을 받고 있다고 할 수 있다.

---

❶ "평등권이 적용되기 위해서는 두 개의 사실관계의 차별대우와 같이 국가의 적극적인 행위가 존재해야 한다. 국가의 모든 행위는 평등원칙을 준수해야 하기 때문에, 일단 국가가 일정 내용의 적극적인 활동을 해야만 비로소 국가의 사전적 행위에서 비롯되는 평등권의 문제가 발생할 수 있다."(한수웅, 『헌법학』, 2013, 562쪽). 이 견해에 의하면 사례와 같은 '부작위'의 위헌성을 다투는 헌법소원에서 평등권을 논점으로 보아야 하는지 의문이 든다. 하지만 수험생은 '의심스러우면 (간략히라도) 쓴다는 원칙'에 입각하여 위험을 줄이는 것이 좋겠다.

3. 공권력불행사로 인한 기본권침해의 판단기준

(1) 헌법 제37조 제2항의 기본권제한의 일반원칙과의 구별

헌법 제37조 제2항에서는 "국민의 모든 자유와 권리는 국가안전보장·질서유지 또는 공공복리를 위하여 필요한 경우에 한하여 법률로써 제한할 수 있으며, 제한하는 경우에도 자유와 권리의 본질적인 내용을 침해할 수 없다."고 규정하여 기본권제한의 원리와 그 제한의 한계에 대해서 명시하고 있다. 즉 국가안전보장·질서유지·공공복리를 위하여 기본권은 제한될 수 있으나, 명확성을 갖춘 법률에 근거하여야 하고, 과잉금지원칙을 준수하여야 하며, 본질적 내용을 침해하여서는 아니 된다고 하여 법률에 의한 기본권제한과 제한의 한계를 밝히고 있다. 다만, 법률이 아닌 공권력행사로 인한 기본권제한의 경우에도 기본권을 최대한 보장하여야 한다는 과잉금지원칙은 동일하게 적용된다 (2012.3.29. 2010헌마475). 그런데 헌법 제37조 제2항에서 도출되는 과잉금지원칙은 공권력 '불행사'의 경우에는 적용될 수 없기 때문에 공권력의 불행사에 대한 기본권침해의 판단기준은 달리 적용되어야 한다.

(2) 공권력불행사로 인한 기본권침해의 판단기준

공권력의 불행사로 기본권이 침해되기 위해서는, ① 헌법에서 유래하는 작위의무가 존재하여야 하고, ② 그 헌법상의 작위의무를 불이행한 것이어야 하며, ③ 그러한 불이행에 정당한 사유가 없어야 한다(2004.2.26. 2001헌마718). 즉 공권력 주체에게 헌법상 유래하는 작위의무가 있다고 하여 그 불이행의 모든 경우가 바로 헌법에 위반하지는 않는다. 다만, 공권력 주체에게 재량의 여지가 없는 경우에는 그 작위의무의 불이행 자체가 위헌이 되겠지만, 공권력 주체에게 재량의 여지가 있는 경우에는 재량의 한계를 넘는 경우에 한해 위헌으로 인정된다.

사안에서는 설문 1에서 본 바와 같이 ① 국회가 공석인 재판관의 후임자를 선출하여야 할 구체적 작위의무를 부담하고, ② 상당한 기간 내에 후임 헌법재판관을 선출하지 아니한 국회의 부작위를 인정하지 않을 수 없으므로, 이하에서는 ③ 그러한 불이행에 정당한 사유가 있는지 여부를 중심으로 살피기로 한다.

4. 기본권침해의 여부

(1) 불이행의 정당한 사유 인정 여부

「헌법재판소법」제6조 제2항은 재판관의 선출 시 국회의 인사청문을 거쳐야 한다고 규정하고 있고, 「국회법」제46조의3 및 「인사청문회법」제9조에서는 이를 위한 구체적인 절차를 규정하고 있어, 국회가 공석인 재판관의 후임자를 선출함에 있어 그 절차 진행에 소요되는 기간 등을 고려한다면, '상당한 기간'이 예상된다고 할 것이므로 그 범위 안에서는 국회의 재량권이 인정된다고 할 것이다. 그러므로 국회의 재량권 일탈 여부는 재판관 후임자 선출절차 진행에 소요된 기간, 당시의 정치적 상황 등을 종합하여 고려하여야 할 것이지만, 이 사안에서는 당시의 정치적 상황 등은 나타나지 않으며, 다만, 재판관 후임자 선출절차 진행기간은 예상할 수 있는 바, 국회는 2011.9.9. 임기만료로 퇴임한 J 헌법재판관의 후임자를 선출하지 아니하여 헌법재판관의 공석상태가 계속되었고, 甲은 2013. 3.3. 국회를 피청구인으로 하여 국회가 후임 헌법재판관을 선출하지 아니하고 있는 것이 자신의 기본권을 침해한다고 주장하였음으로, 헌법소원을 청구할 당시까지 그 공석의 기간이 무려 1년 6개월에 달하고 2013.6.30. 甲의 A청구가 기각될 때까지 1년 9개월에 달하고 있는바, 이는 재판관 후임자 선출절차 진행에 소요될 기간을 고려한다고 하더라도, 상당한 기간을 도과하였다고 보는 것이 타당하고, 더불어 국회가 작위의무를 불이행하고 있는 상황에서, 헌법재판소는 8인의 재판관으로 2013.6.30. A청구에 대하여 기각하는 결정을 내렸으므로, 甲의 공정한 재판을 받을 권리 또한 해소되지도 않았다. 이러한 상황을 종합적으로 고려한다면, 국회는 재량권을 일탈하여 헌법상 후임 헌법재판관을 선출할 작위의무를 불이행하고 있으므로 그 정당한 사유가 인정되지 아니한다고 할 것이다. 따라서 국회의 이 사건 부작위는 청구인의 공정한 재판을 받을 권리 및 평등권을 침해한 것이다.

(2) 위헌확인결정의 효력❶

1) 문제점

헌법재판소가 이 사건 부작위가 위헌임을 확인하는 경우, 甲의 A청구를 비롯한 이 사건 부작위가 계속되었던 기간 동안 이루어진 헌법재판의 심리 및 결정의 효력에 어떠한 영향을 미치는지가 문제된다.

2) 이 사건 부작위 위헌확인결정의 효력

헌법은 제113조 제1항에서 법률의 위헌결정, 탄핵의 결정, 정당해산의 결정 또는 헌법소원에 관한 인용결정을 하는 경우에는 재판관 6인 이상의 찬성이 있어야 한다고 규정하고 있을 뿐 재판관 9인의 출석이나 찬성을 요하는 경우를 규정하고 있지 아니하고, 같은 조 제3항에서 헌법재판소의 조직과 운영 기타 필요한 사항은 법률로 정한다고 규정하고 있다. 이에 따라 「헌법재판소법」은 제23조 제1항 및 제2항에서 재판부는 재판관 7인 이상의 출석으로 사건을 심리하고, 종국심리에 관여한 재판관 과반수의 찬성으로 사건에 관한 결정을 하되, 법률의 위헌결정, 탄핵의 결정, 정당해산의 결정 또는 헌법소원에 관한 인용결정을 하는 경우 및 종전에 헌법재판소가 판시한 헌법 또는 법률의 해석 적용에 관한 의견을 변경하는 경우에는 재판관 6인 이상의 찬성이 있어야 한다고 규정하고 있다.

이와 같은 헌법과 헌법재판소법의 관련규정에 비추어 볼 때, 헌법재판소가 이 사건 부작위가 위헌임을 확인하더라도 이는 피청구인의 위헌적인 작위의무 이행 지체에 의한 기본권침해를 확인하는 것일 뿐, 이 사건 부작위가 계속되었던 기간 동안 헌법과 헌법재판소법에 따라 이루어진 헌법재판의 심리 및 결정의 효력에는 어떠한 영향도 미칠 수 없을 것이다(2014.4.24. 2012헌마2 반대의견 참조).

5. 사례의 해결

따라서 이 사안에서는 임기만료로 퇴임한 J 헌법재판관(국회에서 선출하여 대통령이 임명한 자)의 후임자를 국회가 선출하지 아니하여 헌법재판관의 공석상태가 지속되고 있는바, 이는 청구인 甲의 공정한 재판을 받을 권리, 그중에서도 공정한 헌법재판을 받을 권리를 제한하는 것이고, 국회는 공석인 재판관의 후임자를 상당한 기간 내에 선출하여야 할 구체적 작위의무를 부담하고 있으나, 청구인 甲이 헌법소원을 청구할 당시까지 그 공석의 기간이 무려 1년 6개월에 달하고, 청구인 甲의 A청구가 기각될 때까지 1년 9개월에 달하고 있어, 이는 재판관 후임자 선출절차 진행에 소요될 기간을 고려한

---

❶ 설문의 취지상 필수적 기재사항은 아니나, 본 문제에서 위헌확인결정을 하는 경우 나올 수 있는 연계논점이므로 향후 헌법공부를 위해서 적시하는 것임을 밝힌다.

다고 하더라도, 상당한 기간을 도과하였다고 할 것이며, 또한 국회가 작위의무를 불이행하고 있는 상황에서, 헌법재판소가 8인의 재판관으로 A청구에 대하여 기각하는 결정을 내렸으므로, 甲의 공정한 재판을 받을 권리 또한 해소되지도 않았다. 이러한 상황을 종합적으로 고려한다면, 국회는 재량권을 일탈하여 헌법상 후임 헌법재판관을 선출할 작위의무를 불이행하고 있으므로 그 정당한 사유가 인정되지 아니한다고 할 것이고, 따라서 국회의 이 사건 부작위는 청구인의 공정한 재판을 받을 권리를 침해한 것이다. 또한 헌법재판소가 이 사건 부작위가 위헌임을 확인하는 경우, 甲의 A청구를 비롯한 이 사건 부작위가 계속되었던 기간 동안 이루어진 헌법재판의 심리 및 결정의 효력에 대해서는, 헌법재판소가 이 사건 부작위가 위헌임을 확인하더라도 이는 피청구인의 위헌적인 작위의무 이행지체에 의한 기본권침해를 확인하는 것일 뿐이므로, 이 사건 부작위가 계속되었던 기간 동안 헌법과 헌법재판소법에 따라 이루어진 헌법재판의 심리 및 결정의 효력에는 어떠한 영향도 미칠 수 없을 것이다.

012 지자체장 연임제한에 대한 헌법소원에서의 직접성 및 현재성

2021년 10회 변호사 제1문의2

甲은 2010.6. 실시된 지방선거에서부터 2018.6. 실시된 지방선거에서까지 세 차례 연속하여 A시의 시장으로 당선되어 2022.6.까지 12년간 연임하게 되었다. 그런데 甲은 시장 재임 중 지역개발사업 추진과 관련한 직권남용 혐의로 불구속 기소되었다. 甲은 자신의 결백을 주장하며 2022.6.에 실시될 지방선거에 A시장 후보로 출마하여 지역 유권자로부터 평가를 받으려고 한다. 하지만 지방자치단체장의 계속 재임을 3기로 제한하고 있는 「지방자치법」 제95조 후단(이하 '이 사건 연임제한규정'이라 한다)에 따르면 甲은 지방선거에 출마할 수가 없다. 이에 甲은 이 사건 연임제한규정이 자신의 기본권을 침해한다고 주장하며 2021.1.4. 이 사건 연임제한규정에 대해 「헌법재판소법」 제68조 제1항에 의한 헌법소원심판을 청구하였다.

1. 위 헌법소원심판청구의 적법요건 중 기본권침해의 직접성 및 현재성에 대하여 검토하시오. (10점)

📁 **참조조문**

지방자치법(2007.5.11. 법률 제8423호로 개정되고, 같은 날부터 시행된 것)

제95조【지방자치단체의 장의 임기】지방자치단체의 장의 임기는 4년으로 하며, 지방자치단체의 장의 계속 재임(在任)은 3기에 한한다.

핵심공략

설문 1은 「헌법재판소법」 제68조 제1항 헌법소원 요건 중 기본권침해의 직접성과 현재성을 묻고 있는 바, 이는 법령헌법소원에서 항상 등장하는 논점이다. 기본권침해의 직접성과 관련하여 집행행위가 존재하는지, 존재한다면 존재함에도 직접성이 예외적으로 인정되는 경우에 해당하는지를, 그리고 기본권침해의 현재성도 장래의 침해일 경우 상황성숙이론을 적용하여 침해가 현재 확실히 예측될 수 있는지를 검토하여야 한다.

〈목 차〉

Ⅰ. 설문 1의 해결

1. 직접성

(1) 직접성의 원칙과 예외

기본권침해는 그 침해를 야기한 공권력행사·불행사 그 자체로 인해 바로 발생되는 침해이어야 하므로 심판대상인 공권력작용 외의 다른 공권력작용(집행행위)이 매개되어야만 기본권침해가 발생한다면 기본권침해의 직접성이 인정되지 않는다. 다만, 집행행위가 예정되어 있는 경우라도, ① 집행행위를 대상으로 하는 구제절차가 없거나 구제절차가 있더라도 권리구제의 가능성이 없는 경우, ② 형벌조항과 같이 법령의 집행행위를 기다렸다가 그 집행행위에 대한 권리구제절차를 밟을 것을 요구할 수 없는 경우, ③ 법령이 일의적이고 명백해서 재량의 여지가 없는 경우, ④ 집행행위 이전에 이미 권리관계가 확정된 상태인 경우 등에는 예외적으로 기본권침해의 직접성이 인정된다.

(2) 사안의 경우

이 사건 연임제한규정은 집행행위 매개 없이, 선거관리위원회의 집행행위가 매개된다고 하더라도 법령이 일의적이고 명백해서 재량의 여지 없이 적용되어 직접 지방자치단체의 장의 계속 재임을 3기로 제한하여 甲이 2022.6. 실시될 지방선거에 A시장 후보로 출마할 수 없게 하므로 직접성이 인정된다.

2. 현재성

(1) 현재성의 원칙과 예외

헌법소원심판은 청구인의 기본권이 현재 침해되고 있음을 그 요건으로 한다. 따라서 장차 미래에 기본권의 침해가 예상되는 잠재적인 경우에는 원칙적으로 기본권의 침해를 이유로 헌법소원심판을 청구할 수 없다. 그러나 가까운 장래에 기본권침해가 발생할 것이 현재 시점에서 확실하게 예측된다면, 기본권구제의 실효성을 위하여 현재성의 예외를 인정할 수 있다(상황성숙이론). 따라서 법률이 일반적 효력을 발생하기 전이라도 공포되어 있고, 그로 인하여 사실상의 위험성이 이미 발생한 경우에는 예외적으로 침해의 현재성이 인정된다.

(2) 사안의 경우

甲은 2010.6. 실시된 지방선거에서부터 2022.6.까지 12년간 연임하여 2022.6. 실시될 지방선거에 출마할 수 없으므로 가까운 장래에 기본권침해가 발생할 것이 2021.1.4. 현재 시점에서 확실하게 예측되어 현재성도 인정된다.

甲은 2013.9.30. 서울중앙지방법원에서 乙에 대한 사기미수죄로 징역 1년을 선고받았고 2014. 6.30. 위 판결이 확정되었다. 甲은 서울구치소에 수용 중이던 2014.9.30. 乙에게 사업자금으로 빌려 준 1억 원의 지급을 구하는 대여금 청구의 소를 제기하였다. 甲의 소송대리인 변호사 丙은 위 사건의 상담을 위하여 일반 접견만으로는 충분하지 않다고 생각하여 변호인접견실에서의 접견 신청을 하였으나 구치소장은 구「형의 집행 및 수용자의 처우에 관한 법률 시행령」(2014.9.26. 대통령령 제25397호로 개정되고 2015.12.10. 개정되기 전의 것) 제58조 제2항 등(이하 '이 사건 접견제한규정'이라 한다)에 근거하여 민사소송 대리인인 변호사는 변호인에 해당하지 않는다는 이유로 불허하였다. 甲은 丙과의 접견시간은 일반 접견과 동일하게 회당 30분 이내로, 접견횟수는 다른 일반 접견과 합하여 월 4회로 제한하는 것은 위헌이라고 주장한다.

2. 甲은 「헌법재판소법」 제68조 제1항에 의한 헌법소원심판청구를 하면서 이 사건 접견제한규정에 대한 효력정지가처분을 신청하였다. 甲이 제기한 가처분신청의 타당성을 검토하시오. (15점)

📁 **참조조문**

형의 집행 및 수용자의 처우에 관한 법률(2011.7.18. 법률 제10865호로 개정되고, 2011.10.19. 시행된 것)

제2조 【정의】 이 법에서 사용하는 용어의 뜻은 다음과 같다.

1. "수형자"란 징역형·금고형 또는 구류형의 선고를 받아 그 형이 확정된 사람과 벌금 또는 과료를 완납하지 아니하여 노역장 유치명령을 받은 사람을 말한다.

2. "미결수용자"란 형사피의자 또는 형사피고인으로서 체포되거나 구속영장의 집행을 받은 사람을 말한다.

4. "수용자"란 수형자·미결수용자·사형확정자, 그 밖에 법률과 적법한 절차에 따라 교도소·구치소 및 그 지소(이하 "교정시설"이라 한다)에 수용된 사람을 말한다.

제43조 【서신수수】 ① 수용자는 다른 사람과 서신을 주고받을 수 있다. 다만, 다음 각 호의 어느 하나에 해당하는 사유가 있으면 그러하지 아니하다.

1. 「형사소송법」이나 그 밖의 법률에 따른 서신의 수수금지 및 압수의 결정이 있는 때

2. 수형자의 교화 또는 건전한 사회복귀를 해칠 우려가 있는 때

3. 시설의 안전 또는 질서를 해칠 우려가 있는 때

② 제1항 본문에도 불구하고 같은 교정시설의 수용자 간에 서신을 주고받으려면 소장의 허가를 받아야 한다.

③ 소장은 수용자가 주고받는 서신에 법령에 따라 금지된 물품이 들어 있는지 확인할 수 있다.

④ 수용자가 주고받는 서신의 내용은 검열받지 아니한다. 다만, 다음 각 호의 어느 하나에 해당하는 사유가 있으면 그러하지 아니하다.

1. 서신의 상대방이 누구인지 확인할 수 없는 때

2. 「형사소송법」이나 그 밖의 법률에 따른 서신검열의 결정이 있는 때

3. 제1항 제2호 또는 제3호에 해당하는 내용이나 형사 법령에 저촉되는 내용이 기재되어 있다고 의심할 만한 상당한 이유가 있는 때

4. 대통령령으로 정하는 수용자 간의 서신인 때

제44조【전화통화】① 수용자는 소장의 허가를 받아 교정시설의 외부에 있는 사람과 전화통화를 할 수 있다.

② 제1항에 따른 허가에는 통화내용의 청취 또는 녹음을 조건으로 붙일 수 있다.

형의 집행 및 수용자의 처우에 관한 법률 시행령(2014.9.26. 대통령령 제25397호로 개정되고 2015.12.10. 개정되기 전의 것)

제58조【접견】② 변호인(변호인이 되려고 하는 사람을 포함한다. 이하 같다)과 접견하는 미결수용자를 제외한 수용자의 접견시간은 회당 30분 이내로 한다.

③ 수형자의 접견횟수는 매월 4회로 한다.

제59조【접견의 예외】① 소장은 제58조 제1항 및 제2항에도 불구하고 수형자의 교화 또는 건전한 사회복귀를 위하여 특히 필요하다고 인정하면 접견 시간대 외에도 접견을 하게 할 수 있고 접견시간을 연장할 수 있다.

② 소장은 제58조 제3항에도 불구하고 수형자가 다음 각 호의 어느 하나에 해당하면 접견 횟수를 늘릴 수 있다.

1. 19세 미만인 때

2. 교정성적이 우수한 때

3. 교화 또는 건전한 사회복귀를 위하여 특히 필요하다고 인정되는 때

📝 핵심공략

설문 2는 법령의 효력정지를 구하는 가처분신청의 타당성을 묻고 있으므로, 그 적법 여부와 인용 여부를 검토할 필요가 있다. 우선, 명문의 규정이 없는 헌법소원에서 가처분이 허용되는지를 논해야 한다. 다음으로, 가처분의 적법 여부에 대한 일반론을 제시한 후 사안을 포섭하고, 마지막으로, 가처분의 인용 여부에 대한 일반론을 제시한 후 사안을 포섭해서 결론을 내리면 된다.

〈목 차〉

I. 설문 2의 해결

1. 헌법소원심판에서 가처분의 허용 여부

(1) 견해대립

헌법재판소법은 정당해산심판(제57조)과 권한쟁의심판(제65조)에 대해서만 가처분에 관한 명문규정을 두어 헌법소원심판의 경우에도 가처분이 허용되는지에 대해 견해가 대립한다. 열거설은 헌법재판소법이 규정한 것 외 다른 헌법재판에 가처분이 허용되지 않는다는 견해이고, 예시설은 절차규정의 흠결이므로 다른 헌법재판에서도 가처분이 허용되어야 한다는 견해이다.

헌법재판소는 "헌법소원심판절차에서 가처분을 허용하지 아니할 상당한 이유를 찾아볼 수 없다"라고 판시하여 긍정하고 있다(2000헌사471).

(2) 검 토

생각건대 가처분은 국민의 효율적인 권리구제를 위한 것이고, 그것을 허용하더라도 타인의 권리나 공익을 침해할 여지가 크지 않기 때문에 헌법소원 등의 헌법재판에서도 가처분을 허용하는 것이 타당하다고 할 것이다.

2. 가처분의 적법 여부

(1) 적법요건

가처분의 적법요건(형식적 요건)으로는, ① 본안심판의 당사자적격자가(당사자), ② 본안심판이 헌법재판소에 계속 중이거나 계속되기 전이라도 신청할 수 있지만(본안심판과의 관계), ③ 다른 방법으로 가처분의 목적을 달성할 수 있는 경우에는 권리보호이익이 인정되지 않는다(권리보호이익). ④ 본안심판의 승소가능성은 원칙적으로 고려의 대상이 되지 않지만, 본안심판이 명백히 부적법하거나 명백히 이유없는 경우에는 가처분신청도 부적법하다(본안심판의 승소가능성)(2006.2.23.2005헌사754). 다만, 헌법재판소는 ④ 요건을 인용요건으로 보기도 한다(2018.4.6. 2018헌사242).

(2) 사안의 경우

甲은 「헌법재판소법」 제68조제1항의 헌법소원심판을 청구할 수 있는 청구인적격자로서, 실제로 헌법소원심판을 청구하고 있고, 가처분 외에 변호인과의 접견을 달성할 방법은 존재하지 않으므로 권리보호이익이 있으며, 헌법소원심판청구가 명백히 부적법하거나 이유 없는 경우가 아니므로 가처분의 적법요건은 충족한다.

3. 가처분의 인용 여부

(1) 인용요건

가처분의 인용요건(실체적 요건)으로는, ① 공권력행사 또는 불행사를 그대로 유지할 경우 회복하기 어려운 손해가 발생할 우려가 있어야 하고(중대한 불이익방지), ② 공권력행사·불행사의 효력을 정지시켜야 할 긴급한 필요가 있어야 하며(긴급성의 존재), ③ 가처분 인용 후 본안 기각으로 인한 불이익과 가처분 기각 후 본안 인용으로 인한 불이익을 비교형량하여 후자가 전자보다 큰 경우이어야 한다(비교형량 - 이중가설이론).

(2) 사안의 경우

이 사건 접견제한규정에 따라 변호인과의 접견이 불허되면 甲은 乙에 대한 대여금청구의 소를 적절하게 수행하지 못할 우려가 있고, 변호사와 충분히 상담하지 못하고 소송을 진행하면 위 대여금청구의 소에서 패소할 수 있으므로 긴급성도 인정된다. 또한 가처분을 인용하면 구치소장은 위 사건의 상담에 한하여 甲과 변호사와의 접견을 허용하면 될 뿐인데 반해, 가처분을 기각한 뒤 청구가 인용되더라도 甲이 변호사와의 상담 없이 소송을 진행하다 패소한다면 甲에게 발생하는 불이익이 매우 크므로 가처분의 인용요건도 충족한다.

4. 결 론

사안의 경우 가처분의 적법요건과 인용요건을 모두 갖추고 있으므로 甲의 가처분신청은 타당하다.

서울특별시 S구(이하 'S구'라 한다) 선거관리위원회는 2014.6.4. 실시되는 제6회 전국지방선거에 대비해 2013.7.29. 「공직선거법」 제277조 등에 따라 계산된 지방선거비용 합계 50억 원을 2014년 S구의 본예산에 편성하도록 S구에 통보하였다. 이에 S구청장과 S구는 위 통보행위가 자신들의 자치재정권을 침해한다는 이유로 2013.9.25. 권한쟁의심판을 청구하였다(위 사례는 가상의 것임).

위 권한쟁의심판청구는 적법한가? (20점) (청구기간 문제는 제외함)

📝 핵심공략

본 사례는 강남구와 강남구선관위 간의 권한쟁의사건(2008.6.26. 2005헌라7)을 재구성한 것이다. 사례에서 권한쟁의심판의 요건과 관련하여 문제되는 논점은, 첫째, 서울특별시 S구 및 S구청장의 청구인능력 및 청구인적격, 그리고 피청구인인 S구선거관리위원회의 피청구인능력 및 피청구인적격 여부, 특히 국가기관의 부분기관이라 할 수 있는 S구선거관리위원회의의 당사자능력 인정 여부, 둘째, 피청구인 S구선거관리위원회의 청구인 서울특별시 S구에 대한 지방자치단체 선거관리경비 산출 통보행위가 권한쟁의심판의 대상이 되는 처분에 해당하는지 여부이다. 권한쟁의심판요건에 관한문제는 자주 출제되고 있으므로 이에 관해서는 반드시 잘 정리해 두어야 할 것이다.

〈목 차〉

Ⅰ. 권한쟁의심판의 요건과 문제점

권한쟁의심판을 청구하기 위해서는 「헌법재판소법」 제61조에 따라, ① 당사자능력과 당사자적격을 갖추어야 하고, ② 피청구인의 처분 또는 부작위가 있어야 하며, ③ 그로 인해 헌법 또는 법률에 의해 부여받은 권한의 침해 또는 현저한 침해위험이 있어야 하고, ④ 청구기간을 준수하여야 한다. 한편 ⑤ 권리보호이익을 요하는지 여부는 견해가 대립한다.

사안에서는 청구인인 서울특별시 S구 및 S구청장의 청구인능력 및 청구인적격, 그리고 피청구인인 S구선거관리위원회의 피청구인능력 및 피청구인적격, 피청구인들의 처분행위 여부와 권한침해 가능성 여부 등이 문제된다. 다만, 설문에 따라 청구기간 문제는 제외한다.

Ⅱ. 권한쟁의심판청구의 당사자

1. 권한쟁의심판청구에서의 당사자범위

(1) 헌법재판소는 헌법 제111조 제1항 제4호에서 말하는 국가기관의 의미와 권한쟁의심판의 당사자가 될 수 있는 국가기관의 범위는 결국 헌법해석을 통하여 확정하여야 할 문제라고 보고, 「헌법재판소법」 제62조 제1항 제1호를 열거조항이 아니라 예시조항으로 보고 있다. 그리고 여기에 열거되지 않은 국가기관이더라도 ① 그 국가기관이 헌법에 의해 설치되고, ② 헌법 또는 법률에 의하여 독자적인 권한을 부여받고 있으며, ③ 국가기관 상호간의 권한쟁의를 해결할 수 있는 적당한 기관이나 방법이 없는 경우에는 당사자능력이 인정된다고 판시하였다.

(2) 한편, 권한쟁의심판에 있어서 청구인적격은 침해당하였다고 주장하는 헌법상 내지 법률상 권한과 적절한 관련성이 있는 자에게 인정되고, 피청구인적격은 권한을 침해하는 처분 또는 부작위를 행하여 법적 책임을 지게 되는 자에게 인정된다.

2. 서울특별시 S구의 당사자능력 및 적격 여부

(1) 헌법재판소법 제62조 제1항 제2호는 국가기관과 지방자치단체 간의 권한쟁의심판의 종류에 관하여 정하고 있는데, 서울특별시 S구는 지방자치단체인 자치구로서 이 사건 심판청구의 당사자능력이 있다.

(2) 한편 서울특별시 S구는 국회가 2005년 「공직선거법」 제122조의2를 개정함으로 인해 지방자치단체가 지방선거에 소요되는 선거 경비를 상당 부분 부담하게 되었다고 주장하고, S구선거관리위원회의 지방자치단체 선거관리경비 통보 행위가 지방선거 선거경비 부담의 원인이 되었다고 주장하고 있으므로, 지방선거의 선거경비 부담 주체를 놓고 다투는 이 사건에서 당사자 적격이 있다.

3. 서울특별시 S구청장의 당사자능력 및 적격 여부

(1) 권한쟁의 심판청구는 헌법과 법률에 의하여 권한을 부여받은 자가 그 권한의 침해를 다투는 헌법소송으로서 이러한 권한쟁의심판을 청구할 수 있는 자에 대하여는 헌법 제111조 제1항 제4호와 「헌법재판소법」 제62조 제1항 제3호가 정하고 있는바, 이에 의하면 <u>지방자치단체의 장은 원칙적으로 권한쟁의 심판청구의 당사자가 될 수 없는 것은 분명해 보인다.</u> 다만, 지방자치단체의 장이 국가위임사무에 대해 국가기관의 지위에서 처분을 행한 경우에는 예외적으로 권한쟁의 심판청구의 당사자가 될 수 있다(2006.8.31. 2003헌라1).

(2) 사안의 경우 지방선거비용의 본예산 편성은 지방자치단체의 권한에 속하는 사항이므로, <u>S구청장은 이 사건의 권한을 둘러싼 다툼에 있어 권한쟁의심판청구의 당사자가 될 수 없어 당사자능력을 결한 청구로서 부적법</u>하다고 할 것이다.

4. S구선거관리위원회의 당사자능력 및 적격 여부

(1) 문제점

「헌법재판소법」 제62조는 권한쟁의심판청구의 당사자로 국가기관과 지방자치단체를 규정하고 있으므로 청구인 서울특별시 S구가 피청구인 S구선거관리위원회를 상대로 한 이 사건 권한쟁의 심판청구가 적법하려면 피청구인 S구선거관리위원회가 이에 해당하여야 한다.

(2) 지방자치단체인지 여부

「헌법재판소법」 제62조에서 규정하고 있는 지방자치단체는 특별시·광역시·도와 시·군·자치구 등이며, 이것은 「지방자치법」 제2조 제1항에서 정하고 있는 지방자치단체의 종류와 다르지 아니한바, <u>각급 선거관리위원회는 권한쟁의심판청구의 당사자가 될 수 있는 지방자치단체에는 포함되지 않는다.</u>

(3) 국가기관인지 여부

<u>「헌법재판소법」 제62조 제1항 제2호의 '정부'를 예시적인 것으로 볼 수 있으므로</u> 위 규정에서 구체적으로 나열하고 있지 않은 기관이라 하더라도 지방자치단체의 자치권을 침해할 가능성이 있는 국가기관은 권한쟁의심판청구의 피청구인으로서 당사자 능력이 인정된다.

한편 권한쟁의심판에 있어서 당사자가 될 수 있는 국가기관이란 국가의사 형성에 참여하여 국법질서에 대하여 일정한 권한을 누리는 헌법상의 지위와 조직이라고 할 수 있다. 그런데 <u>중앙선거관리위원회 외에 각급 구·시·군 선거관리위원회도 헌법에 의하여 설치된 기관으로서 헌법과 법률에 의하여 독자적인 권한을 부여받은 기관에 해당하고</u>(헌법 제114조, 제115조), <u>지방자치단체인 S구와의 권한쟁의를 해결할 수 있는 적당한 기관이나 방법이 없으므로 S구선거관리위원회도 당사자 능력이 인정된다.</u>

또한 S구선거관리위원회는 선거관리 경비 부담에 관해 정하고 있는 규정들에 근거하여 자신의 권한을 행사한 것이므로 <u>이 사건 심판청구의 피청구인으로서 당사자적격도 인정</u>된다.

헌법재판소도 동일 사건에서 위와 같이 판시하였다(2008.6.26. 2005헌라7).

Ⅲ. 처분행위 여부와 권한침해 가능성 여부

1. 처분의 개념

「헌법재판소법」 제61조 제2항에 의하면, 권한쟁의심판청구는 피청구인의 처분 또는 부작위가 헌법 또는 법률에 의하여 부여받은 청구인의 권한을 침해하였거나 침해할 현저한 위험이 있는 때에 한하여 이를 할 수 있다. 여기서 '처분'이란 법적 중요성을 지닌 것에 한하는 것으로, 청구인의 법적 지위에 구체적으로 영향을 미칠 가능성이 있는 행위여야 한다. 헌법재판소는 위 처분과 관련하여, 처분은 입법행위와 같은 법률의 제정 또는 개정과 관련된 권한의 존부 및 행사상의 다툼, 행정처분은 물론 행정입법과 같은 모든 행정작용 그리고 법원의 재판 및 사법행정작용 등을 포함하는 넓은 의미의 공권력처분을 의미하는 것으로 보아야 한다고 판시하고 있다(2006.5.25. 2005헌라4).

2. 권한침해의 가능성

피청구인의 행위가 권한쟁의심판청구의 대상이 되는 처분에 해당한다고 하더라도 권한쟁의심판청구가 적법하려면 그 처분으로 인해 청구인의 권한이 침해되었거나 현저한 침해의 위험성이 존재하여야 한다.

3. S구선거관리위원회의 통보행위

S구선거관리위원회의 통보행위가 권한쟁의심판청구의 대상이 되는 처분에 해당하기 위해서는 이것이 서울특별시 S구에 새로운 의무를 부과한다거나 법적 지위에 어떤 변화를 초래하여야 한다. 그런데 서울특별시 S구의 선거비용 부담은 「공직선거법」 제277조에서 그렇게 정하고 있기 때문에 발생하는 것이지 S구선거관리위원회가 이 사건 통보행위를 하였기 때문에 새롭게 발생한 것은 아니다. 또한 S구선거관리위원회의 선거비용 통보행위는 미래에 발생할 선거비용을 다음 연도 예산에 반영하도록 하기 위해 미리 안내한 것에 불과하며, 이 통보행위 자체만으로 서울특별시 S구가 2014년 예산편성 권한을 행사하는데 법적 구속을 받게 된 것은 아니다. 따라서 청구인 서울특별시 S구의 법적 지위에 어떤 변화도 가져오지 않는 피청구인 S구선거관리위원회의 이 사건 통보행위는 권한쟁의심판의 대상이 되는 처분에 해당한다고 볼 수 없고, 서울특별시 S구의 지방재정권을 침해하거나 침해할 가능성도 없다.

Ⅳ. 권리보호의 이익

권한쟁의심판청구에서 권리보호이익이 요구되는지가 문제되는데, 헌법재판소는 원칙적으로 권리보호이익을 권한쟁의심판의 청구요건으로 인정하면서, 예외적으로 주관적 권리보호이익이 없는 경우에도 같은 유형의 침해행위가 앞으로도 반복될 위험이 있고, 헌법질서의 수호유지를 위하여 그에 대한 헌법적 해명이 긴요한 사항에 대해서는 심판청구의 이익을 인정할 수 있다는 입장이다(2003.10.30. 2002헌라1).

설문의 경우 S구의 청구대로 권한침해가 인정된다면 지방선거비용을 S구의 본예산에 편성하지 않아도 되므로, 권리보호이익은 인정된다고 할 것이다.

V. 사례의 해결

서울특별시 S구의 청구인능력 및 청구인적격은 인정되고, S구선거관리위원회의 피청구인능력 및 피청구인적격이 인정된다. 그러나 S구청장의 청구인능력은 인정되지 아니한다. 한편 S구선거관리위원회의 통보행위는 서울특별시 S구의 법적 지위에 어떤 변화도 가져오지 않으므로 권한쟁의심판의 대상이 되는 처분에 해당한다고 볼 수 없다.

따라서 서울특별시 S구청장과 S구의 서울특별시 S구의 S구선거관리위원회에 대한 이 사건 권한쟁의심판청구는 부적법하다.

015 국회의장을 상대로 한 권한쟁의심판청구

2020년 9회 변호사 제1문의1

대통령 A는 야당의원인 甲을 국무총리로 임명하여 연합정권 공약을 실행한 바 있다. 그런데 대통령 A의 임기가 중반을 넘어서면서 여러 국가정책에 대한 야당의원들의 국정조사 요구가 많아지고 이로 인해 국정수행이 순탄치 않은 정국이 계속되자, 대통령 A는 이처럼 야당 단독으로 또는 소수의 국회의원만으로도 국정조사권이 발동됨으로써 정부의 업무가 마비되고 국회의 효율적인 운영 및 의사결정에도 장애가 되고 있다는 판단을 하게 되었다. 그래서 현행 「국정감사 및 조사에 관한 법률」(약칭 국감국조법)에서의 국정조사 요구 및 조사계획서 승인 요건의 정족수 규정을 강화하는 '국감국조법 개정안'을 국회에 제출하였고, 이 개정안은 2019.8.27. 국회에서 의결되었다. 그러나 국무회의에서의 법률개정안 심의단계에서부터 동 개정안 내용에 반대해 온 국무총리 甲은 대통령 A의 법률공포에 대하여 끝내 부서를 거부하였다. 이에 2019.9.2. 국회의 과반수를 차지하는 여당의원들은 국무총리 甲에 대한 해임건의안을 국회에 상정하였고, 동 상정안에 반대하는 야당의원들은 본회의장 문을 폐쇄하고 그 앞 복도에 누워 농성을 하면서 접근하는 자들을 폭력적인 방법으로 저지하였다. 이후 여당은 국회의 제3의 장소로 회의장소를 변경하고 본회의 개의일시도 야당의원들에게 통지하지 않은 채 본회의를 개의하였고, 2019.9.17. 국무총리 甲에 대한 해임건의안을 의결하여 통과시켰다.

2. 야당의원 乙 등은 2019.11.15. 국회의장을 상대로 하여, 위 해임건의안 가결선포행위와 위 국감국조법 개정행위에 대하여 권한침해의 확인 및 무효의 확인을 구하는 권한쟁의심판을 청구하였다. 적법성 판단을 포함하여 권한침해 여부 등에 대하여 판단하시오. (30점)

📁 **참조조문**

개정 전 「국정감사 및 조사에 관한 법률」 (법률 제16325호, 2019.4.16. 타법개정)

제3조 【국정조사】 ① 국회는 재적의원 4분의 1 이상의 요구가 있는 때에는 특별위원회 또는 상임위원회로 하여금 국정의 특정사안에 관하여 국정조사(이하 "조사"라 한다)를 하게 한다.

② ~ ③ <생략>

④ 조사위원회는 조사의 목적, 조사할 사안의 범위와 조사방법, 조사에 필요한 기간 및 소요경비 등을 기재한 조사계획서를 본회의에 제출하여 승인을 받아 조사를 한다.

⑤ 본회의는 제4항의 조사계획서를 검토한 다음 의결로써 이를 승인하거나 반려한다.

※ 아래의 법령은 가상의 것임을 전제로 한다.

개정 「국정감사 및 조사에 관한 법률」 (법률 제16340호, 2019.8.27. 일부개정)

제3조【국정조사】 ① 국회는 재적의원 2분의 1 이상의 요구가 있는 때에는 특별위원회 또는 상임위원회로 하여금 국정의 특정사안에 관하여 국정조사(이하 "조사"라 한다)를 하게 한다.

②~③ <생략>

④ 조사위원회는 조사의 목적, 조사할 사안의 범위와 조사방법, 조사에 필요한 기간 및 소요경비 등을 기재한 조사계획서를 본회의에 제출하여 승인을 받아 조사를 한다.

⑤ 본회의는 제4항의 조사계획서를 검토한 다음 재적의원 2분의 1 이상의 찬성으로 의결하여 이를 승인하거나 반려한다.

법령 등 공포에 관한 법률(약칭 법령공포법, 법률 제15798호, 2018.10.16. 일부개정)

제2조【전문】 헌법개정·법률·조약 및 대통령령의 공포문과 헌법개정안·예산 및 예산 외 국고부담계약의 공고문에는 전문(前文)을 붙여야 한다.

제5조【법률】 ① 법률 공포문의 전문에는 국회의 의결을 받은 사실을 적고, 대통령이 서명한 후 대통령인을 찍고 그 공포일을 명기하여 국무총리와 관계 국무위원이 부서한다.

② 「대한민국헌법」 제53조 제6항에 따라 국회의장이 공포하는 법률의 공포문 전문에는 국회의 의결을 받은 사실과 「대한민국헌법」 제53조 제6항에 따라 공포한다는 뜻을 적고, 국회의장이 서명한 후 국회의장인(國會議長印)을 찍고 그 공포일을 명기하여야 한다.

📝 **핵심공략**

설문 2의 경우, 권한쟁의심판에서의 적법성 판단을 포함한 권한침해 여부를 묻고 있으므로 순차적으로 이를 검토해 주어야 한다. 첫째, 권한쟁의심판청구의 적법 여부의 판단은, ① 당사자능력과 당사자적격, ② 피청구인의 처분 또는 부작위, ③ 헌법 또는 법률에 의해 부여받은 권한의 침해 또는 현저한 침해위험, ④ 청구기간 준수, ⑤ 권리보호이익, 각각의 요건을 서술한 뒤 특히 사안에서 문제되는 요건들을 중점적으로 검토해 주면 된다. 본 사례의 경우 특히 헌법재판소는 국가기관 상호간의 권한쟁의심판에서의 당사자의 범위에 관한 「헌법재판소법」 제62조 제1항 제1호를 열거조항이 아니라 예시조항으로 보고, 국회의원과 국회의장의 권한쟁의심판에서의 당사자능력을 인정하고 있다는 점을 적시해주어야 하고, 권한쟁의 심판의 대상(피청구인의 처분)이 '해임건의안 가결선포행위'와 '국감국조법 개정행위' 두 개라는 점도 놓치지 않도록 주의해야 한다. 둘째, 본안 판단(권한침해 여부)에 있어서는, ① 국회의원의 국무총리 해임건의안에 대한 심의·표결권은 국무총리 해임건의권을 국회에 귀속시키고 있는 헌법 제63조, 국민에 의하여 선출되는 국회의원으로 국회를 구성한다고 규정하고 있는 헌법 제41조 제1항 및 국회 의결에 관하여 규정한 헌법 제49조로부터 당연히 도출되는 헌법상의 권한이라는 점과 ② 국회의장의 국무총리 해임건의안 가결선포행위는 「국회법」 제77조, 「국회법」 제76조 제4항 및 제5항 등을 위반하여 乙 등의 국무총리 해임건의안 심의·표결권한을 침해하였음을 판단해 주어야 한다. 그리고 ③ 무효확인결정의 요건에 관한 학설과 헌법재판소의 판례를 검토한 후 국회의장의 가결선포행위는 헌법상 의회주의원리 및 적법절차의 원칙에 명백히 위반한 흠(하자)이 있으므로, 헌법재판소는 무효확인을 선언하여야 한다는 결론을 내릴 수 있다.

Chapter 01

Ⅰ. 논점의 정리

설문에서 야당의원 乙 등은 국회의장을 상대로 하여, '국감국조법 개정행위'와 '국무총리 해임건의안 가결선포행위'를 대상으로 권한쟁의심판을 청구하였는바, ① 각각의 행위에 대한 권한쟁의심판 청구가 권한쟁의심판의 요건을 충족하여 적법한지 여부가 문제되고, ② 심판청구가 적법하다면 그 행위가 乙 등의 의안 심의·표결권한을 침해하는지 여부와 그 무효 여부가 문제된다.

Ⅱ. 권한쟁의심판의 적법 여부

1. 권한쟁의심판의 요건

권한쟁의심판청구가 적법하기 위해서는, 「헌법재판소법」 제61조에 따라 ① 당사자능력 및 당사자 적격을 갖추어야 하고, ② 피청구인의 처분 또는 부작위가 있어야 하며, ③ 그로 인해 헌법 또는 법률에 의하여 부여받은 권한의 침해 또는 침해의 현저한 위험이 있어야 한다. 그리고 ④ 권리보호이익이 인정되어야 하며, ⑤ 청구기간을 준수하여야 한다.

2. 국무총리 해임건의안 가결선포행위에 대한 권한쟁의심판의 경우

(1) 당사자능력

1) 국가기관 상호간의 권한쟁의심판에서의 당사자의 범위

권한쟁의심판의 당사자로서 헌법은 '국가기관 상호간, 국가기관과 지방자치단체 간, 지방자치단체 상호간'으로 규정하고 있고(제111조 제1항 제4호), 「헌법재판소법」 제62조 제1항 제1호는 국가기관 상호간의 권한쟁의심판을 '국회, 정부, 법원 및 중앙선거관리위원회 상호간의 권한쟁의심판'이라고 규정함으로써 '당사자의 범위'를 제한하고 있다. 따라서 <u>헌법재판소법의 이 규정을 열거조항이 아닌 예시조항으로 보아 국회의원과 국회의장과 같은 국회 내 부분기관에게도 권한쟁의심판의 당사자능력을 인정할 수 있을지</u>가 문제된다.

2) 헌법재판소의 판례

헌법재판소는 헌법 제111조 제1항 제4호에서 말하는 국가기관의 의미와 권한쟁의심판의 당사자가 될 수 있는 국가기관의 범위는 결국 헌법해석을 통하여 확정하여야 할 문제라고 보고, <u>「헌법재판소법」 제62조 제1항 제1호를 열거조항이 아니라 예시조항으로</u> 보고 있다. 그리고 여기에 열거되지 않은 국가기관이더라도 ① 그 국가기관이 헌법에 의해 설치되고, ② 헌법과 법률에 의하여 독자적인 권한을 부여받고 있으며, ③ 국가기관 상호간의 권한쟁의를 해결할 수 있는 적당한 기관이나 방법이 없는 경우에는 권한쟁의심판의 당사자가 될 수 있다고 판시하였다(1997.7.16. 96헌라2).

3) 검토 및 설문의 경우

생각건대 기관 간의 권한분쟁을 심판함으로써 각 기관에게 주어진 권한을 보호함과 동시에 객관적 권한질서를 유지함을 목적으로 하는 권한쟁의심판제도의 취지를 고려하고 헌법 제111조 제1항 제4호가 법률유보조항을 두고 있지 않은 점에 비추어 볼 때 다른 분쟁해결방법이 없는 이상 독립한 국가기관간의 권한쟁의심판은 인정되어야 할 것이다. 따라서 「헌법재판소법」 제62조 제1항 제1호는 열거조항이라기 보다 예시조항으로 보는 것이 타당하다.

설문의 경우, 야당의원 乙 등의 국회의원은 ① 헌법 제41조 제1항에 따라 국민의 선거에 의하여 선출된 헌법상의 국가기관으로서 법률안 제출권(헌법 제52조), ② 법률안의 심의·표결권(헌법 제40조 및 제41조 제1항), 불체포특권(헌법 제44조), 면책특권(헌법 제45조), 임기의 원칙적 보장(헌법 제42조), 국회에서의 발언·표결권(헌법 제45조) 등 헌법과 법률에 의하여 독자적인 권한을 부여받고 있다. 국회의장도 ① 헌법 제48조에 따라 국회에서 선출되는 헌법상의 국가기관으로서 ② 헌법과 법률에 의하여 국회를 대표하고 의사를 정리하며, 질서를 유지하고 사무를 감독할 지위에 있고(「국회법」 제10조), 이러한 지위에서 본회의 개의시(開議時)의 변경(「국회법」 제72조), 의사일정의 작성과 변경(「국회법」 제76조, 제77조), 의안의 상정(「국회법」 제81조), 의안의 가결선포(「국회법」 제113조) 등의 권한을 부여받고 있다. 그리고 ③ 국회의원과 국회의장 사이의 분쟁은 각각 별개의 헌법상의 국가기관으로서의 권한을 둘러싸고 발생하는 분쟁이라고 할 것인데, 권한쟁의심판 외에 달리 이와 같은 분쟁을 해결할 적당한 기관이나 방법도 존재하지 않는다. 따라서 국회의원과 국회의장은 헌법 제111조 제1항 제4호 소정의 권한쟁의심판의 당사자가 될 수 있다. 헌법재판소도 '법률안 변칙처리 사건'에서 국회의원과 국회의장은 헌법 제111조 제1항 제4호 소정의 권한쟁의심판의 당사자가 될 수 있다고 하였다(1997.7.16. 96헌라2).

(2) 당사자적격

당사자능력이란 일반적으로 누가 당사자가 될 있는가의 문제인 반면, 당사자적격이란 정당한 당사자로서 소송을 수행하고, 그 결과로서 헌법재판소의 본안판단을 받기에 적합한 자격을 말한다. 권한쟁의심판절차에서 당사자적격이 인정되기 위해서는 우선 당사자능력을 갖추어야 하고, 다음으로 다른 국가기관이나 지방자치단체의 처분이나 부작위로 인하여 자신의 권한이 침해되었거나 현저한 침해위험이 있음을 주장하는 자이거나 그 상대방이어야 한다. 침해나 침해위험이 있다고 주장하는 자가 청구인이 되고 그 상대방이 피청구인이 된다.

설문의 경우, 야당의원 乙 등은 국회의원으로서의 자신의 권한(의안 심의·표결권한)이 침해되었음을 주장하는 자로서 청구인적격이 인정된다. 그리고 국무총리 해임건의안 가결선포행위는 국회의장의 국회법상 정당한 권한의 행사로서(「국회법」 제113조), 국회의장은 가결선포행위에 대한 법적 책임을 지는 기관에 해당한다. 따라서 국회의장의 피청구인적격도 인정된다.

(3) 피청구인의 처분 또는 부작위

권한쟁의심판청구의 대상인 '처분'은 모든 입법작용·행정작용·사법작용 등을 포함하는 넓은 의미의 공권력처분을 의미하는바, 청구인의 법적 지위에 구체적으로 영향을 미칠 가능성이 있는 법적 중요성이 있는 행위이어야 한다.

설문의 경우, 국회의장의 국무총리 해임건의안 가결선포행위에 의하여 결과적으로 야당의원 乙 등의 국무총리 해임건의안 심의·표결권한의 행사 자체가 봉쇄되었다는 점에서, 가결선포행위는 여기의 '처분'에 해당한다고 할 것이다.

(4) 권한의 침해 또는 침해의 현저한 위험

여기서 '권한'이란 헌법뿐만 아니라 법률이 부여한 권한도 포함하고, 권한의 존부 자체는 본안결정에서 확정되는 것이므로 적법요건단계에서는 청구인의 권한이 법적으로 존재할 가능성이 있는 것만으로 충분하다. 그리고 적법요건단계에서의 '침해' 요건은 침해 또는 현저한 침해위험의 가능성만을 말한다.

설문의 경우, 여당이 국회의 제3의 장소로 회의장소를 변경하고 본회의 개의일시도 야당의원들에게 통지하지 않은 채 본회의를 개의함으로써 乙 등의 의안 심의·표결권 행사가 사실상 봉쇄된 상태에서, 국회의장이 국무총리 해임건의안 가결선포행위를 한 것은 乙 등의 의안 심의·표결권한을 침해 또는 침해할 가능성이 있다.

(5) 권리보호이익

권한쟁의심판청구에서 권리보호이익이 요구되는지가 문제되는데, 헌법재판소는 원칙적으로 권리보호이익을 권한쟁의심판의 청구요건으로 인정하면서, 예외적으로 주관적 권리보호이익이 없는 경우에도 같은 유형의 침해행위가 앞으로도 반복될 위험이 있고, 헌법질서의 수호유지를 위하여 그에 대한 헌법적 해명이 긴요한 사항에 대해서는 심판청구의 이익을 인정할 수 있다는 입장이다(2003. 10.30. 2002헌라1).

한편, 설문의 경우와 같이 국회의원들이 국회 본회의의 개의 자체를 방해하고자 물리력을 행사하거나, 회의가 진행되는 동안 국회의장의 의사진행을 방해하고 다른 국회의원들의 투표를 방해하는 등 자신들의 의안 심의·표결권 침해를 유도한 측면이 있음에도 불구하고 의안이 가결 선포되자 자신들의 심의·표결권이 침해되었다고 주장하면서 권한쟁의심판을 청구한 경우 소권의 남용에 해당하여 권리보호이익이 부정되는지 문제된다.

생각건대 국가기관의 권한쟁의심판청구를 소권의 남용이라고 평가하기 위해서는, 그것이 권한쟁의심판 제도의 취지와 전혀 부합되지 않는다고 볼 극히 예외적인 사정이 인정되어야 할 것인바, 권한쟁의심판 제도 자체가 헌법적 가치질서를 보호하는 객관적 기능을 수행하는 것이고, 특히 국회의원의 의안 심의·표결권의 침해 여부가 문제되는 권한쟁의심판의 경우는 국회의원의 객관적 권한을 보호함으로써 헌법상의 권한질서 및 국회의 의사결정체제와 기능을 수호·유지하기 위한 공익적 쟁송으로서의 성격이 강하므로, 설령 국회의원들 중 일부가 자신들의 정치적 의사를 관철하려는 과정에서 위와 같은 행위를 하였다고 하더라도, 그러한 사정만으로 심판청구 자체가 권한쟁의심판 제도의 취지와 전혀 부합되지 않는 소권의 남용에 해당하여 부적법하다고 볼 수는 없다고 할 것이다(2009.10.29. 2009헌라8).

따라서 설문의 경우에도 소권의 남용으로 보아 권리보호이익이 부정할 수는 없다. 그리고 권한쟁의심판에서 가결선포행위가 乙 등의 의안 심의·표결권한을 침해하여 무효라고 판단할 경우, 국무총리의 해임건의안은 다시 본회의에 상정되어 乙 등은 의안 심의·표결권한을 행사할 수 있으므로, 권리보호이익도 인정된다 할 수 있다.

(6) 청구기간

권한쟁의심판청구는 권한을 침해하는 사유가 있음을 안 날로부터 60일 이내에, 그 사유가 있은 날로부터 180일 이내에 하여야 한다(「헌법재판소법」 제63조 제1항).

설문의 경우 국무총리 甲에 대한 해임건의안은 2019.9.17. 국회에서 통과되었는데, 乙 등은 이로부터 60일 이내인 2019.11.15.에 권한쟁의심판을 청구하였으므로 청구기간도 준수하였다.

3. 국감국조법 개정행위에 대한 권한쟁의심판의 경우

(1) 당사자적격

권한쟁의심판에 있어서는 처분 또는 부작위를 야기한 기관으로서 법적 책임을 지는 기관만이 피청구인적격을 가지므로 권한쟁의심판청구는 이들 기관을 상대로 제기하여야 하고(2010.12.28. 2008헌라7), 법률의 제·개정 행위를 다투는 권한쟁의심판의 경우에는 국회가 피청구인적격을 가진다(2005.12.22. 2004헌라3; 2008.6.26. 2005헌라7). 따라서 법률의 제·개정 행위를 다투는 경우 국회의장이나 상임위원회 위원장에 대한 권한쟁의심판청구는 피청구인적격이 없는 자를 상대로 한 청구로서 부적법하다(2016.5.26. 2015헌라1).

설문의 경우, 야당의원 乙 등은 국감국조법 개정행위를 다투면서 국회가 아니라 국회의장을 상대로 권한쟁의심판을 청구하였으므로, 이는 피청구인적격 없는 자를 상대로 한 청구로서 부적법하다.

(2) 청구기간

권한쟁의심판청구는 권한을 침해하는 사유가 있음을 안 날로부터 60일 이내에, 그 사유가 있은 날로부터 180일 이내에 하여야 한다(「헌법재판소법」 제63조 제1항).

설문의 경우, 야당의원 乙 등은 국감국조법 개정안이 국회에서 의결된 2019.8.27.(이 날 乙 등도 의결 사실을 알았다고 볼 수 있다)로부터 60일이 경과된 이후인 2019.11.15.에서야 권한쟁의심판을 청구하였으므로, 국감국조법 개정행위에 대한 권한쟁의심판청구는 청구기간을 도과하였다는 점에서도 부적법하다.

4. 소 결

국무총리 해임건의안 가결선포행위에 대한 권한쟁의심판청구는 「헌법재판소법」 제61조의 요건을 모두 충족하여 적법하지만, 국감국조법 개정행위에 대한 권한쟁의심판청구는 피청구인적격 없는 자를 상대로 한 청구이며, 그 청구기간도 도과하여 부적법하다.

따라서 이하에서는 국무총리 해임건의안 가결선포행위가 乙 등의 의안 심의·표결권한을 침해하는지 여부 및 그 무효 여부에 대해서만 판단하기로 한다.

Ⅲ. 乙 등의 심의·표결권한 침해 여부

1. 국회의원의 국무총리 해임건의안 심의·표결권

국회의원의 법률안 등 의안에 대한 심의·표결권은 비록 헌법에는 명문의 규정이 없지만, 의회민주주의의 원리와 국회가 국회의원으로 구성되는 합의기관이라는 점을 고려하면 국회의원은 국회에 상정된 안건에 대하여 심의·표결권을 가진다고 할 것이다.

설문의 경우 국회의원의 국무총리 해임건의안에 대한 심의·표결권은 국무총리 해임건의권을 국회에 귀속시키고 있는 헌법 제63조, 국민에 의하여 선출되는 국회의원으로 국회를 구성한다고 규정하고 있는 헌법 제41조 제1항 및 국회 의결에 관하여 규정한 헌법 제49조로부터 당연히 도출되는 헌법상의 권한이고, 이러한 국회의원의 국무총리 해임건의안 심의·표결권은 헌법기관으로서의 국회의원 각자에게 모두 보장된다는 것 또한 의문의 여지가 없다(2016.5.26. 2015헌라1 참조).

2. 乙 등의 심의·표결권한의 침해 여부

권한침해가 인정되기 위해서는 피청구인의 처분이 위헌 또는 위법하여야 한다. 그런데 의사일정을 변경하려면 "의원 20명 이상의 연서에 의한 동의(動議)로 본회의 의결이 있거나 의장이 각 교섭단체 대표의원과 협의하여 필요하다고 인정할 때"에 해당하여야 한다(「국회법」 제77조). 그런데 국회의장은 이러한 절차를 거치지 않고 의사일정을 변경하였다. 또한 국회의장은 의사일정을 지체 없이 의원에게 통지하고 전산망 등을 통하여 공표해야 하고, 특히 긴급하다고 인정할 때에도 회의의 일시(日時)는 의원에게 반드시 통지하고 개의해야 한다(「국회법」 제76조 제4항 및 제5항).

그런데 설문의 경우 국회의장은 「국회법」 제77조를 위반하여 "의원 20명 이상의 연서에 의한 동의(動議)로 본회의 의결이나 각 교섭단체 대표의원과 협의"절차를 거치지 않고 의사일정을 변경하였을 뿐만 아니라, 「국회법」 제76조 제4항 및 제5항을 위반하여 야당의원 乙 등에게 변경된 회의장소와 개의일시를 통지하지도 않았다. 그 결과 乙 등의 국무총리 해임건의안에 대한 심의·표결권한의 행사는 원천적으로 봉쇄되었는바, 국회의장의 가결선포행위는 乙 등의 국무총리 해임건의안 심의·표결권한을 침해했다고 할 것이다. 따라서 헌법재판소는 국회의원의 심의·표결권한이 침해되었음을 확인하여야 한다(「헌법재판소법」 제66조 제1항).

VI. 국무총리 해임건의안 가결선포행위의 효력 여부

1. 무효확인결정의 요건

(1) 문제점

「헌법재판소법」 제66조 제2항은 「제1항의 경우에 헌법재판소는 권한침해의 원인이 된 피청구인의 처분을 취소하거나 그 무효를 확인할 수 있고…」라고 하여, 권한의 유무 및 범위에 대한 확인을 넘어서 피청구인의 처분에 대하여 무효확인할 수 있는 가능성을 규정하고 있다. 「헌법재판소법」 제66조 제1항의 '권한의 유무 및 범위'에 관한 판단은 필요적 판단이지만, 같은 조 제2항의 무효확인판단은 헌법재판소에 재량을 부여하고 있다. 그런데 어느 경우에 무효확인결정을 할 수 있는가에 대해서는 견해가 대립한다.

(2) 학 설

이에 대하여, ① 권한침해행위의 효과를 제거하기 위해서는 원칙적으로 무효선언을 하고, 예외적으로 사소한 법률위반에 해당하여 그 권한침해의 정도가 경미하거나 다른 중요한 헌법적 가치의 훼손을 막기 위하여 부득이한 경우에는 침해확인만 한다는 견해와 ② 피청구기관의 정치적 형성권을 존중하기 위하여 <u>원칙적으로 무효선언을 하지 않고, 예외적으로</u> 정치적 형성권에 대한 침해의 우려가 없거나 헌법규정에 명백히 위반한 흠이 있는 경우에만 <u>무효선언을 한다</u>는 견해가 대립한다.

(3) 헌법재판소의 판례

헌법재판소는 '성남시와 경기도 간의 권한쟁의심판'(1999.7.22. 98헌라4)에서 경기도지사가 행정심판에 대하여 한 인용재결의 내용을 넘어서 성남시에 처분을 한 것은 <u>중대하고 명백한 흠이 있는 경우로서 무효로 하여야 한다</u>고 판시했으며, '법률안변칙처리 사건'(1997.7.16. 96헌라2)에서는 「국회의 입법과 관련하여 일부 국회의원들의 권한이 침해되었다 하더라도 그것이 입법절차에 관한 헌법의 규정을 <u>명백히 위반한 흠에 해당하는 것이 아니라면</u> 그 법률안의 가결선포행위를 무효로 볼 것은 아니다」라고 판시하였다.

(4) 검토 및 설문의 경우

생각건대, 국가기관간의 권한배분과 헌법재판소의 사명을 고려할 때, 사법기능을 담당하는 헌법재판소는 '입법절차의 하자' 등 <u>국가기관의 정치적 의사형성권의 존중 여부가 문제되는 경우, 원칙적으로 권한침해만 확인하고 헌법의 규정을 명백히 위반한 흠이 있는 경우에 한하여</u> 그 권한침해행위의 무효확인을 할 수 있다고 보아야 한다. 그러나 '행정처분의 성격을 갖는 행위' 등 <u>국가기관의 정치적 의사형성권의 존중 여부가 문제되지 않는 경우, 일반적인 행정행위의 하자이론에 의거하여 권한침해행위에 중대·명백한 흠이 있는지 여부에 따라</u> 무효확인이나 취소결정을 할 수 있을 것이다(일종의 절충설).

설문의 경우는 '국회의 의사절차의 하자', 즉 국회의 정치적 의사형성권의 존중 여부가 문제되는 경우이므로 헌법재판소는 <u>국회의장의 가결선포행위가 헌법의 규정 내지 헌법원리를 명백히 위반한 흠이 있는 경우에 한하여 무효확인을 할 수 있다</u>고 할 것이다.

2. 국무총리 해임건의안 가결선포행위의 효력 여부

(1) 의회주의원리 위배 여부

1) 의회주의원리의 의의

의회주의(원리)라 함은 민주적인 선거에 의하여 구성된 의회가 국민을 대표하여 국민의 의사를 합의를 통하여 도출함으로써 국가의 중요정책을 결정하게 하는 원리를 말한다.

의회가 국민의 의사를 정확하게 반영하려면 합의체로서의 그 의사결정이 공정하여야 하고, 그러기 위해서는 토론과 심의가 보장되고 공개적이어야 한다. 또한 의회주의는 다수결원리를 핵심내용으로 한다. 다수결 원리는 결과의 원칙이 아니라 과정과 절차의 원리로서, 서로의 입장에 대한 자유롭고 평등한 토론을 절충과 타협을 거친 후에 다수결로 의사결정을 하여야 하는 것이다.

우리 헌법 제49조도 "국회는 헌법 또는 법률에 특별한 규정이 없는 한 재적의원 과반수의 출석과 출석의원 과반수의 찬성으로 의결한다."고 규정하여 의회민주주의의 기본원리 중 하나인 다수결의 원리를 선언하고 있다. 다만 <u>헌법 제49조에서 규정하는 다수결의 원리는 국회의 의사형성과정에서 소수파에게 토론에 참가하여 다수파의 견해를 비판하고 반대의견을 밝힐 수 있는 기회를 보장함으로써, 다수파와 소수파가 공개적이고 합리적인 토론을 거친 후 다수의 의사로 결정한다</u>는 데 그 정당성이 있다(2012.2.23. 2010헌라5 등 참조).

2) 설문의 경우

설문의 경우와 같이 야당의원 乙 등(소수파)의 의사결정 참여를 원천적으로 봉쇄한 상태에서 여당(다수파) 의원들만 모여서 국무총리 해임건의안을 의결하는 것은 비록 형식적으로는 "국회재적의원 3분의 1 이상의 발의에 의하여 국회재적의원 과반수의 찬성"(헌법 제63조 제2항)을 거쳤다고 하더라도, 실질적으로는 헌법 제49조의 다수결의 원리를 핵심으로 하는 의회주의원리를 위배한 것으로 보아야 한다.

(2) 적법절차원칙의 위배 여부

1) 적법절차의 원칙의 의의

적법절차의 원칙이라 함은 입법·집행·사법 등 모든 국가작용은 절차상의 적법성을 갖추어야 할 뿐 아니라 공권력행사의 근거가 되는 법률의 실체적 내용도 합리성과 정당성을 갖추어야 한다는 헌법원리를 말한다. 우리 헌법은 제12조 제1항 후문과 제12조 제3항에서 형사사법절차에 한하여 적법절차의 원칙을 규정하고 있지만, 국회의 의사절차에도 당연히 적용된다고 할 것이다. 그렇다면 국회는 의결절차 있어서 적법절차의 원칙을 준수하여야 할 것이므로, 헌법과 법률이 정한 절차에 따라 법률안 등 의안을 의결해야 한다.

2) 설문의 경우

설문의 경우 국회의장은 「국회법」 제77조의 절차를 거치지 않고 의사일정을 변경하였을 뿐만 아니라, 「국회법」 제76조 제4항 및 제5항을 위반하여 야당의원 乙 등에게 변경된 회의장소와 개의일시를 통지하지 않음으로써 乙 등의 국무총리 해임건의안에 대한 심의·표결권한을 침해하였다. 따라서 국회의장의 가결선포행위는 국회법상 의사절차에 반한 것이고, 이는 헌법상 적법절차의 원칙에도 위배된다고 할 것이다.

3. 소 결

국회의장의 국무총리 해임건의안 가결선포행위는 헌법 제49조의 다수결의 원리를 핵심으로 하는 의회주의원리 및 헌법상 적법절차의 원칙을 의도적이고 명백히 위반한 흠(하자)이 있다. 따라서 국회의장의 가결선포행위는 무효이고, 헌법재판소는 가결선포행위의 무효를 확인하여야 한다.

V. 결론

(1) 국무총리 해임건의안 가결선포행위에 대한 권한쟁의심판청구는 「헌법재판소법」 제61조의 요건을 모두 충족하여 적법하지만, 국감국조법 개정행위에 대한 권한쟁의심판청구는 피청구인적격 없는 자를 상대로 한 청구이며, 그 청구기간도 도과하여 부적법하다.
(2) 국회의장의 국무총리 해임건의안 가결선포행위는 「국회법」 제77조, 「국회법」 제76조 제4항 및 제5항을 위반하여 乙 등의 국무총리 해임건의안 심의·표결권한을 침해했다고 할 것이다. 따라서 헌법재판소는 국회의원의 심의·표결권한이 침해되었음을 확인하여야 한다.
(3) 국회의장의 국무총리 해임건의안 가결선포행위는 헌법상 의회주의원리 및 적법절차의 원칙에 명백히 위반한 흠(하자)이 있으므로, 헌법재판소는 무효확인을 선언하여야 한다.

lawyer.Hackers.com

Chapter

02

기본권

2016년 5회 변호사 제1문

만 20세인 甲과 만 17세인 乙은 2015.6.14. 23:50경 담배를 피우지 못하도록 표시된 인터넷 컴퓨터게임시설제공업소(일명 'PC방')에서 함께 담배를 피우며 게임을 하고 있었다. 경찰관 A는 PC방을 순찰하던 중 학생처럼 보이는 甲과 乙을 발견하고 담배 피우는 것을 제지하면서 두 사람에게 신분증 제시를 요구하였다. 그러나 甲은 신분증을 제시하지 않았을 뿐만 아니라, 이름과 생년월일 등 신분 확인을 위한 자료의 요구에도 일절 응하지 아니하면서 경찰관 A를 향해 키보드를 던지며 저항하였다. 이에 경찰관 A는 甲을 진정시킨 후 甲의 동의 하에 甲과 함께 경찰서로 이동하여 甲을 공무집행방해 혐의로 입건하였다. 그리고 경찰관 A는 甲의 신원확인을 위하여 甲에게 십지(十指)지문채취를 요구하였으나, 甲은 경찰관 A의 공무집행이 위법하였음을 주장하며 피의사실을 부인하면서 지문채취에 불응하였다.

같은 해 6.16. 관할 경찰서장은 甲이 「경범죄 처벌법」 제3조 제34호를 위반하였다는 이유로 관할 지방법원에 즉결심판을 청구하였고, 위 법원은 같은 날 甲에게 벌금 5만원을 선고하였으며, 甲은 이에 불복하여 같은 해 6.19. 법원에 정식재판을 청구하였다. 1심 계속 중 甲은 위 「경범죄 처벌법」 제3조 제34호가 자신의 기본권을 침해한다고 주장하며 위 법원에 위헌법률심판 제청신청을 하였고, 법원은 2015. 7.1. 위 신청을 기각하였다. 2015.7.6. 甲은 기각결정문을 송달받은 후, 2015.8.3. 「경범죄 처벌법」 제3조 제34호가 피의사실을 부인하는 경우에 적용되는 한 위헌이라며 헌법소원 심판을 청구하는 한편, 같은 날 PC방 등의 금연구역에서 흡연을 금지하는 「국민건강증진법」 제9조 제6항과 제34조 제3항이 자신의 기본권을 침해한다며 위헌확인을 구하는 헌법소원심판을 청구하였다.

3. 「국민건강증진법」상 금연구역에서의 흡연금지 규정이 甲의 기본권을 침해하는가? (적법성 판단은 제외함) (30점)

📁 **참조조문**

※ 아래 법령은 각 처분 당시 적용된 것으로 가상의 것이다.

국민건강증진법

제9조 【금연을 위한 조치】 ④ 다음 각 호의 공중이 이용하는 시설의 소유자·점유자 또는 관리자는 해당 시설의 전체를 금연구역으로 지정하여야 한다. 이 경우 금연구역을 알리는 표지와 흡연자를 위한 흡연실을 설치할 수 있으며, 금연구역을 알리는 표지와 흡연실을 설치하는 기준·방법 등은 보건복지부령으로 정한다.

23.「게임산업진흥에 관한 법률」에 따른 청소년게임제공업소, 일반게임제공업소, 인터넷컴퓨터게임시설
제공업소 및 복합유통게임제공업소

⑥ 누구든지 제4항 및 제5항에 따라 지정된 금연구역에서 흡연하여서는 아니 된다.

제34조【과태료】 ③ 제9조 제6항을 위반하여 금연구역에서 흡연을 한 자에게는 10만 원 이하의 과태료를
부과한다.

📝 핵심공략

설문 3은 '금연구역지정' 규정에 대한 헌재결정(2004.8.26. 2003헌마457; 2014.9.25. 2013헌마411)을 사례화
한 것이다. 첫 번째 헌재결정(2004.8.26. 2003헌마457)은 「흡연권과 혐연권의 기본권충돌」로 보고 '기본
권충돌' 법리에 따라 해결한 반면, 두 번째 헌재결정(2014.9.25. 2013헌마411)은 「법률에 의한 일반적 행동
자유권의 제한」으로 보고 '기본권제한' 법리에 따라 해결하였다. '금연구역지정' 규정은 「기본권충돌」
이 「기본권제한」으로 전화(轉化)된 경우이므로 어느 쪽으로 해결하든 무방할 것이다. 다만, 출제자의
의도를 정확히 파악하기 어려운 수험생 입장에서는 논점이 더 풍부한 「기본권충돌」로 접근하는 것이
어떨까 한다.

〈목 차〉

I. 설문 3의 해결

1. 논점의 정리

이 사건 「국민건강증진법」상 금연구역에서의 흡연금지조항(이하 '이 사건 금연구역조항'이라 한다)은, 피씨방 등 공중이 이용하는 시설의 관리자 등에게 '해당 시설의 전체'를 금연구역으로 지정하게 하고 지정된 금연구역에서 흡연을 한 사람에게 과태료를 부과하여 흡연자의 흡연권을 제한하고 있다. 따라서 흡연권이 헌법상 기본권인지 여부와 이에 대응하는 비흡연자의 혐연권 역시 기본권인지 여부가 문제되고, 양자를 기본권으로 볼 경우 기본권충돌이 발생하는데 기본권충돌의 문제와 함께 이 사건 금연구역조항이 흡연자 甲의 기본권을 침해한다고 볼 수 있는가를 검토할 필요가 있을 것이다. 또한 비흡연자들과의 차별을 통하여 흡연자들의 이익을 제한함으로써 평등권에 위반되는지가 문제된다.

2. 흡연권의 침해 여부

(1) 흡연권의 의의와 헌법적 근거

흡연자들이 자유롭게 흡연할 권리를 흡연권이라고 할 수 있다. 이의 헌법적 근거에 대하여 헌법재판소는 「이러한 흡연권은 인간의 존엄과 행복추구권을 규정한 헌법 제10조와 사생활의 자유를 규정한 헌법 제17조에 의하여 뒷받침된다」거나(2004.8.26. 2003헌마457), 「흡연자들이 원하는 장소에서 자유롭게 흡연하는 것을 제한하는 것이 헌법 제10조의 행복추구권에서 파생되는 일반적 행동자유권을 침해하는지 여부가 문제된다」고(2014.9.25. 2013헌마411) 판시하였다.

우선 흡연을 하는 행위는 이와 같은 사생활의 영역에 포함된다고 할 것이므로, 흡연권은 헌법 제17조에서 그 헌법적 근거를 찾을 수 있다. 또 인간으로서의 존엄과 가치를 실현하고 행복을 추구하기 위하여서는 누구나 자유로이 의사를 결정하고 그에 기하여 자율적인 생활을 형성할 수 있어야 하므로, 자유로운 흡연에의 결정 및 흡연행위를 포함하는 흡연권은 헌법 제10조에서도 그 근거를 찾을 수 있다.

(2) 혐연권의 의의와 헌법적 근거

위와 같이 흡연자들의 흡연권이 인정되듯이, 비흡연자들에게도 흡연을 하지 아니할 권리 내지 흡연으로부터 자유로울 권리, 즉 혐연권이 인정된다. 헌법재판소는 「혐연권은 흡연권과 마찬가지로 헌법 제17조, 헌법 제10조에서 그 헌법적 근거를 찾을 수 있고, 나아가 흡연이 흡연자는 물론 간접흡연에 노출되는 비흡연자들의 건강과 생명도 위협한다는 면에서 혐연권은 헌법이 보장하는 건강권과 생명권에 기하여서도 인정된다」고 한다(2004.8.26. 2003헌마457).

(3) 기본권의 충돌

1) 기본권의 충돌의 발생

기본권의 충돌이란 상이한 기본권 주체가 상충하는 권익을 실현하기 위하여 국가에 대하여 각기 대립되는 기본권의 효력을 주장하는 경우를 말한다.

사안의 경우 흡연자가 비흡연자에게 아무런 영향을 미치지 않는 방법으로 흡연을 하는 경우에는 기본권의 충돌이 일어나지 않는다. 그러나 흡연자와 비흡연자가 함께 생활하는 공간에서의 흡연행위는 필연적으로 흡연자의 기본권과 비흡연자의 기본권이 충돌하는 상황이 초래된다.

2) 기본권의 충돌의 해결방안

기본권의 충돌을 해결하는 방법으로는 이익형량에 의한 방법과 규범조화적 해석에 의한 방법이 있다. 전자는 기본권 상호간에 위계질서가 존재한다는 것을 전제로 해서 어느 한 기본권을 다른 기본권에 우선하여 적용함으로써 충돌을 해결하는 방법이다. 후자는 어느 하나의 기본권만을 절대적으로 우선시키는 것이 아니라 충돌하는 기본권 모두가 최대한으로 그 효력을 유지할 수 있도록 조화의 방법을 찾으려는 해결방법이다.

헌법재판소는 "기본권의 성격과 태양에 따라 그때그때마다 적절한 해결방법을 선택, 종합하여 해결"하는 태도를 취하면서(2005.11.24. 2002헌바95), 사안에 따라 규범조화적 방법을 사용하기도 하고, 이익형량 방법을 사용하기도 하였다.

생각건대 이익형량에 의한 방법은, 첫째, 개별 기본권을 모두 서열화하는 것이 불가능하고, 둘째, 기본권의 서열화가 가능한 경우라도 다분히 주관적일 수 있으며, 셋째, 기본권은 과잉제한하거나 본질적 내용은 침해되어서는 안 된다는 헌법 제37조 제2항의 취지에 반하는 문제점이 있다. 그렇다면 기본권의 충돌은 원칙적으로 규범조화적 해석에 의한 방법에 의해 해결하는 것이 타당하다고 할 것이다.

3) 사례의 경우

헌법재판소는 유사한 사례에서 「흡연권은 위와 같이 사생활의 자유를 실질적 핵으로 하는 것이고 혐연권은 사생활의 자유뿐만 아니라 생명권에까지 연결되는 것이므로 혐연권이 흡연권보다 상위의 기본권이라 할 수 있다」(2004.8.26. 2003헌마457)고 이익형량에 의한 방법을 사용하기도 하였으나, 「과잉금지원칙에 반하여 흡연자의 일반적 행동자유권을 침해하는지 여부」만을 판단하기도 하였다(2014.9.25. 2013헌마411). 앞에서 본 바와 같이 헌법의 통일성 유지의 관점에서 규범조화적 해석에 의한 방법이 헌법정신에 더 충실한 해결방법이라고 할 수 있고, 이는 결국 헌법 제37조 제2항이 요구하는 과잉금지원칙 및 본질내용침해금지원칙을 준수하는 것이기도 하다.

(4) 합리적 조화를 이루고 있는지 여부 - 과잉금지원칙 위반 여부

1) 목적의 정당성과 수단의 적합성

이 사건 금연구역조항이 공중이용시설의 전체를 금연구역으로 지정할 의무를 당해 시설의 소유자 등에게 부과한 것은 국민의 건강을 보호하기 위한 것으로서 그 목적의 정당성을 인정할 수 있고, 흡연자와 비흡연자가 생활을 공유하는 곳에서 일정한 내용의 금연구역을 설정하는 것은 위 목적의 달성을 위하여 효과적이고 적절하여 수단의 적합성도 인정할 수 있다

2) 피해의 최소성

이 사건 금연구역조항이 <u>공중이용시설에 한하여만</u> 금연구역지정을 의무화하고 있고, 공중이용시설 전체를 금연구역으로 지정한다 하더라도 해당 시설의 소유자 등은 <u>흡연자를 위한 흡연실을 설치할 수 있도록 하고 있어</u> 침해의 최소성도 인정할 수 있다. 금연구역조항이 흡연실 설치를 의무 사항으로 하지 않은 것은, 공중이용시설 안에 흡연실을 두어 흡연자가 흡연할 수 있는 공간을 제공하여야 할 필요성이 요구되는 정도가 해당 시설의 용도 · 규모 · 위치 · 성격 · 이용 빈도 · 화재 위험성 등에 따라 다를 수밖에 없으므로 공중이용시설 소유자 등으로 하여금 해당 시설 안에 흡연실을 둘 것인지 여부를 자체적으로 결정할 수 있도록 하는 것이 보다 적절하기 때문이다.

3) 법익의 균형성

이 사건 금연구역조항이 공중이용시설의 전체를 금연구역으로 지정할 의무를 당해 시설의 소유자 등에게 부과하여 <u>달성하려고 하는 국민의 건강보호라는 공익이 제한되는 흡연자들의 흡연권이라는 사익보다 크기 때문에</u> 법익균형성도 인정된다.

4) 소 결

따라서 이 사건 금연구역조항은 과잉금지원칙에 위반되지 않으므로 甲의 흡연권을 침해한다고 볼 수 없다.

3. 평등권의 침해 여부

(1) 차별의 존재

이 사건 금연구역조항은 비흡연자들의 이익을 도모하는 반면 흡연자들의 권리를 제한하고 있어 <u>흡연자들을 차별하고 있는데</u> 과연 흡연자들의 평등권을 침해하였다고 할 것인지가 문제된다(2004. 8.26. 2003헌마457).❶

(2) 헌법상 평등의 의미

헌법 제11조 제1항은 객관적 법원칙인 평등의 원칙과 개개인의 주관적 공권인 평등권을 규정하고 있다. 동조항에서 규정하는 차별금지사유는 예시에 불과하고, 그 차별금지영역도 모든 영역으로 하고 있다. 여기에서 말하는 '법'이란 성문법, 불문법 등 모든 법규범을 의미하고, '법 앞의' 평등이란 법적용상의 평등뿐만 아니라 법내용상의 평등(입법자구속설)까지 의미하며, '평등'은 절대적 평등이 아니라 <u>합리적인 이유가 있는 차별을 허용하는 상대적 평등</u>을 의미한다.

---

❶ 그런데 헌법재판소는 2014.9.25. 2013헌마411 결정에서는 「청구인들은 금연구역조항이 평등권을 침해한다고 주장한다. 그러나 공중이용시설 전체가 금연구역으로 지정되더라도 흡연자가 해당 시설을 이용할 수 없는 것은 아니고 단지 해당 시설에서 흡연만 제한될 뿐이다. 따라서 이 부분 주장은 금연구역조항에 따라 원하는 장소에서 자유롭게 흡연할 수 없어 일반적 행동자유권이 침해된다는 취지로 볼 수밖에 없으므로, 일반적 행동자유권의 침해 여부에 관한 판단 이외에 별도로 평등권의 침해 여부를 판단하지 아니한다」고 판시하였다.

(3) 평등권침해의 심사기준

헌법재판소는 완화된 심사척도로서의 자의금지원칙과 엄격한 심사기준으로서의 비례원칙을 구별하여 사안별로 적용하고 있다. 즉 입법부의 입법형성의 자유를 존중한다는 의미에서 평등권침해의 심사의 우선적 기준은 자의금지원칙이다. 또한 수익적 내지 시혜적 법률에 의한 차별이 발생할 때에도 자의금지 원칙을 적용한다. 그러나 <u>헌법에서 특별히 평등을 요구하고 있거나 차별적 취급으로 인하여 관련 기본권에 대한 중대한 제한을 초래하게 되는 경우</u>에는 입법형성권이 축소되어 엄격한 심사척도인 비례의 원칙을 적용한다(98헌마363 등).

(4) 사례의 경우

사안의 경우 헌법재판소가 특별히 평등을 요구하고 있는 영역이라고 볼 수 없을 뿐만 아니라 甲의 기본권에 대한 중대한 제한을 초래한다고 보기도 어려우므로, <u>자의금지원칙을 적용해야 할 것이다.</u>
그런데 앞서 본 바와 같이 이 사건 금연구역조항은 국민의 건강과 혐연권을 보장하기 위하여 흡연권을 제한하는 것으로서 <u>그 제한에 합리적인 이유가 있다 할 것이므로 평등권을 침해하였다고 할 수 없다</u>(2004.8.26. 2003헌마457).

4. 결 론

이 사건 금연구역조항은 甲의 흡연권을 제한하지만 과잉금지원칙에 위반되지 않으므로 甲의 흡연권을 침해한다고 볼 수 없고, 흡연자들에 대한 차별이지만 역시 합리적인 이유가 있으므로 평등권을 침해한다고 할 수 없다.

2022년 11회 변호사 제1문

혼인하여 3자녀를 둔 5인 가구의 세대주인 甲은 현재 독점적으로 전기를 공급하고 있는 전기판매사업자 S와 전기공급계약을 체결하고 전기를 공급받는 전기사용자이다. S는 甲에게 2016.7.3.부터 같은 해 8.2.까지 甲 가구가 사용한 525kWh의 전기에 대해 131,682원의 전기요금을 부과하였다. 甲은 위 기간 동안 특별히 전기를 많이 사용하지 않았음에도 불구하고 전월에 비해 전기요금이 2배 이상으로 부과된 것이 새로 도입한 누진요금제 때문이라는 것을 알게 되었다. 이에 甲은 S의 전기공급약관 중 누진요금에 관한 부분이「전기사업법」제16조 제1항,「전기사업법 시행령」제7조 제1항을 위반하고 甲의 계약의 자유를 침해하여 무효라고 주장하면서, 2016.11.16. 전주지방법원 군산지원에 S를 상대로 甲이 납부한 131,682원과 누진요금제 시행 이전 기준으로 산정한 55,500원(S의 전기공급약관 개정 전 [별표 1] 기준)의 차액 상당을 구하는 부당이득반환청구소송을 제기하였다. 甲은 위 소송 계속 중 2017.3.6. 위 법원에「전기사업법」제16조 제1항 중 '전기요금' 부분이 의회유보원칙 및 포괄위임금지원칙에 위배되고 혼인하여 대가족을 이룬 甲의 평등권을 침해한다고 주장하며 변호사 乙을 선임하여 위 법률조항 부분에 대한 위헌법률심판 제청신청을 하였다.

3. S의 전기공급약관 개정 [별표 1] 월간 전기요금표가 甲의 평등권을 침해하는지 검토하시오. (20점)

📁 **참조조문**

※ 유의사항

아래 조문들의 일부는 가상의 것임

○ S의 전기공급약관

개정 [별표 1] 월간 전기요금표 (2016.7.1. 시행)

1. 주택용 전력 (표준전압 110V 이상 380V 이하 고객)

단계	기본요금(호당)		전력량요금(kWh당)	
1	100kWh 이하 사용	390원	처음 100kWh까지	57.90원
2	101~200kWh 사용	870원	101~200kWh까지	120.20원
3	201~300kWh 사용	1,530원	201~300kWh까지	179.40원
4	301~400kWh 사용	3,680원	301~400kWh까지	267.80원
5	401~500kWh 사용	6,970원	401~500kWh까지	398.70원
6	500kWh 초과 사용	12,350원	500kWh 초과	677.30원

개정 전 [별표 1] 월간 전기요금표 (2012.7.1.부터 2016.6.30.까지 시행된 것)

1. 주택용 전력 (표준전압 110V 이상 380V 이하 고객)

기본요금(호당)	전력량 요금(kWh당)
3,000원	100원

📝 핵심공략

평등권침해 여부는 차별취급이 존재하는지, 그러한 차별취급이 헌법적으로 정당화될 수 있는지의 순서로 판단한다. 특히 차별취급의 존재 부분에서는 비교집단의 설정이 중요하다. 만약 주장된 비교집단이 본질적으로 동일하지 않은 집단이라면 다음 단계로 나아갈 수 없다. 한편, 본질적으로 동일한 집단임에도 차별취급이 있는 경우라면, 당해 차별이 헌법적으로 정당화될 수 있는지 판단하기 위해 평등권심사기준을 결정하여야 한다. 그 이후 설정된 심사기준을 바탕으로 심판대상이 청구인의 평등권을 침해하는지 판단내리면 된다. 이러한 판단과정과 순서는 그 자체로 평등권침해 여부를 묻는 문제에 있어서 각각마다 배점이 부여되어 있으므로 반드시 숙지하도록 하자.

─────〈목 차〉─────

I. 설문 3의 해결

1. 논점의 정리

개정 전과 달리, 개정된 S의 전기공급약관 [별표 1] 월간 전기요금표에서 그 사용량에 따라 기본요금과 전력량 요금에 대하여 누진요금제에 따른 전기요금 체계를 구성하여 부과한 것이 甲의 평등권을 침해하는지 문제된다.

2. 평등권의 의의

헌법 제11조 제1항은 객관적 법원칙인 평등의 원칙과 개인의 주관적 공권인 평등권을 규정하고 있는데 동조에서 규정하는 차별금지사유는 예시에 불과하고 차별금지영역도 모든 영역이 된다. 또 여기서 말하는 법은 모든 법규범을 말하고, 법 앞의 평등이란 법적용상의 평등뿐만 아니라 법내용상의 평등까지 의미하며, 평등은 절대적 평등이 아닌, 합리적 차별을 허용하는 상대적 평등을 의미한다.

3. 차별의 존재와 심사기준

(1) 차별취급의 존재 여부

평등원칙 위반을 심사하기 위해서는 우선 법적용에 관련하여 상호 배타적인 두 개의 비교집단 간의 차별취급이 있어야 한다.

사안의 경우, S의 전기공급약관 개정 [별표 1] 월간 전기요금표는 전기사용량을 단계별로 구분하여 누진요금제를 적용하여 각 급간별 전기요금을 부과하고 있다. 이에 <u>혼인을 하여 대가족을 이뤄 전기사용량이 많은 전기사용자 집단과 아직 미혼이거나 혼인하였더라도 대가족을 이루지 않아 전기사용량이 상대적으로 적은 다른 전기사용자 집단 간에 차별취급이 일응 존재한다.</u>❶

(2) 심사기준의 결정

다음으로, 앞서 살펴본 차별취급이 자의금지원칙이나 비례원칙에 위반되는지를 검토한다. 이 때 평등권의 심사기준은 원칙적으로 입법부의 입법형성의 자유를 존중하는 의미에서 자의금지원칙이 우선 적용되지만 헌법에서 특별히 평등을 요구하고 있거나 차별적 취급으로 인하여 관련 기본권에 대한 중대한 제한을 초래하게 되는 경우에는 입법형성권이 축소되어 엄격한 심사의 척도인 비례의 원칙이 적용되어야 한다.

특히 사안의 경우 그 심사기준을 결정함에 있어, <u>甲의 주장과 같이 혼인하여 대가족을 이룬 전기사용자는 당연히 그 전기사용량이 그렇지 않은 전기사용자에 비하여 많을 수밖에 없으므로, 누진요금제를 적용하여 전기사용량에 따라 전기요금을 부과하는 것이 헌법 제36조 제1항의 취지에 반하는 것인지가 문제된다.</u>

---

❶ 차별취급이 존재하는지와 관련하여, 전기공급약관은 전기사업자 등과 전기사용자 간의 전기사용과 그 대가로서 지불하는 전기요금을 주된 내용으로 하는 사법상 계약이라는 점에 초점을 두어, 이용한 전기사용량에 따라 전기요금이 차별적으로 부과된 각 전기사용자 집단은 본질적으로 동일성이 인정되는 집단으로 볼 수 없어 차별취급 자체가 존재하지 않는다고 서술하여도 무방할 것이다.
다만, 문제의 배점을 고려하고, 이후 평등권 침해 심사기준 결정에 관한 논의를 이어나가기 위하여 위 두 집단이 본질적으로 동일함에도 차별취급이 존재한다는 것을 일응 인정하는 방향으로 서술하였다.

헌법 제36조 제1항에서는 혼인과 가족생활에 불이익을 주지 않을 것을 명하고 있고, 이로써 헌법 제11조의 평등원칙과 결합하여 혼인과 가족을 부당한 차별로부터 보호하고 이를 금지해야 할 국가의 의무를 부과하고 있다. 즉, 그 차별의 본질이 혼인과 가족생활을 이유로 한 것일 때에는 헌법에서 특별히 평등을 요구하고 있는 영역에서의 차별이므로 헌법 제36조 제1항의 취지에 비추어, 엄격한 비례원칙에 따라 평등권침해 여부를 심사하여야 한다.

사안의 경우, 누진요금제가 적용됨으로써 전기사용량에 따른 전기요금이 다르게 부과되는 것은 전기사용자가 사용한 전기사용량에 따라 발생한 차별이지, 해당 전기사용자가 혼인하였거나 그로써 대가족을 이룬 것에 착안하여 발생한 차별이라 볼 수 없으므로, 이는 헌법에서 특별히 평등을 요구하고 있거나, 이러한 차별취급으로 인하여 관련 기본권에 중대한 제한을 초래하는 경우에 해당한다고 할 수 없다.

그러므로, 사안에서는 자의금지원칙을 기준으로 평등권침해 여부를 판단하여야 할 것이다.

4. 평등권침해 여부 판단

자의금지원칙은 입법자에게 본질적으로 같은 것을 자의적으로 다르게, 본질적으로 다른 것을 자의적으로 같게 취급하는 것을 금하는 것을 말한다. 따라서 동등하게 취급하거나 다르게 취급함에 있어서 어떠한 명백한 합리적인 근거가 없는 경우에만 평등원칙을 위반하게 된다.

사안의 경우, 전기요금의 체계는 전기사용자의 부담능력, 편익정도, 기타 사회정책적 요인 등을 고려하여 전기사용자 간에 부담의 형평이 유지되고 자원이 합리적으로 배분되도록 형성될 필요가 있다. 그리고 전력난에 따라 전기자원의 효율적 배분을 위하여 그 전기사용량에 따라 사용량이 많은 전기사용자에 대하여 누진요금제를 적용하여 그 요금을 더 부과하는 것은 합리적 이유가 있어 자의적인 차별이라고 볼 수 없다.

5. 결 론

따라서 S의 전기요금약관 개정 [별표 1] 월간 전기요금표는 전기사용자가 사용한 전력량을 단계별로 나누어 해당 급간에 따라 전기요금을 부과한 것으로서, 미혼이거나 대가족을 이루지 않은 자에 비해 혼인하여 대가족을 이룸으로써 그 전기사용량이 많은 자에게 더 많은 전기요금을 부과하는 차별이 존재하나, 이는 합리적 이유가 있는 차별로 甲의 평등권을 침해하였다고 볼 수 없다.

20년 무사고 운전 경력의 레커 차량 기사인 甲은 2013.3.2. 혈중알코올농도 0.05%의 주취 상태로 레커 차량을 운전하다가 신호대기 중이던 乙의 승용차를 추돌하여 3중 연쇄추돌 교통사고를 일으켰다. 위 교통사고로 乙이 운전하던 승용차 등 3대의 승용차가 손괴되고, 승용차 운전자 2명이 약 10주의 치료가 필요한 상해를 입게 되었다.

서울지방경찰청장은 위 교통사고와 관련하여 甲이 음주운전 중에 자동차 등을 이용하여 범죄행위를 하였다는 이유로 1개의 운전면허 취소통지서로 「도로교통법」 제93조 제1항 제3호에 의하여 甲의 운전면허인 제1종 보통·대형·특수면허를 모두 취소하였다.

한편, 경찰조사 과정에서 乙이 위 교통사고가 발생하기 6년 전에 음주운전으로 이미 2회 운전면허 정지처분을 받았던 전력이 있는 사실과 乙이 위 교통사고 당시 혈중알코올농도 0.07% 주취 상태에서 운전한 사실이 밝혀지자, 서울지방경찰청장은 「도로교통법」 제93조 제1항 제2호에 의하여 乙의 운전면허인 제2종 보통면허를 취소하였다.

※ 참고자료로 제시된 법규의 일부 조항은 가상의 것으로, 이에 근거하여 답안을 작성할 것. 이와 다른 내용의 현행법령이 있다면 제시된 법령이 현행 법령에 우선하는 것으로 할 것

3. 乙은 본인에게 책임이 없는 위 교통사고로 인하여 서울지방경찰청장이 乙에 대하여 한 운전면허 취소처분의 취소를 구하는 행정소송을 제기함과 동시에 처분의 근거가 된 「도로교통법」 제93조 제1항 제2호가 헌법에 위반된다는 이유로 위헌법률심판 제청신청을 하였으나, 당해 사건을 담당한 법원은 위헌의 여지를 의심했음에도 불구하고 기각결정을 내렸다. 乙은 이 기각결정 통지를 받은 후, 「도로교통법」 제93조 제1항 제2호, 제148조의2 제1항 제1호가 이중처벌금지원칙, 일반적 행동의 자유, 평등의 원칙에 위반된다며 헌법소원심판을 청구하였다.

(3) 심판대상 규정이 乙의 기본권을 침해하여 위헌인지에 대하여 판단하시오. (20점)

📁 **참조조문**

도로교통법

제1조 【목적】 이 법은 도로에서 일어나는 교통상의 모든 위험과 장해를 방지하고 제거하여 안전하고 원활한 교통을 확보함을 목적으로 한다.

제80조 【운전면허】 ① 자동차등을 운전하려는 사람은 지방경찰청장으로부터 운전면허를 받아야 한다.

② 지방경찰청장은 운전을 할 수 있는 차의 종류를 기준으로 다음 각 호와 같이 운전면허의 범위를 구분하고 관리하여야 한다. 이 경우 운전면허의 범위에 따라 운전할 수 있는 차의 종류는 안전행정부령으로 정한다.

1. 제1종 운전면허
    가. 대형면허
    나. 보통면허
    다. 소형면허
    라. 특수면허
2. 제2종 운전면허
    가. 보통면허
    나. 소형면허
    다. 원동기장치자전거면허
(이하 생략)

제44조【술에 취한 상태에서의 운전 금지】 ① 누구든지 술에 취한 상태에서 자동차등(「건설기계관리법」제26조 제1항 단서에 따른 건설기계 외의 건설기계를 포함한다)을 운전하여서는 아니 된다.

제93조【운전면허의 취소·정지】 ① 지방경찰청장은 운전면허(연습운전면허는 제외한다)를 받은 사람이 다음 각 호의 어느 하나에 해당하면 안전행정부령으로 정하는 기준에 따라 운전면허를 취소하거나 1년 이내의 범위에서 운전면허의 효력을 정지시킬 수 있다. 다만, 제2호, 제3호, 제7호부터 제9호까지(정기 적성검사 기간이 지난 경우는 제외한다), 제12호, 제14호, 제16호부터 제18호까지의 규정에 해당하는 경우에는 운전면허를 취소하여야 한다.

1. 제44조 제1항을 위반하여 술에 취한 상태에서 자동차등을 운전한 경우
2. 제44조 제1항 또는 제2항 후단을 2회 이상 위반한 사람이 다시 같은 조 제1항을 위반하여 운전면허 정지 사유에 해당된 경우
3. 운전면허를 받은 사람이 자동차등을 이용하여 범죄행위를 한 경우
(이하 생략)

제148조의2【벌칙】 ① 다음 각 호의 어느 하나에 해당하는 사람은 1년 이상 3년 이하의 징역이나 500만원 이상 1천만원 이하의 벌금에 처한다.

1. 제44조 제1항을 2회 이상 위반한 사람으로서 다시 같은 조 제1항을 위반하여 술에 취한 상태에서 자동차등을 운전한 사람
(이하 생략)

설문 3-(3)에서는 "乙의 기본권을 침해하여 위헌인지에 대하여 판단하시오"라고 한 반면, 본문에 명시적으로 나타난 乙의 주장은 "이중처벌금지원칙, 일반적 행동의 자유, 평등의 원칙에 위반된다"는 것인바, 양자 간 조금 차이가 있다. 이런 경우 (본문에 나타난) 乙의 주장에서 문제되는 기본권을 도출하는 것이 좋은데, '이중처벌금지원칙'은 신체의 자유로, '평등의 원칙'은 평등권으로 각 직결되므로 결국 "신체의 자유, 일반적 행동의 자유 및 평등권 침해 여부"라는 목차 하에 사례를 논의하는 것이 바람직하다.

〈목 차〉

I. 설문 3-(3)의 해결

1. 논점의 정리

심판대상 규정인 「도로교통법」 제93조 제1항 제2호가 乙의 기본권을 침해하여 위헌인지와 관련하여 이중처벌금지원칙에 위반하여 신체의 자유를 침해하는지 여부, 과잉금지원칙에 위반하여 일반적 행동의 자유를 침해하는지 여부 및 평등권을 침해하는지 여부 등을 검토할 필요가 있다.

2. 신체의 자유의 침해 여부 - 이중처벌금지원칙의 위반 여부

(1) 이중처벌금지원칙의 의의

헌법 제13조 제1항 후단의 이중처벌금지원칙은 한번 판결이 확정되면 동일한 사건에 대해서는 다시 심판할 수 없다는 '일사부재리의 원칙'이 국가형벌권의 기속원리로 헌법상 선언된 것으로서, 동일한 범죄행위에 대하여 국가가 형벌권을 거듭 행사할 수 없도록 함으로써 국민의 기본권 특히 신체의 자유를 보장하기 위한 것이다. 여기에서 말하는 '처벌'은 국가가 행하는 일체의 제재나 불이익처분을 포함하는 것이 아니라 범죄에 대한 국가형벌권의 실행으로서의 과벌을 의미한다(2001헌가25). 또한 '동일한 행위'를 대상으로 행해질 때에 적용될 수 있는 것이므로, 처벌 또는 제재의 대상인 행위가 서로 다른 경우에는 이 원칙이 적용되지 않으며, 그 대상이 동일한 행위인지의 여부는 기본적 사실관계가 동일한지 여부에 의하여 판단된다(92헌바38).

(2) 사안의 경우

운전면허 취소처분은 「형법」상에 규정된 형(刑)이 아니고, 그 절차도 일반 형사소송절차와는 다를 뿐만 아니라, 주취 중 운전금지라는 행정상 의무의 존재를 전제하면서 그 이행을 확보하기 위해 마련된 수단이라는 점에서 형벌과는 다른 목적과 기능을 가지고 있다고 할 것이므로, <u>운전면허 취소처분을 이중처벌금지원칙에서 말하는 국가형벌권의 실행으로서의 과벌로 보기 어렵다.</u> 따라서 이 사건 법률조항은 이중처벌금지원칙에 위반되지 아니하므로 신체의 자유를 침해한다고 볼 수 없다.

3. 일반적 행동의 자유 침해 여부

(1) 일반적 행동의 자유의 의의와 내용

일반적 행동자유권은 개인이 행위를 할 것인가의 여부에 대하여 자유롭게 결단할 자유로서 적극적으로 자유롭게 행동을 하는 것은 물론 소극적으로 행동을 하지 않을 자유, 즉 부작위의 자유도 포함되며, 포괄적인 의미의 자유권으로서 일반조항적인 성격을 갖는다. 헌법 제10조의 행복추구권에 근거한다고 보는 것이 일반적이며, 헌법재판소도 같은 입장이다(89헌마204). 일반적 행동자유권에는 가치 있는 행동만 그 보호영역으로 하는 것이 아니라, 개인의 생활방식과 취미에 관한 사항도 포함된다(일반적 자유설).

사안의 경우 <u>乙은 승용차 운전자로서 차량운전을 직업으로 하는 자는 아닌 것으로 보이므로</u> 직업의 자유가 아닌 일반적 행동 자유권이 제한되고 있다.

(2) 기본권제한의 한계

우리 헌법 제37조 제2항은 국민의 자유와 권리는 국가안전보장, 질서유지 또는 공공복리를 위하여 필요한 경우에 한해 법률로써 제한할 수 있고, 그 경우에도 자유와 권리의 본질적인 내용을 침해할 수 없다고 규정하고 있다. 그런데 심판대상규정은 운전을 업으로 하지 않는 乙의 일반적 행동자유권을 제한하게 되는바, 이러한 기본권 제한을 정당화하기 위해서는 헌법 제37조 제2항의 과잉금지의 원칙을 지켜야 한다.

(3) 과잉금지원칙 위반 여부

1) 목적의 정당성과 수단의 적합성

증가하는 교통사고에 대응하여 교통질서를 확립하고자 필요적 면허취소 규정을 두고 이를 계속 확대하는 과정에서 이 사건 법률조항이 신설되었는데 음주운전을 방지하고 이를 규제함으로써 도로 교통에서 일어나는 국민의 생명 또는 신체에 대한 위험과 장해를 방지·제거하여 안전하고 원활한 교통질서를 확립하고자 하는 입법목적은 정당하고, 이러한 규정을 3회 이상 위반한 자는 「도로교통법」 준수의식이 매우 부족한 자로 면허를 취소하고 운전을 금지시키는 것은 정당한 입법목적을 위한 적절한 수단이 된다.

2) 침해의 최소성

그리고 침해의 최소성을 살펴보면 이 사건 법률조항에 해당하여 운전면허가 취소되는 경우 운전면허 결격기간이 법이 정한 기간 중 비교적 단기간이고, 음주단속에 있어서의 시간적·공간적 한계를 고려할 때 음주운전으로 3회 이상 단속되었을 경우에는 음주운전행위 사이의 기간에 관계없이 운전자에게 교통법규에 대한 준법정신이나 안전의식이 현저히 결여되어 있음을 충분히 인정할 수 있는 점 등에 비추어 볼 때, 이 사건 법률조항은 일반적 행동의 자유를 제한함에 있어 필요 최소한의 범위를 넘었다고 볼 수는 없다.

3) 법익의 균형성

마지막으로 법익의 균형성 측면을 살펴보면, 음주운전으로 인하여 발생할 국민의 생명, 신체에 대한 위험을 예방하고 교통질서를 확립하려는 공익과 자동차 등을 운전하고자 하는 사람의 기본권이라는 사익 간의 균형성을 도외시한 것이라고 보기 어려우므로 법익균형성 역시 조화를 이루고 있다고 보인다.

4) 소 결

따라서 이 사건 법률조항은 과잉금지원칙을 준수하였고 일반적 행동의 자유를 침해하지 아니한다.

4. 평등권 침해 여부

(1) 평등권의 의의와 심사기준

헌법 제11조 제1항은 객관적 법원칙인 평등의 원칙과 개개인의 주관적 공권인 평등권을 규정하고 있다. 동조항에서 규정하는 차별금지사유는 예시에 불과하고, 그 차별금지영역도 모든 영역으로 하고 있다. 여기에서 말하는 '법'이란 성문법, 불문법 등 모든 법규범을 의미하고, '법 앞의' 평등이란 법적용상의 평등뿐만 아니라 법내용상의 평등(입법자구속설)까지 의미하며, '평등'은 절대적 평등이 아니라 합리적인 이유가 있는 차별을 허용하는 상대적 평등을 의미한다.

이러한 평등권침해를 심사하기 위해서는 우선 법적용에 관련하여 상호 배타적인 '두 개의 비교집단'간의 '차별취급'이 있어야 한다. 다음으로 이러한 차별취급이 자의금지원칙이나 비례원칙에 위반되는지를 검토한다.

헌법재판소는 완화된 심사척도로서의 자의금지원칙과 엄격한 심사기준으로서의 비례원칙을 구별하여 사안별로 적용하고 있다. 즉 입법부의 입법형성의 자유를 존중한다는 의미에서 평등권침해의 심사의 우선적 기준은 자의금지원칙이다. 또한 수익적 내지 시혜적 법률에 의한 차별이 발생할 때에도 자의금지 원칙을 적용한다. 그러나 헌법에서 특별히 평등을 요구하고 있거나 차별적 취급으로 인하여 관련 기본권에 대한 중대한 제한을 초래하게 되는 경우에는 입법형성권이 축소되어 엄격한 심사척도인 비례의 원칙을 적용한다(98헌마363 등).

(2) 「형법」 제35조의 누범가중과의 차별의 문제

乙은 주취 중 운전금지규정의 위반 경력에 대하여 기간의 제한 없이 운전면허취소처분의 근거가 될 수 있도록 한 이 사건 심판대상 규정은 누범기간의 제한이 있는 형법상 누범가중의 경우와 비교하여 음주운전행위자와 다른 범죄자를 불합리하게 차별하므로 평등권을 침해한다고 주장할 수 있다.

「형법」 제35조의 누범조항은 3년이라는 한정된 기간을 누범기간으로 하여, 그 기간 내에 금고 이상에 해당하는 죄를 범한 경우에만 가중처벌하고 있음에 반해, 이 사건 법률조항은 누범기간과 같은 특별한 기간 제한이 없어, 주취 중 운전행위의 총 횟수가 3회 이상이면 운전행위 사이의 기간이 얼마인지를 불문하고 항상 운전면허 취소처분을 하도록 되어 있다.

그런데 형법 제35조의 누범가중 조항은 형벌에만 적용되는 것이고, 형벌은 운전면허취소처분과 같은 행정처분과는 목적과 성질이 다르므로 본질적으로 동일한 집단이라고 볼 수 없을 뿐 아니라 음주운전의 경우에도 「도로교통법」 제148조의2 제1호의 형사처벌을 받는 경우에는 「형법」 제35조의 누범조항의 적용이 배제된다고 볼 수 없으므로, 형사처벌상 누범기간 제한의 측면에 있어서는 음주운전 외의 범죄행위자와 다르게 취급된다고 볼 수 없어 평등권이 침해하지 아니한다.

(3) 전과자에 대한 차별의 문제

1) 차별의 존재

乙은 심판대상 규정 자체가 이미 「도로교통법」을 2회 이상 위반한 자, 즉 전과자라는 이유로 초범자와 비교하여 불합리하게 차별하므로 평등원칙에 위배된다고 주장할 수 있다. 사안과 같이 이미 「도로교통법」 해당 규정을 2회 이상 위반한 전력이 있는 자에 대한 운전면허 취소는 전과자라는 사회적 신분에 의한 차별이 아닌가 하는 의문이 든다.

2) 사회적 신분에 의한 차별인지 여부

헌법 제11조 제1항의 '사회적 신분'이 무엇인가에 대하여 ① 인종, 가문, 전과자의 자손 등 출생에 의하여 형성되는 지위를 의미한다는 선천적 신분설과 ② 전과자, 귀화인, 부자, 빈자, 상인, 농민, 기업인, 근로자, 탤런트 등 후천적인 사회적 지위를 포함한다는 후천적 신분설이 대립한다. 헌법재판소는 "사회에서 장기간 점하는 지위로서 일정한 사회적 평가를 수반하는 것을 의미한다 할 것이므로 전과자도 사회적 신분에 해당된다"고 판시하였다(1995.2.23. 93헌바43).

생각건대 후천적 신분설에 따르면 사회에서 장기간 점하는 지위(예컨대 교사, 공무원 등)가 모두 사회적 신분으로 해석되므로 사회적 신분의 범위가 지나치게 확대된다. 이러한 해석은 헌법 제11조 제1항의 '사회적 신분'을 사실상 무의미한 규정으로 전락시킬 위험이 있으므로 선천적 신분설이 타당하다.

사안의 경우 헌법 제11조 제1항이 의미하는 사회적 신분에 의한 차별에 해당되지 않는다. 따라서 헌법에서 특별히 평등을 요구하고 있다고 볼 수 없고, 나아가 차별적 취급으로 인하여 일반적 행동자유권 등에 대한 중대한 제한을 초래하게 되는 경우라고 볼 수도 없으므로 자의금지원칙에 따른 심사를 함이 타당하다.

3) 자의금지원칙 위반 여부

「도로교통법」 해당 규정을 2회 이상 위반한 전력이 있는 자에 대한 운전면허 취소하는 것은 전범에 대한 형벌의 경고적 기능을 무시하고 다시 범죄를 저질렀다는 점에서 비난가능성이 크고, 주취운전이 증가하고 있다는 현실에서 사회방위, 범죄의 특별예방 및 일반예방이라는 형벌목적에 비추어 보아, 심판대상규정이 음주운전 2회 전력자를 차별취급한다고 해서 그것이 인간의 존엄성 존중이라는 헌법의 이념에 반하는 것도 아니다. 나아가 음주운전 2회 이상 위반한 전력이 있는 자에 대한 운전면허 취소하는 것은 사회방위, 범죄의 특별예방 및 일반예방, 더 나아가 사회의 질서유지의 목적을 달성하기 위한 하나의 적정한 수단이기도 하는 것이므로 이는 합리적 근거 있는 차별이어서 헌법상의 평등권을 침해하지 아니한다고 할 것이다.

5. 사례의 해결

심판대상 규정인 「도로교통법」 제93조 제1항 제2호는 이중처벌에 해당되지 아니하여 乙의 신체의 자유를 침해하지 아니하고, 과잉금지원칙에 위반되지 아니하여 乙의 일반적 행동의 자유를 침해하지 아니하며, 합리적 이유 있는 차별로서 乙의 평등권을 침해하지 아니한다. 따라서 심판대상 규정을 위헌으로 볼 수 없다.

만 20세인 甲과 만 17세인 乙은 2015.6.14. 23 : 50경 담배를 피우지 못하도록 표시된 인터넷 컴퓨터게임시설제공업소(일명 'PC방')에서 함께 담배를 피우며 게임을 하고 있었다. 경찰관 A는 PC방을 순찰하던 중 학생처럼 보이는 甲과 乙을 발견하고 담배 피우는 것을 제지하면서 두 사람에게 신분증 제시를 요구하였다. 그러나 甲은 신분증을 제시하지 않았을 뿐만 아니라, 이름과 생년월일 등 신분 확인을 위한 자료의 요구에도 일절 응하지 아니하면서 경찰관 A를 향해 키보드를 던지며 저항하였다. 이에 경찰관 A는 甲을 진정시킨 후 甲의 동의 하에 甲과 함께 경찰서로 이동하여 甲을 공무집행방해 혐의로 입건하였다. 그리고 경찰관 A는 甲의 신원확인을 위하여 甲에게 십지(十指)지문채취를 요구하였으나, 甲은 경찰관 A의 공무집행이 위법하였음을 주장하며 피의사실을 부인하면서 지문채취에 불응하였다.

같은 해 6.16. 관할 경찰서장은 甲이 「경범죄 처벌법」 제3조 제34호를 위반하였다는 이유로 관할 지방법원에 즉결심판을 청구하였고, 위 법원은 같은 날 甲에게 벌금 5만원을 선고하였으며, 甲은 이에 불복하여 같은 해 6.19. 법원에 정식재판을 청구하였다. 1심 계속 중 甲은 위 「경범죄 처벌법」 제3조 제34호가 자신의 기본권을 침해한다고 주장하며 위 법원에 위헌법률심판 제청신청을 하였고, 법원은 2015.7.1. 위 신청을 기각하였다. 2015.7.6. 甲은 기각결정문을 송달받은 후, 2015.8.3. 「경범죄 처벌법」 제3조 제34호가 피의사실을 부인하는 경우에 적용되는 한 위헌이라며 헌법소원심판을 청구하는 한편, 같은 날 PC방 등의 금연구역에서 흡연을 금지하는 「국민건강증진법」 제9조 제6항과 제34조 제3항이 자신의 기본권을 침해한다며 위헌확인을 구하는 헌법소원심판을 청구하였다.

2. 「경범죄 처벌법」상 지문채취 거부행위를 처벌하는 것이 甲의 기본권을 침해하는가? (30점)

📁 **참조조문**

※ 아래 법령은 각 처분 당시 적용된 것으로 가상의 것이다.

경범죄 처벌법

제3조【경범죄의 종류】① 다음 각 호의 어느 하나에 해당하는 사람은 10만 원 이하의 벌금, 구류 또는 과료(科料)의 형으로 처벌한다.

　34. (지문채취 불응) 범죄 피의자로 입건된 사람의 신원을 지문조사 외의 다른 방법으로는 확인할 수 없어 경찰공무원이나 검사가 지문을 채취하려고 할 때에 정당한 이유없이 이를 거부한 사람

📝 핵심공략

설문 2는 '범죄피의자에 대한 지문채취' 규정에 대한 헌재결정(2004.9.23. 2002헌가17·18)을 사례화한 것이다. 그런데 헌재 판시는 "영장주의 및 적법절차원칙의 위반 여부"인 반면, 설문은 "甲의 기본권을 침해하는가?"라는 점에서 양자 간 조금 차이가 있다. 이런 경우 변호사 3회(사례 1번) '핵심포인트'에서 이미 적시한 바와 같이 '영장주의 및 적법절차원칙'이 신체의 자유와 관련된 원칙이란 점을 상기하여 "신체의 자유의 침해 여부"라는 목차 하에 논의하는 것이 좋겠다. 나아가 설문과 구조가 비슷한 '음주측정강제 사건'(1997.3.27. 96헌가1)과 '지문날인제도 사건'(2005.5.26. 99헌마513)에서 문제된 "일반적 행동자유권, 개인정보자기결정권 및 진술거부권 침해 여부" 등에 대한 검토도 필요할 것이다.

〈목 차〉

I. 설문 2의 해결
  1. 논점의 정리
  2. 신체의 자유의 침해 여부
    (1) 영장주의의 위반 여부
    (2) 적법절차원칙의 위반 여부
  3. 일반적 행동자유권, 개인정보자기결정권 등의 침해 여부
    (1) 문제되는 기본권
    (2) 과잉금지원칙 위반 여부
  4. 결 론

Ⅰ. 설문 2의 해결

1. 논점의 정리

(1) 이 사건 「경범죄처벌법」상 지문채취조항(이하 '이 사건 지문채취조항'이라 한다)에 의하면, 수사기관이 피의자로 입건된 자에 대하여 신원을 확인하기 위한 방법으로 지문을 채취하려고 할 때, 피의자가 이를 거부하는 경우에 지문채취에 응하지 않는 자는 형사처벌을 받게 되므로 이는 신체의 자유의 제한과 관련된 것이라 할 수 있다.❶ 따라서 위 조항은 신체의 자유에 대한 강제처분의 경우 법관이 발부한 영장이 있어야 하는데 영장 없이 형벌로써 강제하는 것으로 보아 영장주의원칙을 위반한 것인지 여부와 신체의 자유를 제한하기 위해서는 형식적인 절차뿐 아니라, 실체적 법률내용이 합리성과 정당성을 갖춘 법률에 의하여야 한다는 적법절차원칙을 위반한 것인지 여부가 문제된다.❷

(2) 다음으로 일반적 행동자유권, 개인정보자기결정권, 진술거부권 등과 관련된 것이라 할 수 있는데, 이러한 기본권을 제한하는 것인지, 제한이라면 과잉금지원칙에 위반하여 위 기본권들을 침해하는지 여부도 문제된다.

2. 신체의 자유의 침해 여부

(1) 영장주의의 위반 여부

1) 영장주의의 의의

헌법 제12조 제3항은 「체포·구속·압수 또는 수색을 할 때에는 적법한 절차에 따라 검사의 신청에 의하여 법관이 발부한 영장을 제시하여야 한다」고 규정함으로써 영장주의를 헌법적 차원에서 보장하고 있다. 영장주의란 법원 또는 법관이 발부한 적법한 영장에 의하지 않으면 형사절차상의 강제처분을 할 수 없다는 원칙을 말한다. 법관의 공정한 판단에 의하여 수사기관에 의한 강제처분권한의 남용을 억제하고 국민의 자유와 재산의 보장을 실현하기 위한 것이다.

2) 영장주의의 적용범위

(가) 문제점

영장주의는 강제처분에 적용되는데, 신체에 물리적 강제력을 행사하는 '직접강제'의 경우에만 적용되는지 아니면 상대방에게 의무를 부담케 하거나 기본권을 제한함으로써 '심리적·간접적으로 강제'하는 경우에도 적용되는지가 문제된다.

---

❶ 헌재 2014.8.28. 2011헌마28 등 참조.

❷ 헌재는 '지문날인제도 사건'(2005.5.26. 99헌마513)에서 「우리 헌법 제12조 제1항 전문에서 보장하는 신체의 자유는 신체의 안정성이 외부로부터의 물리적인 힘이나 정신적인 위험으로부터 침해당하지 아니할 자유와 신체활동을 임의적이고 자율적으로 할 수 있는 자유를 말하는 것이다. 그렇다면 이 사건 시행령조항이 주민등록증 발급대상자에 대하여 열 손가락의 지문을 날인할 의무를 부과하는 것만으로는 신체의 안정성을 저해한다거나 신체활동의 자유를 제약한다고 볼 수 없으므로, 이 사건 시행령조항에 의한 신체의 자유의 침해가능성은 없다고 할 것이다」라고 판시하였다. 그러나 형사처벌과 관련되지 않는 '지문날인제도 사건'과 달리 본 사례의 지문채취거부는 형사처벌과 직결되므로 위 판시를 그대로 적용하기는 어렵다. 본 사례는 오히려 신체의 자유와의 관련성을 인정한 '음주측정강제 사건'(1997.3.27. 96헌가1), '대통령후보 이명박 특검법 사건'(2008.1.10. 2007헌마1468) 및 'DNA관련정보 수집이용조항 사건' (2014. 8.28. 2011헌마28 등) 등의 논리구조와 더 유사성을 가진다고 볼 수 있다.

(나) 학 설

학설은 영장주의가 적용되는 강제처분의 범위를 물리적 강제력을 행사하는 경우로 제한하는 견해와 이를 확대해야 한다는 견해로 갈린다. '상대방에게 의무를 부담하게 하는 경우'가 강제처분에 포함된다고 하거나 '상대방의 의사에 반하여 실질적으로 법익 또는 기본권을 침해하는 처분'이면 강제처분에 해당된다고 보는 것이 후자의 입장이다.

(다) 헌법재판소의 판례

헌법재판소는 형사처벌을 통해 음주측정을 강제하는 것, 지문채취를 강제하는 것, 수용자에 대한 소변채취 등에 대해서 「당사자의 자발적 협조가 필수적임을 전제로 하므로 물리력을 동원하여 강제로 이루어지는 경우와는 질적으로 차이가 있다. 따라서 영장주의에 의하여야 할 강제처분이라 할 수 없다」고 판시하여(1997.3.27. 96헌가1; 2004.9.23. 2002헌가17; 2006.7.27. 2005헌마277), 영장주의가 적용되는 강제처분을 물리적 강제력을 행사하는 경우로 제한하고 있다. 다만 대통령후보 이명박 특검법 사건에서 다수의견(재판관 5인)은 「특별검사가 동행명령장을 발부하도록 하고 정당한 사유 없이 이를 거부한 경우 벌금형에 처하도록 함으로써, 실질적으로 참고인의 신체의 자유를 침해하여 지정된 장소에 인치하는 것과 마찬가지의 결과이므로, 영장주의 원칙에 위반된다」고 판시하였다(2008.1.10. 2007헌마1468).

(라) 검 토

강제처분의 범위를 확대하자는 견해에 의하면 간접강제 역시 영장주의가 적용되는 강제처분으로 볼 수도 있으나, 수사절차에서 발생하는 의무부담 또는 기본권 제한의 경우 그 범위가 광범위하여 명확한 기준을 제시해 준다고 볼 수 없고 모든 의무부담 또는 기본권 제한을 법관이 발부한 영장에 의하도록 하는 것이 가능하지도 않다. 그렇다면 영장주의가 적용되는 강제처분의 범위를 물리적 강제력을 행사하는 경우로 제한하는 것이 옳다고 보여진다.

3) 사례의 경우

이 사건 지문채취조항이 지문채취거부를 처벌할 수 있도록 하는 것이 비록 피의자에게 지문채취를 강요하는 측면이 있다 하더라도 이 사건 법률조항은 수사기관이 직접 물리적 강제력을 행사하여 피의자에게 강제로 지문을 찍도록 하는 것을 허용하는 규정이 아니며 형벌에 의한 불이익을 부과함으로써 심리적·간접적으로 지문채취를 강요하고 있을 뿐이므로 궁극적으로 당사자의 자발적 협조가 필수적임을 전제하고 있다. 그렇다면 영장을 필요로 하는 강제처분이라 할 수 없고, 결국 헌법 제12조 제3항의 영장주의에 위반되지 아니한다.

(2) 적법절차원칙의 위반 여부

1) 적법절차의 의의

헌법 제12조 제1항 후문은 "누구든지 법률에 의하지 아니하고는 체포·구속·압수·수색 또는 심문을 받지 아니하며, 법률과 적법한 절차에 의하지 아니하고는 처벌·보안처분 또는 강제노역을 받지 아니한다."고 규정하여 적법절차의 원칙을 헌법원리의 하나로 수용하고 있다.

현행 헌법이 제12조 신체의 자유의 보장조항에서 적법절차원칙을 규정하고 있으므로 헌법해석상 실체적 적법절차의 개념으로 확장할 수 있는지가 문제된다. 이에 대해 헌법재판소는 이러한 적법절차의 원칙은 법률이 정한 형식적 절차와 실체적 내용이 모두 합리성과 정당성을 갖춘 적정한 것이어야 한다는 실질적 의미를 지니고 있으며, 형사소송절차와 관련하여서는 형사소송절차의 전반을 기본권 보장의 측면에서 규율하여야 한다는 기본원리를 천명하고 있는 것으로 이해된다고 판시하여 실체적 적법절차의 개념으로 확장하여 해석하고 있다(1992.12.24. 92헌가8).

2) 적법절차원칙과 비례원칙의 관계

적법절차의 원칙이 법률의 위헌 여부에 관한 심사기준으로 작용하는 경우 특히 형사소송절차에서는 법률에 따른 형벌권의 행사라고 할지라도 신체의 자유의 본질적인 내용을 침해하지 않아야 할 뿐 아니라 비례의 원칙이나 과잉입법금지의 원칙에 반하지 아니하는 한도 내에서만 그 적정성과 합헌성이 인정된다는 의미를 가진다(2004.9.23. 2002헌가17 등). 따라서 이 사건 지문채취조항의 적법절차원칙위반은 피의자로 입건되어 신문을 받는 자들에게 인적사항에 대한 자료를 수집하는 수사기관에게 협력할 것을 처벌로서 강제하는 것과 나아가 이를 거부하는 경우 벌금, 과료, 구류의 처벌을 하는 것이 비례의 원칙이나 과잉입법금지의 원칙에 위반되는지 여부에 따라 결정되어야 할 것이다.

3) 사례의 경우

(가) 목적의 정당성

이 사건 지문채취조항은 경찰공무원이나 검사 등 수사기관이 달리 피의자로 입건된 사람의 신원을 확인할 방법이 없을 때 정당한 이유 없이 지문채취를 거부할 수 없도록 함으로써 피의자의 신원확인을 원활하게 하고 수사활동에 지장이 없도록 하기 위한 것이다. 따라서 이 사건 법률조항은 형사사법의 적정운영이라는 공공복리를 위한 것으로서 그 목적은 정당하다고 판단된다.

(나) 수단의 적합성

지문은 사람의 육체가 형성되는 시기에 결정되어 일생 동안 변하지 않으며 부모형제는 물론 일란성 쌍둥이와도 구별되는 개인별 고유한 특징을 가지고 있어 개인을 특정하고 식별하는 데 매우 유용하다. 특히 피의자가 타인의 인적사항을 도용하는 경우 지문정보를 활용하면 즉각 신원을 확인할 수 있으므로 수사의 효율성을 높일 수 있다. 따라서 이 사건 지문채취조항에 의한 지문채취는 신원확인을 위한 경제적이고 간편하면서도 확실성이 높은 적절한 방법이라 할 수 있다.

(다) 피해의 최소성

피의자가 수사기관의 지문채취에 동의하지 않는 경우 이를 강제하는 방법으로는 지문을 직접 강제로 채취하는 것을 생각해볼 수 있다. 이는 지문채취에 불응하는 피의자의 손을 잡아 강제로 펴서 지문을 찍도록 하는 방법으로서 피의자의 의사에 반하여 일정한 신체활동을 강제하는 것이므로 경우에 따라서는 피의자의 인간으로서의 존엄에 심대한 타격을 가할 수도 있다. 이에 반하여 이 사건 지문채취조항은 형벌에 의한 불이익을 부과함으로써 심리적·간접적으로 지문채취를 강요하고 있다. 이러한 방식 역시 자유의지에 반하여 개인에게 일정한 행위를 강요하는 점에서는 차이가 없으나, 피의자가 본인의 판단에 따라 수용여부를 결정한다는 점에서 보다 덜 침해적인 방법이라고 할 수 있다.

또한 이 사건 법률조항은 다른 방법으로 신원을 확인할 수 없는 경우에 이루어지는 지문채취에 대한 거부만을 처벌대상으로 하고 있어 피의자가 주민등록증이나 운전면허증 등 신분증을 소지하고 있거나 신문을 거부하지 않는 등 수사기관에게 신원을 확인할 수 있는 다른 수단이 있는 경우에 지문채취를 요구할 수도 없고 이 사건 지문채취조항에 의한 처벌도 이루어질 수 없다. 이와 같이 이 사건 법률조항은 지문채취의 실효성을 확보하기 위하여 간접적으로 이를 강제하고 있으며 그것도 보충적으로만 적용하도록 하고 있으므로 피의자에 대한 피해를 최소화하기 위한 고려를 하고 있는 것으로 볼 수 있다.

(라) 법익의 균형성

지문채취 그 자체가 피의자에게 주는 피해는 그리 크지 않다. 우선 지문채취는 통상의 신문과정에서 이루어질 수 있는 사생활이나 내심의 생각에 대한 조사와는 질적으로 다르므로 그 자체로 개인의 은밀한 부분에 대한 수사기관의 관여가 이루어진다고 볼 수 없다. 또한 신원확인을 위해서는 오직 한 벌의 지문만이 필요하다는 점에서 반복하여 강요함으로써 피해를 입힐 가능성도 적고, 지문날인은 짧은 시간에 손쉽게 이루어질 수 있으므로 개인의 신체에 해를 입히는 등 다른 피해가 있을 수도 없다.

반면 일단 채취된 지문은 피의자의 신원을 확인하는 효과적인 수단이 될 뿐 아니라 수사절차에서 범인을 검거하는 데에 중요한 역할을 한다. 범인이 범죄현장에 남긴 지문을 발견하고 채취하여 피의자 또는 관련자들의 지문과 대조하면 일반적으로 매우 해결하기 곤란해 보이는 사건을 간단하게 해결할 수 있는 적극적인 효과를 얻을 수 있고, 피의자의 지문이 현장의 지문과 일치하지 않는 경우 일단 수사대상에서 제외하여 수사대상을 좁히는 소극적인 효과를 얻을 수도 있다.

또한, 이 사건 지문채취조항을 위반한 자에 대해서는 10만 원 이하의 벌금, 구류 또는 과료의 형사처벌이 가해지나, 구류와 과료는 우리 형벌 체계상 각각 자유형과 재산형에서 가장 가벼운 형에 해당하고, 그 보다 중한 형인 벌금의 경우에도 다액을 10만 원으로 제한하여 부담이 커지는 것을 방지하였기 때문에, 이 사건 법률조항에 규정되어 있는 법정형은 「형법」상의 제재로서는 최소한에 해당되므로, 지문채취거부행위에 대한 형벌부과의 합리성을 부정하지 않는 한 범죄의 죄질 및 이에 따른 행위자의 책임에 비하여 지나치게 가혹하여 범죄에 대한 형벌 본래의 목적과 기능을 달성함에 필요한 정도를 일탈하였다고 볼 수는 없다.

(마) 소 결

이 사건 지문채취조항이 범죄의 피의자로 입건된 사람들로 하여금 경찰공무원이나 검사의 신문을 받으면서 자신의 신원을 밝히지 않고 지문채취에 불응하는 경우 벌금, 과료, 구류의 형사처벌을 받도록 하고 있는 것은 관련 요소들을 합리적으로 고려한 것으로서 헌법상의 적법절차원칙에 위배되지 않는다고 볼 것이다.

3. 일반적 행동자유권, 개인정보자기결정권 등의 침해 여부

(1) 문제되는 기본권

1) 일반적 행동자유권의 제한 여부

일반적 행동자유권은 개인이 행위를 할 것인가의 여부에 대하여 자유롭게 결단할 자유로서 적극적으로 자유롭게 행동을 하는 것은 물론 소극적으로 행동을 하지 않을 자유, 즉 부작위의 자유도 포함되며, 포괄적인 의미의 자유권으로서 일반조항적인 성격을 갖는다. 헌법 제10조의 행복추구권에 근거한다고 보는 것이 일반적이며, 헌법재판소도 같은 입장이다(89헌마204). 일반적 행동자유권에는 가치 있는 행동만 그 보호영역으로 하는 것이 아니라, 개인의 생활방식과 취미에 관한 사항도 포함된다(일반적 자유설).

이 사건 지문채취조항에 의하면, 피의자에게 지문채취에 응할 의무가 부과되고 이를 거부하는 경우 형사처벌을 받게 되므로 이는 일반적 행동자유권을 제한하는 것으로 볼 수 있다.

2) 개인정보자기결정권의 제한 여부

개인정보자기결정권 또는 자기정보관리통제권이란 자신에 관한 정보의 공개와 유통을 스스로 결정하고 통제할 수 있는 권리를 말한다. 즉, 정보주체가 개인정보의 공개와 이용에 관하여 스스로 결정할 권리를 말한다.

개인정보자기결정권의 헌법적 근거에 대해 헌법재판소는 헌법 제10조와 제17조에서 나오는 헌법상 독자적 기본권으로 인정하고 있다(2005.7.21. 2003헌마282 등).

개인정보자기결정권의 보호대상이 되는 '개인정보'란 개인의 내밀한 영역이나 사사(私事)의 영역에 속하는 정보에 국한하지 않고, 당해 개인의 동일성을 식별하게 할 수 있는 개인에 관한 일체의 정보를 말한다.

개인의 고유성, 동일성을 나타내는 지문은 그 정보주체를 타인으로부터 식별가능하게 하는 개인정보이고, 이 사건 지문채취조항에 의하면, 피의자에게 지문채취에 응할 의무가 부과되고 이를 거부하는 경우 형사처벌을 받게 되므로 개인정보자기결정권을 제한한다고 볼 수 있다.

3) 진술거부권의 제한 여부

헌법 제12조 제2항에 규정된 진술거부권이란 형사책임에 관하여 자신에게 불이익한 진술을 강요당하지 아니할 권리를 말한다. 진술거부권의 적용과 관련하여, ① '진술'이란 언어적 표출, 즉 생각이나 지식, 경험사실을 정신작용의 일환인 언어를 통하여 표출하는 것을 의미하고, ② 형사상 자기에게 불리한 진술인 이상 형사절차에 한정하지 않고 행정절차나 국회에서의 조사절차 등에도 인정되며, ③ 형사상 불리한 진술이므로, 단순히 자기의 인격, 명예, 평판이 훼손될 우려가 있거나 행정상의 불리한 처분을 받을 우려가 있는 사실에 대해서는 진술을 거부하지 못한다.

이 사건 지문채취조항에 의하면 피의사실을 부인하는 피의자에게 지문채취에 응할 의무가 부과되는바, '형사상 불리한' 것이 될 수는 있다. 그러나 지문채취는 신체의 물리적·사실적 상태를 그대로 드러내는 행위에 불과하다. 따라서 지문채취는 '진술'이 아니므로 지문채취에 응하도록 요구하고 이를 거부할 경우 처벌한다고 하여도 진술거부권을 제한한다고 볼 수 없다.

(2) 과잉금지원칙 위반 여부

일반적 행동자유권, 개인정보자기결정권은 절대적 기본권이 아닌 이상 헌법 제37조 제2항에 따라 국가안전보장·질서유지·공공복리를 위하여 제한될 수 있다. 그러나 제한하는 경우에도 명확성을 갖춘 법률에 근거하여야 하고, 과잉금지원칙을 준수하여야 하며, 본질적 내용은 침해해서는 아니 된다.

그런데 이 사건 지문채취조항은, 이미 앞의 적법절차원칙 위반 여부에 관한 설시에서 자세히 본 바와 같이 추구하는 목적의 정당성, 지문채취의 불가피성, 국민에게 부과되는 부담의 정도, 처벌의 요건과 정도에 비추어 헌법 제37조 제2항의 과잉금지원칙에 위반되는 것이라 할 수 없다. 그러므로 이 사건 지문채취조항은 일반적 행동자유권, 개인정보자기결정권을 침해하지 않는다고 볼 것이다.

4. 결 론

「경범죄처벌법」상 지문채취 거부행위를 처벌하는 것은, 헌법상의 신체의 자유에 대한 절차적 보장 방법인 영장주의와 적법절차원칙에 위반되지 않고, 진술거부권을 제한하지 않으며, 과잉금지원칙에 위반되지 않으므로 일반적 행동자유권, 개인정보자기결정권을 침해하지 않는다. 따라서 甲의 기본권을 침해한다고 볼 수 없다.

2019년 8회 변호사 제1문의2

丙은 현역병으로 입대하여 4주간의 군사훈련을 받은 후 의무경찰로 복무하던 중 허가 없이 휴대전화를 부대로 반입하여 이를 계속 소지·사용하였다는 사유로 경찰공무원 징계위원회에 회부되었고, 이러한 사유가 「의무경찰 관리규칙」 제94조 제1호(법령위반), 제5호(명령불복종), 제12호(기타 복무규율 위반)에 해당한다는 이유로 영창 15일의 징계처분을 받았다.

1. 丙은 「의무경찰대 설치 및 운영에 관한 법률」 제5조 제1항, 제2항 중 각 '의무경찰에 대한 영창' 부분이 헌법에 위반된다고 주장하고 있다. 丙이 위헌이라고 주장할 수 있는 논거를 제시하시오. (40점)

📁 **참조조문**

의무경찰대 설치 및 운영에 관한 법률

제2조의5 【휴직자 등의 전환복무기간 계산 등】 ① 다음 각 호의 기간은 「병역법」 제25조 제1항에 따라 전환복무된 의무경찰대 대원의 전환복무기간에 산입하지 아니한다.

1. <생략>
2. 정직 및 영창 기간
3. <생략>

제5조 【징계】 ① 의무경찰에 대한 징계는 강등, 정직, 영창, 휴가 제한 및 근신으로 하고, 그 구체적인 내용은 다음 각 호와 같다.

1. 강등 : 징계 당시 계급에서 1계급 낮추는 것
2. 정직 : 1개월 이상 3개월 이하의 기간 동안 의무경찰의 신분은 유지하나 직무에 종사하지 못하게 하면서 일정한 장소에서 비행을 반성하게 하는 것
3. 영창 : 15일 이내의 기간 동안 의무경찰대·함정 내 또는 그 밖의 구금장소에 구금하는 것
4. 휴가 제한 : 5일 이내의 범위에서 휴가일수를 제한하는 것. 다만, 복무기간 중 총 제한일수는 15일을 초과하지 못한다.
5. 근신 : 15일 이내의 기간 동안 평상근무에 복무하는 대신 훈련이나 교육을 받으면서 비행을 반성하게 하는 것

② 영창은 휴가 제한이나 근신으로 그 징계처분을 하는 목적을 달성하기 어렵고, 복무규율을 유지하기 위하여 신체 구금이 필요한 경우에만 처분하여야 한다.

제6조 【소청】 ① 제5조의 징계처분을 받고 처분에 불복하는 사람의 소청은 각기 소속에 따라 해당 의무경찰대가 소속된 기관에 설치된 경찰공무원 징계위원회에서 심사한다.

② 제1항에 따른 심사를 청구한 경우에도 이에 대한 결정이 있을 때까지는 해당 징계처분에 따라야 한다. 다만, 영창처분에 대한 소청 심사가 청구된 경우에는 이에 대한 결정이 있을 때까지 그 집행을 정지한다.

제8조【보상 및 치료】① 의무경찰대의 대원으로서 전투 또는 공무수행 중 부상을 입고 퇴직한 사람과 사망(부상으로 인하여 사망한 경우를 포함한다)한 사람의 유족은 대통령령으로 정하는 바에 따라「국가유공자 등 예우 및 지원에 관한 법률」또는「보훈보상대상자 지원에 관한 법률」에 따른 보상 대상자로 한다. ② 의무경찰대의 대원이 전투 또는 공무수행 중 부상하거나 질병에 걸렸을 때에는 대통령령으로 정하는 바에 따라 국가 또는 지방자치단체의 의료시설에서 무상으로 치료를 받을 수 있다.

의무경찰대 설치 및 운영에 관한 법률 시행령

제34조의2【퇴직 보류】임용권자는 의무경찰이 다음 각 호의 어느 하나에 해당하는 경우에는 퇴직 발령을 하지 아니할 수 있다.

1. ~ 3. <생략>

4. 정직 또는 영창 처분을 받은 경우

5. <생략>

제39조【위원회의 구성】① 소속기관등의 장은 제38조의 소청서를 받은 경우에는 7일 이내에 경찰공무원 보통징계위원회(이하 "위원회"라 한다)를 구성하여 소청의 심사를 하게 하여야 한다. 이 경우 위원회는 5명 이상 7명 이하의 위원으로 구성한다. ② 제1항의 경우에는 소청의 요지를 피소청인에게 통보하여야 한다.

의무경찰 관리규칙

제94조【징계사유】의경이 다음 각 호의 1에 해당하는 때에는 징계의결의 요구를 하여야 하고 동 징계의결의 결과에 따라 징계처분을 행하여야 한다.

1. 의무경찰대 설치 및 운영에 관한 법률과 동법 시행령 및 이 규칙(이하 "법령"이라 한다)을 위반한 때와 법령에 의한 명령에 위반하였을 때

2. ~ 4. <생략>

5. 상관의 명령에 복종하지 아니하였을 때

6. ~ 11. <생략>

12. 기타 제 복무규율을 위반한 때

제95조【징계의결의 요구】① 경찰기관의 장은 소속 의경 중 제94조 각 호에 해당하는 징계사유가 발생하였을 때에는 지체 없이 관할 징계위원회를 구성하여 징계의결을 요구하여야 한다. ② 제1항의 징계는 소속 경찰기관에서 행한다.

제96조【징계위원회 구성과 징계의결】① 의경을 징계하고자 할 때의 징계위원회 구성은 위원장을 포함한 3인 이상 7인 이하의 위원으로 의경 징계위원회(이하 "징계위원회"라 한다)를 구성한다. ② 제1항의 징계위원회 구성은 경사 이상의 소속 경찰공무원 중에서 당해 징계위원회가 설치된 경찰기관의 장이 임명한다.

핵심공략

의무경찰에 대한 영창처분은 의무경찰을 일정한 시설에 구금하는 징계벌로서 의무경찰의 신체활동의 자유를 직접 제한하는 처분이다. 따라서 영창처분으로 인하여 제한되는 기본이 신체의 자유라는 점을 찾아낼 수 있어야 한다.

丙이 위헌이라고 주장할 수 있는 논거로는 첫째, 이 사건 영창조항에 의한 영창처분은 행정기관(경찰청장)에 의한 구속에 해당하는데, 그 징계의결 요구, 징계의결 및 집행이 법관에 의하여 발부된 영장에 의하지 않고 이루어지고 있으므로 영장주의 위반 여부를 검토하여야 한다. 이와 관련하여 헌법 제12조 제3항이 정하고 있는 영장주의가 형사절차가 아니라 영창처분과 같은 징계절차에도 적용되는지에 관한 헌법재판소의 판례를 적시할 수 있어야 한다.

둘째, 헌법재판소는 징계절차에는 영장주의가 적용되지 않는다고 보고 있으므로, 이 사건 영창조항이 헌법 제12조 제1항의 적법절차원칙에 위반되는지에 관하여 별도로 검토할 필요가 있다. 적법절차의 원칙은 형사소송절차에 국한되지 않고 모든 국가작용 전반에 대하여 적용되기 때문에 영창처분에 있어서도 헌법상 적법절차원칙이 준수될 것이 요청된다. 당사자에게 적절한 고지를 행할 것, 당사자에게 의견 및 자료 제출의 기회를 부여할 것 등이 적법절차원칙에서 도출할 수 있는 중요한 절차적 요청이므로 이 사건 영창조항이 이러한 요청을 충족하였는지 여부를 검토하면 된다.

셋째, 영창처분은 복무규율 위반자에 대한 매우 강력한 제재로서 의무경찰의 복무기강을 엄정히 하고 의무경찰대의 단체적 전투력과 작전수행의 원활함 및 신속함을 유지 입법목적을 달성하기 위한 효과적인 수단에 해당하므로 이 사건 영창조항의 목적의 정당성 및 수단의 적합성은 인정된다. 그러나 의무경찰에 대한 영창처분은 신체에 대한 구금에 해당함에도 불구하고, 그 사유가 지나치게 포괄적으로 규정되어 있어 경미한 행위에도 제한 없이 적용될 수 있다는 점에서 의무경찰의 신체의 자유를 필요 이상으로 과도하게 제한하고 있으므로, 침해의 최소성 원칙에 어긋난다고 판단된다. 또한 영창처분은 의무경찰의 신체의 자유를 직접적·전면적으로 박탈하므로, 그로 인하여 제한되는 사익이 공익에 비하여 결코 가볍다고 볼 수 없으므로 법익의 균형성 요건도 충족하지 못하였다고 할 수 있다.

I. 논점의 정리

의무경찰에 대한 영창처분은 의무경찰을 일정한 시설에 구금하는 징계벌로서 의무경찰의 신체활동의 자유를 직접 제한하는 처분이다. 따라서 丙은 의무경찰에 대한 징계의 종류로 영창을 규정하고 있는 「의무경찰대 설치 및 운영에 관한 법률」 제5조 제1항, 제2항 중 각 '의무경찰에 대한 영창' 부분(이하 '이 사건 영창조항'이라 한다)이 위헌이라고 주장할 수 있는 논거로는 헌법 제12조 제3항의 영장주의 위반, 헌법 제12조 제1항의 적법절차원칙 위반, 과잉금지원칙에 위반한 신체의 자유 침해를 고려할 수 있다.

II. 헌법 제12조 제3항의 영장주의 위반

1. 문제점

이 사건 영창조항에 의한 영창처분은 행정기관(경찰청장)에 의한 구속에 해당하는데, 그 징계의결요구, 징계의결 및 집행이 법관의 판단을 거쳐 발부된 영장에 의하지 않고 이루어지고 있다. 영창처분과 같은 징계절차에도 헌법 제12조 제3항의 영장주의가 적용된다면 이 사건 영창조항은 영장주의에 위반될 수 있으므로 먼저 이에 대한 검토가 필요하다.

2. 징계절차에 영장주의가 적용되는지 여부

(1) 문제점

헌법 제12조 제3항이 정하고 있는 영장주의가 형사절차가 아니라 영창처분과 같은 징계절차에도 적용되는지가 문제된다.

(2) 판 례

헌법재판소는 전투경찰순경에 대한 징계처분인 전투경찰대설치법상 영창처분에 대하여 "영장주의란 형사절차와 관련하여 체포·구속·압수·수색의 강제처분을 할 때 신분이 보장되는 법관이 발부한 영장에 의하지 않으면 안 된다는 원칙으로, 형사절차가 아닌 징계절차에도 그대로 적용된다고 볼 수 없다"(2016.3.31. 2013헌바190)라고 한 반면, 병(兵)에 대한 징계처분인 군인사법상 영창처분에 관한 법정의견에 대한 보충의견(재판관 4인의견)은 "심판대상조항에 의한 영창처분은 그 본질이 사실상 형사절차에서 이루어지는 인신구금과 같이 기본권에 중대한 침해를 가져오는 것으로 헌법 제12조 제1항, 제3항의 영장주의원칙이 적용된다"라고 하였다(2020.9.24. 2017헌바157 등).

(3) 검 토

생각건대 영장주의의 본질은 인신구속과 같이 중대한 기본권 침해를 야기할 때는 <u>인적·물적 독립을 보장받는 제3자인 법관이 구체적 판단을 거쳐 발부한 영장에 의하여야만 한다는 데 있다</u>(2012.12.27. 2011헌가5 등).❶ 따라서 징계절차와 같은 형사절차가 아니라 하더라도 실질적으로 수사기관에 의한 인신구속과 동일한 효과를 발생시키는 인신구금은 영장주의의 본질상 그 적용대상이 되어야 한다.

3. 사례의 경우

이 사건 영장조항에 의한 영장처분은 경찰청장이 의무경찰을 구금장(拘禁場)에 구금하는 것이므로, 행정기관에 의한 구속에 해당하여 헌법 제12조 제3항의 영장주의가 적용된다. 영장주의 원칙은 공권력의 행사로 국민의 신체를 체포·구속하는 모든 경우에 지켜야 할 헌법상의 일반적인 원칙 내지 원리라고 보아야 하므로, 경찰조직의 특수성이나 내무생활을 하는 의무경찰의 특수한 지위 등을 이유로 하여 그 적용을 배제할 수 있는 성질의 것이 아니다. 또한 영장처분은 의무경찰의 의무위반을 이유로 한 징벌의 성질을 지닌 신체의 구속으로서, 그 본질상 급박성을 요건으로 하지 않아 행정상 즉시강제와는 구별되므로, 영장주의 원칙의 예외에 해당한다고 볼 수도 없다. 결국 <u>이 사건 영장조항에 의한 영장처분은 행정기관에 의한 구속에도 해당함에도 불구하고, 그러한 구속이 법관의 판단을 거쳐 발부된 영장에 의하지 않고 이루어지므로, 이 사건 영장조항은 헌법 제12조 제3항의 영장주의에 위배된다</u>(2016.3.31. 2013헌바190, 재판관 5인 위헌의견). 따라서 丙은 이 사건 영장조항이 위헌이라는 근거로 헌법 제12조 제3항의 영장주의 위반을 제시할 수 있다.

Ⅲ. 헌법 제12조 제1항의 적법절차원칙 위반

1. 문제점

헌법재판소는 <u>헌법 제12조 제3항의 영장주의는 헌법 제12조 제1항의 적법절차원칙의 특별규정이므로, 특정 법률조항이 헌법상 영장주의원칙에 위배되는 경우 헌법 제12조 제1항의 적법절차원칙에도 위배된다</u>고 보고 있다(2012.6.27. 2011헌가36 참조). 이러한 기준에 의하면 이 사건 영장조항은 영장주의에 위배되므로 적법절차원칙에도 위배된다고 할 수 있다. 따라서 이 사건 영장조항이 영장주의에 위배된다고 판단하는 이상, 헌법 제12조 제3항의 적법절차원칙 위반 여부를 별도로 판단할 필요는 없다(2003.12.18. 2002헌마593 참조). 그러나 <u>헌법재판소와 같이 징계절차에는 영장주의가 적용되지 않는다고 볼 경우,</u> 이 사건 영장조항이 적법절차원칙에 위반되는지에 관하여 별도로 검토할 필요가 있으므로 이에 관하여 검토하기로 한다.

---

❶ 우리 헌법 제12조제3항은 현행법 등 일정한 예외를 제외하고는 인신의 체포, 구금에는 반드시 법관이 발부한 사전영장이 제시되어야 하도록 규정하고 있는데 이러한 <u>사전영장주의원칙은 인신보호를 위한 헌법상의 기속원리이기 때문에 인신의 자유를 제한하는 국가의 모든 영역</u>(예컨대, 행정상의 즉시강제)에서도 존중되어야 하고 다만 사전영장주의를 고수하다가는 도저히 그 목적을 달성할 수 없는 지극히 예외적인 경우에만 형사절차에서와 같은 예외가 인정된다고 할 것이다. 그런데, 지방의회에서의 사무감사·조사를 위한 증인의 동행명령장제도도 증인의 신체의 자유를 억압하여 일정 장소로 인치하는 것으로서 헌법 제12조 제3항의 "체포 또는 구속"에 준하는 사태로 보아야 할 것이고, 거기에 현행범 체포와 같이 사후에 영장을 발부받지 아니하면 목적을 달성할 수 없는 긴박성이 있다고 인정할 수는 없다. 그러므로 이 경우에도 헌법 제12조 제3항에 의하여 법관이 발부한 영장의 제시가 있어야 할 것이다. 그럼에도 불구하고 동행명령장을 법관이 아닌 의장이 발부하고 이에 기하여 증인의 신체의 자유를 침해하여 증인을 일정 장소에 인치하도록 규정된 조례안 제6조는 영장주의원칙을 규정한 헌법 제12조 제3항에 위반한 것이라고 할 것이다(1995.6.30. 93추83).

2. 적법절차원칙의 적용 범위 및 내용

헌법 제12조 제1항은 " … 법률과 적법한 절차에 의하지 아니하고는 처벌·보안처분 또는 강제노역을 받지 아니한다."라고 규정하여 적법절차원칙을 선언하고 있는데, 이 원칙은 형사소송절차에 국한되지 않고 모든 국가작용 전반에 대하여 적용된다고 할 것이므로(2003.7.24. 2001헌가25), 의무경찰인 丙의 신체구금을 그 내용으로 하는 영창처분에 있어서도 헌법상 적법절차원칙이 준수될 것이 요청된다.

적법절차원칙에서 도출할 수 있는 중요한 절차적 요청으로는 당사자에게 적절한 고지를 행할 것, 당사자에게 의견 및 자료 제출의 기회를 부여할 것 등을 들 수 있겠으나, 이 원칙이 구체적으로 어떠한 절차를 어느 정도로 요구하는지는 일률적으로 말하기 어렵고, 규율되는 사항의 성질, 관련 당사자의 사익(私益), 절차의 이행으로 제고될 가치, 국가작용의 효율성, 절차에 소요되는 비용, 불복의 기회 등 다양한 요소들을 형량하여 개별적으로 판단할 수밖에 없다(2006.5.25.2004헌바12).

3. 사례의 경우

제시된 「의무경찰대 설치 및 운영에 관한 법률」 및 동법 시행령, 「의무경찰 관리규칙」에는 의무경찰에 대한 영창처분을 하는 경우에 징계대상자에게 적절한 고지를 행하도록 하는 근거 규정이 없을 뿐만 아니라, 소청 심사 시 소청인 또는 그 대리인에게 의견진술 기회를 보장하고 있지 아니하며, 소청심사 결과에 대한 적절한 고지가 이루어지도록 하지 않고 있다.❷ 이러한 점들을 고려하면 이 사건 영창조항이 헌법에서 요구하는 수준의 절차적 보장기준을 충족했다고 볼 수 없다. 따라서 丙은 이 사건 영창조항이 영장주의에 위배되지 않는다고 하더라도 적법절차원칙에 위배되어 위헌이라고 주장할 수 있다.

---

❷ 현행 「의무경찰 관리규칙」에서는 징계 심의가 이루어지려면 사전에 당해 징계 심의 대상자에게 출석통지서를 발부해 출석하도록 하고 있어(제96조 제6항) 당사자의 출석권을 보장하고 있으며, 징계 집행시 징계의결서 사본을 첨부한 징계처분사유 설명서를 징계대상자에게 교부하도록 함으로써(제97조 제1항) 징계대상자에게 적절한 고지가 이루어지도록 하고 있다. 그리고 「의무경찰대 설치 및 운영에 관한 법률」 및 동법 시행령에서는 소청 심사 시 소청인 또는 그 대리인에게 진술의 기회를 부여하도록 하고, 진술권을 부여하지 아니하는 결정은 무효가 되도록 함으로써(법 시행령 제42조) 당사자의 의견진술 기회를 중요한 절차적 요건의 하나로 규정하고 있다. 또한 소청 심사 결정 이후에는 결정서 정본을 지체 없이 소청인과 피소청인에게 송부하도록 하여(법 제45조), 소청심사 결과에 대한 적절한 고지가 이루어지도록 하고 있다. 그러나 제시된 참고조문에는 이러한 내용이 생략되었으므로 이러한 규정이 없는 것을 전제로 해설을 하였다.

Ⅳ. 과잉금지원칙 위반

1. 제한되는 기본권: 신체의 자유

헌법 제12조 제1항은 "모든 국민은 신체의 자유를 가진다."라고 규정하여 신체의 자유를 헌법상 기본권의 하나로 보장하고 있다. <u>신체의 자유는 신체의 안정성이 외부로부터의 물리적인 힘이나 정신적인 위험으로부터 침해당하지 아니할 자유와 신체활동을 임의적이고 자율적으로 할 수 있는 자유</u>를 말한다(1992.12.24. 92헌가8). 신체의 안전이 보장되지 아니한 상황에서는 어떠한 자유와 권리도 무의미해질 수 있기 때문에 헌법은 제12조 제1항 제1문에서 규정하고 있는 <u>신체의 자유는 인간의 존엄과 가치를 구현하기 위한 가장 기본적인 최소한의 자유로서 모든 기본권 보장의 전제가 된다. 따라서 신체의 자유는 원칙적으로 최대한 보장되어야</u> 한다(2003.11.27. 2002헌마193 참조). 영창처분은 의무경찰을 일정한 시설에 구금하는 징계벌로서, <u>이 사건 영창조항은 의무경찰의 신체활동의 자유를 제한하는 규정에 해당</u>한다.

2. 과잉금지원칙 위반 여부

(1) 과잉금지원칙의 의의 및 내용

헌법 제37조 제2항은 "국민의 모든 자유와 권리는 … 필요한 경우에 한하여 … 제한할 수 있다"라고 하여, 과잉금지원칙을 규정하고 있다. 과잉금지원칙이란 목적의 정당성, 수단의 적합성, 침해의 최소성, 법익의 균형성을 의미한다. 즉 국민의 기본권을 제한하려는 입법목적이 헌법 및 법률의 체제상 그 정당성이 인정되어야 하고, 그 목적의 달성을 위하여 그 방법이 효과적이고 적절하여야 하며, 기본권의 제한은 필요한 최소한도에 그치도록 하여야 하며, 그 입법에 의하여 보호하려는 공익과 침해되는 사익을 비교형량할 때 보호되는 공익이 더 커야 한다.

(2) 사례의 경우

1) 목적의 정당성 및 수단의 적합성

<u>의무경찰의 복무기강을 엄정히 하고 의무경찰대의 단체적 전투력과 작전수행의 원활함 및 신속함을 유지하기 위하여는 복무규율 위반자에 대한 제재수단이 필요하다.</u> 영창은 경찰조직 내의 지휘권을 확립하고 복무규율 준수를 강제하기 위해 그 위반자에 대하여 일정기간 제한된 장소에 신체를 구금하면서 그 기간을 의무복무기간에 산입하지 아니하는 징계처분인바, <u>이는 복무규율 위반자에 대한 매우 강력한 제재로서 위와 같은 입법목적을 달성하기 위한 효과적인 수단</u>이다. 따라서 이 사건 영창조항은 목적의 정당성 및 수단의 적합성이 인정된다.

2) 침해의 최소성

과잉금지원칙의 한 내용인 침해의 최소성 원칙은 입법목적의 달성에 있어 동일한 효과를 나타내는 수단 중에서 되도록 당사자의 기본권을 덜 침해하는 수단을 채택하라는 헌법적 요구이다(2013.6.27. 2011헌바278). 그런데 <u>'영창'이란 의무경찰의 신체의 자유를 직접적, 전면적으로 박탈하는 것이므로, 신체의 자유의 최대한 보장 원칙에 비추어 볼 때 징계로서 이와 같은 구금을 행하는 것은 원칙적으로 허용되어서는 아니 된다.</u> 가사 의무경찰대의 특성이나 의무경찰의 특수한 지위 등을 감안하여 위와 같은 구금이 일부 허용될 수 있다고 보더라도, 이는 복무규율 유지를 위해 신체구금이 불가피할 정도로 중대한 비위 행위에 대하여 예외적으로만 허용되어야 하며, 다른 모든 징계수단을 동원하여도 소용이 없는 경우에 한하여 보충적으로 이루어져야 한다. 「의무경찰대 설치 및 운영에 관한 법률」제5조 제2항에서는 영창의 보충적 적용에 관하여 규정함으로서 이러한 요건을 충족하고 있다. 또한 같은 법 제6조 제2항 단서에서는 영창처분에 대한 소청심사가 청구된 경우에 영창처분의 집행을 정지하는 규정을 둠으로써 신체의 자유에 대한 침해를 완화하는 수단을 두고 있다.

그러나 「의무경찰대 설치 및 운영에 관한 법률」에서는 의무경찰에 대한 징계의 일종으로 영창을 규정하고 있을 뿐(제5조 제1항), 어떠한 경우에 영창처분을 할 수 있는지에 관하여 전혀 규정하고 있지 아니하다. 이는 동법 시행령의 경우도 마찬가지이다. 경찰청훈령인 「의무경찰 관리규칙」 제94조에서 필수적으로 징계의결의 요구 및 징계처분을 행하여야 하는 의무경찰의 징계사유로 12가지를 열거하고 있으나 그 사유들은 지나치게 포괄적이고 그 비위의 정도나 정상의 폭이 매우 넓어서, 비난가능성이 그다지 크지 아니한 경미한 행위들까지 징계의 대상이 될 수 있다. 또 「의무경찰 관리규칙」에서는 구체적으로 어떠한 행위에 대하여 영창처분이 가능한지, 가능하다면 그 영창일수의 범위는 어떻게 되는지 등에 관하여 아무런 규율을 하지 않고 있다. 또한 '15일' 동안 영창처분을 할 수 있으므로, 결코 짧은 기간이라 할 수도 없다. 결과적으로 의무경찰에 대한 영창처분은 신체에 대한 구금에 해당함에도 불구하고, 그 사유가 지나치게 포괄적으로 규정되어 있어 경미한 행위에도 제한 없이 적용될 수 있다. 따라서 이 사건 영창조항은 의무경찰의 신체의 자유를 필요 이상으로 과도하게 제한하고 있으므로, 침해의 최소성 원칙에 어긋난다.

3) 법익의 균형성

이 사건 영창조항에 의한 영창처분은 의무경찰의 신체의 자유를 직접적·전면적으로 박탈하므로, 그로 인하여 제한되는 사익이 의무경찰의 복무기강을 엄정히 하고 의무경찰대의 단체적 전투력과 작전수행의 원활함 및 신속함을 유지한다는 공익에 비하여 결코 가볍다고 볼 수 없다. 따라서 이 사건 영창조항은 법익의 균형성 요건도 충족하지 못하였다.

3. 소 결

丙은 이 사건 영창조항이 과잉금지원칙에 위배되어 의무경찰의 신체의 자유를 침해하므로 위헌이라고 주장할 수 있다. 헌법재판소는 최근 이 사건 영창조항과 동일한 병(兵)에 대한 징계처분인 군인사법상 영창처분에 관하여 과잉금지원칙에 위배되어 신체의 자유를 침해한다고 판시하였다(2020. 9.24. 2017헌바157 등).

V. 사례의 해결

丙은 이 사건 영창조항이 헌법 제12조 제3항의 영장주의에 위배되고, 헌법 제12조 제1항의 적법절차원칙에 위배되며, 과잉금지원칙에 위배되어 의무경찰의 신체의 자유를 침해하므로 위헌이라고 주장할 수 있다.

질병관리청장 B는 A시에 제1급감염병이 급속하게 확산되자 이를 저지하기 위한 조치의 일환으로 「감염병의 예방 및 관리에 관한 법률」(이하 '감염병예방법') 제46조 제2호에 근거하여 감염병 발생지역에 출입하는 사람으로서 감염병에 감염되었을 것으로 의심되는 사람이라는 이유로 丁에게 감염병 예방에 필요한 건강진단과 예방접종을 받도록 명하였다. 그러나 丁은 예방접종으로 인한 부작용을 우려하여 건강진단과 예방접종을 받기를 거부하고 있다. 이에 대하여 B는 일부 부작용이 있을 수도 있으나, 관계 법률이 정하는 절차에 따라 효과가 검증된 예방접종을 행하는 것은 감염병 확산을 막기 위하여 반드시 필요하며, 건강진단을 거부할 경우 감염병예방법에 의하여 형사처벌을 받을 수 있다고 하면서 그 불가피성을 주장한다.

丁은 B의 건강진단 및 예방접종명령에 대해서 취소소송을 제기하고 소송 중에 건강진단 및 예방접종명령의 근거가 되는 감염병예방법 제46조와 처벌규정인 제81조 각 해당 조항에 대하여 위헌법률심판제청을 신청하고자 한다.

4. (2) 감염병예방법 제46조 제2호 및 제81조 제10호가 丁의 헌법상 기본권을 침해하는지 여부를 검토하시오. (30점)

📁 **참조조문**

감염병의 예방 및 관리에 관한 법률

제46조【건강진단 및 예방접종 등의 조치】질병관리청장, 시·도지사 또는 시장·군수·구청장은 보건복지부령으로 정하는 바에 따라 다음 각 호의 어느 하나에 해당하는 사람에게 건강진단을 받거나 감염병 예방에 필요한 예방접종을 받게 하는 등의 조치를 할 수 있다.

1. 감염병환자등의 가족 또는 그 동거인
2. 감염병 발생지역에 거주하는 사람 또는 그 지역에 출입하는 사람으로서 감염병에 감염되었을 것으로 의심되는 사람
3. 감염병환자등과 접촉하여 감염병에 감염되었을 것으로 의심되는 사람

제81조【벌칙】다음 각 호의 어느 하나에 해당하는 자는 200만원 이하의 벌금에 처한다.

10. 제46조 또는 제49조 제1항 제3호에 따른 건강진단을 거부하거나 기피한 자

핵심공략

설문 4-(2)는 시사성이 있는 감염병예방법상의 건강진단 및 예방접종명령에 대한 문제이다. 설문이 '기본권을 침해하는지 여부'를 검토하라고 한 것이므로 헌법소송적인 논점을 검토할 필요는 없다. 우선, 감염병예방법 제46조 제2호와 관련하여 명확성원칙과 포괄위임금지원칙이 문제되는바, 이에 대한 정확한 이해를 바탕으로 서술할 필요가 있다. 이에 대해서는 해당부분 각주를 참조하기 바란다. 다음으로, 관련 기본권에 대해 제시한 후 그 침해 여부에 대해 구체적으로 판단할 필요가 있다. 신체의 자유가 핵심 쟁점이지만, 특히 건강진단의 포괄성으로 인해 신체의 자유로 포함할 수 없는 부분이 있을 수 있으므로 일반적 행동자유권도 검토하는 것이 좋다고 본다.

─── 〈목 차〉 ───

I. 논점의 정리

감염병예방법 제46조 제2호에서 규정한 내용이 명확성원칙에 위배되는지, 보건복지부령으로 위임한 부분이 포괄위임금지원칙에 위배되는지 문제된다. 또한 감염병예방법 제46조에서 감염병 발생지역에 출입하는 사람으로서 감염병에 감염되었을 것으로 의심되는 사람에게 건강진단을 받게 하거나 예방접종을 받게 하고 이를 거부하거나 기피하는 경우 형사처벌까지 하는 것이 신체의 자유와 일반적 행동자유권을 침해하는지 검토한다.

II. 명확성원칙 및 포괄위임금지원칙 ❶

1. 명확성원칙의 위반 여부

법치국가원리의 한 표현인 명확성의 원칙은 법률로써 기본권을 제한하는 경우에 <u>그 법률은 적용을 받는 국민이 그 내용을 분명히 이해할 수 있도록 명확하여야 한다</u>는 것을 말한다. 명확성원칙은 기본적으로 최대한이 아닌 <u>최소한의 명확성을 요구하는 것</u>이므로 법 문언이 법관의 보충적인 해석을 통해서 그 의미내용을 확인해낼 수 있다면 명확성의 원칙에 반한다고 할 수 없을 것이다. 이러한 명확성의 원칙은 모든 법률에 있어서 동일한 정도로 요구되는 것은 아니고 개개의 법률이나 법조항의 성격에 따라 요구되는 정도에 차이가 있을 수 있다. 즉 '침해적 법률'이나 '형사관련 법률'에서는 명확성이 더 엄격하게 요구되지만, '시혜적 법률'인 때에는 명확성의 요건이 완화된다.

사안의 감염병예방법 제46조 제2호에 규정된 '감염병에 감염되었을 것으로 의심되는 사람' 부분은 <u>문언 자체만으로는 다소 불분명하다고 볼 여지가 있으나, '감염병 발생지역에 거주하는 사람 또는 그 지역에 출입하는 사람'이라고 그 범위를 한정하여 그 적용대상을 구체화하고 있다.</u> 따라서 건강진단을 거부할 경우 감염병예방법에 의하여 형사처벌을 받을 수 있다고 하더라도 그 적용대상을 확인할 수 있어서 <u>최소한의 명확성요건을 충족하므로 감염병예방법 제46조 제2호는 명확성원칙에 위반되지 아니한다.</u>

2. 포괄위임금지원칙 위반 여부

헌법 제75조는 포괄위임금지원칙을 규정하고 있는데, 여기에서 <u>'구체적으로 범위를 정하여'라 함은 누구라도 당해 법률로부터 하위법규에 규정될 내용의 대강을 예측할 수 있는 정도가 되어야 함을</u> 말한다. 예측가능성의 유무를 판단함에 있어서는, ① <u>관련 법조항 전체를 유기적·체계적으로 종합 판단하여 심사하여야 하고</u>, ② <u>대상법률의 성질에 따라 구체적·개별적으로 검토하여야 한다.</u> 이때 대상법률이 수익적·한시적·<u>전문적인 경우에는 예측가능성의 요구정도가 완화되고, 침해적인 경우에는 예측가능성의 요구정도가 강화된다</u>고 할 것이다.

---

❶ 일반적으로 법률에서 일부 내용을 하위 법령에 위임하고 있는 경우 위임을 둘러싼 법률 규정 자체에 대한 명확성의 문제는 포괄위임금지원칙 위반의 문제가 될 것이다. 다만 위임 규정이 하위 법령에 위임하고 있는 내용과 무관하게 법률 규정 자체에서 해당 부분을 완결적으로 정하고 있는 경우 포괄위임금지원칙 위반 여부와는 별도로 명확성의 원칙이 문제될 수 있다. 사안의 경우 양자를 모두 검토함이 타당할 것이다.

감염병예방법 제46조 본문에서 제46조 각 호에 해당하는 경우 보건복지부령으로 정하는 바에 따라 건강진단을 받거나 예방접종을 받게 하는 등의 조치를 하도록 위임하고 있는데, 제46조 제1호부터 제3호까지 조치의 적용대상자를 구체적으로 규정하여 시행령의 적용을 받을 대상을 명확히 하고 있으며, 본문에서 조치의 범위에 대해 건강진단을 받거나 감염병 예방에 필요한 예방접종을 받게 하는 것으로 구체적으로 정하고 있다. 그리고 건강진단이나 예방접종의 대상 및 조치는 전문적인 분야로 법률에서 직접 상세히 규정하기 적절하지 아니한 사항에 해당하므로 위임의 필요성도 인정된다. 따라서 감염병예방법 제46조 제2호와 관련하여 본문에서 위임한 부분은 포괄위임금지원칙에 위반되지 아니한다.

Ⅲ. 신체의 자유

1. 신체의 자유 및 신체를 훼손당하지 않을 자유

헌법 제12조 제1항은 신체의 자유를 보장하고 있다. 신체의 자유란 신체적 거동의 자유, 즉 신체적 거동의 임의성 또는 자율성을 말한다. 따라서 신체의 자유는 적극적으로 신체의 각 부분을 움직이거나 어디든지 원하는 장소로 이동할 수 있는 자유, 소극적으로 일정한 장소에서 움직이지 않을 자유를 포함한다. 한편, 신체를 훼손당하지 않을 권리란 신체의 완전성과 정신의 온전성을 외부로부터 침해당하지 아니할 권리를 말한다. 이는 신체의 완전성과 정신의 온전성의 유지를 내용으로 하는데, 육체적 및 정신적 모든 상태, 즉 정신적 학대나 건강을 해치지 않는 신체에 대한 침해까지도 여기에 포함된다. 그런데 헌법재판소는 "신체의 자유를 보장하는 것은, 신체의 안정성이 외부로부터의 물리적인 힘이나 정신적인 위험으로부터 침해당하지 아니할 자유와 신체활동을 임의적이고 자율적으로 할 수 있는 자유를 말한다"고 보호범위를 넓게 보아 신체를 훼손당하지 아니할 권리까지 포함하고 있다. 이하에서는 신체를 훼손당하지 않을 자유를 신체의 자유에 포함하는 헌법재판소의 태도에 따라 건강검진 및 예방접종명령과 이에 대한 형사처벌 규정에 대해 신체의 자유에 대한 제한으로 검토하기로 한다.

2. 심사기준

신체의 자유는 절대적 기본권이 아닌 이상 헌법 제37조 제2항에 따라 국가안전보장·질서유지·공공복리를 위하여 제한될 수 있다. 그러나 제한하는 경우에도 명확성을 갖춘 법률에 근거하여야 하고, 과잉금지원칙을 준수하여야 하며, 본질적 내용은 침해해서는 아니 된다.

과잉금지원칙이란 목적의 정당성, 수단의 적합성, 침해의 최소성, 법익의 균형성을 의미한다. 즉 국민의 기본권을 제한하려는 입법목적이 헌법 및 법률의 체제상 그 정당성이 인정되어야 하고, 그 목적의 달성을 위하여 그 방법이 효과적이고 적절하여야 하며, 기본권의 제한은 필요한 최소한도에 그치도록 하여야 하며, 그 입법에 의하여 보호하려는 공익과 침해되는 사익을 비교형량할 때 보호되는 공익이 더 커야 한다.

3. 과잉금지원칙 위반 여부

(1) 목적의 정당성 및 수단의 적합성

감염병예방법 제46조 제2호는 감염병의 급속한 확산과 유행을 막음으로써 국민건강을 증진 및 유지하기 위한 것이므로 목적의 정당성이 인정되고, 이를 위해 감염병 발생지역에 출입하는 사람으로서 감염병에 감염되었을 것으로 의심되는 사람에게 건강진단과 예방접종을 받게 하고 이를 거부하거나 기피하는 경우 형사처벌하는 것이므로 수단의 적합성도 인정된다.

(2) 침해의 최소성

건강진단 및 예방접종은 절차가 간단하고 효과가 검증되었으므로 이로 인한 부작용이 우려된다고 해도 신체에 미치는 부정적인 영향이 거의 없다고 볼 수 있어 신체활동을 과도하게 제한하거나 신체를 훼손하는 행위라고 할 수 없다. 또한 감염병의 확산을 막기 위해서는 감염병 발생지역에 출입한 사람을 일정 기간 격리하여 따로 수용·관찰할 수도 있는데 건강진단 및 예방접종을 받게 하는 것은 그보다 덜 침해적인 수단이고 그 외에 목적 달성에 더 효과적인 방법을 찾기 어렵다. 따라서 감염병 발생지역에 거주하거나 출입하는 사람에 한정하여 건강진단과 예방접종을 받게 하고 이를 거부하거나 기피하는 경우 형사처벌하는 것은 침해의 최소성 원칙에 위반되지 아니한다.

(3) 법익의 균형성

감염병의 확산과 유행을 막기 위한 공익은 중대한 반면, 건강진단 및 예방접종을 받게 하더라도 그로 인한 신체활동의 제한이나 신체에 미치는 영향은 극히 경미하므로 법익의 균형성에 위반된다고 볼 수 없다.

(4) 소 결

감염병예방법 제46조 제2호는 과잉금지원칙에 위반되지 아니하여 丁의 신체의 자유를 침해하지 아니한다.

Ⅳ. 일반적 행동자유권

1. 의 의

일반적 행동자유권은 개인이 행위를 할 것인가의 여부에 대하여 자유롭게 결단할 자유로서 적극적으로 자유롭게 행동을 하는 것은 물론 소극적으로 행동을 하지 않을 자유, 즉 부작위의 자유도 포함되며, 포괄적인 의미의 자유권으로서 일반조항적인 성격을 갖는다. 헌법 제10조의 행복추구권에 근거한다고 보는 것이 일반적이며, 헌법재판소도 같은 입장이다(1991.6.3. 89헌마204). 일반적 행동자유권에는 가치 있는 행동만 그 보호영역으로 하는 것이 아니라, 개인의 생활방식과 취미에 관한 사항도 포함된다(일반적 자유설).

사안에서 丁은 건강진단 및 예방접종으로 인한 부작용을 우려해 건강진단과 예방접종을 받기 거부하는데, B는 감염병예방법 제46조 제2호에 근거해 丁에게 감염병 예방에 필요한 건강진단과 예방접종을 받도록 명하였으므로 丁의 예방접종을 받지 아니할 일반적 행동자유권 침해 여부가 문제된다. 앞서 본 바와 같이 건강진단 및 예방접종은 신체의 자유와 관련되지만, 신체의 자유에 직접 포섭되지 않는 부분도 있을 수 있으므로 일반적 행동자유권을 검토할 실익이 있을 것이다.

2. 심사기준

일반적 행동자유권은 절대적 기본권이 아닌 이상 헌법 제37조 제2항에 따라 국가안전보장·질서유지·공공복리를 위하여 제한될 수 있다. 그러나 제한하는 경우에도 명확성을 갖춘 법률에 근거하여야 하고, 과잉금지원칙을 준수하여야 하며, 본질적 내용은 침해해서는 아니 된다.

3. 과잉금지원칙 위반 여부

감염병의 급속한 확산과 유행을 막기 위하여 감염병 발생지역에 출입하는 사람으로서 감염병에 감염되었을 것으로 의심되는 사람에게 건강진단과 예방접종을 받게 하는 것은 목적의 정당성 및 수단의 적합성이 인정된다. 위의 신체의 자유 침해 여부에서 논한 바와 같이 건강진단과 효과가 검증된 예방접종을 시행하는 것은 감염병 확산을 막기 위해 필요한 조치이므로, 건강진단과 예방접종을 받게 하고 이를 거부하거나 기피하는 경우 형사처벌하는 것은 침해의 최소성이나 법익의 균형성 역시 충족한다고 할 수 있다.

V. 결론

감염병예방법 제46조 제2호 및 제81조 제10호는, 명확성원칙과 포괄위임금지원칙에 위반되지 아니하고, 丁의 신체의 자유나 일반적 행동자유권을 침해한다고 볼 수 없어 헌법에 위반되지 아니한다.

022 변호인의 조력을 받을 권리

A국 국적의 외국인 甲은 자국 정부로부터 정치적 박해를 받고 있었다. 甲은 2018.11.20. 인천국제공항에 도착하여 입국 심사 과정에서 난민신청의사를 밝히고 난민법상 출입국항에서의 난민인정신청을 하였다. 인천국제공항 출입국관리공무원은 2018.11.20. 甲에 대하여 입국목적이 사증에 부합함을 증명하지 못하였다는 이유로 입국불허결정을 하고, 甲이 타고 온 외국항공사에 대하여 甲을 국외로 송환하라는 송환지시서를 발부하였다. 이에 甲은 출입국 당국의 결정에 불만을 표시하며 자신을 난민으로 인정해 달라고 요청하였고, 당국은 甲에게 난민심사를 위하여 일단 인천공항 내 송환대기실에 대기할 것을 명하였다. 인천공항 송환대기실은 입국이 불허된 외국인들이 국외송환에 앞서 임시로 머무는 곳인데, 이 곳은 외부와의 출입이 통제되는 곳으로 甲이 자신의 의사에 따라 대기실 밖으로 나갈 수 없는 구조로 되어 있었다. 출입국 당국은 2018.11.26. 甲에 대하여 난민 인정 거부처분을 하였고, 甲은 이에 불복하여 2018.11.28. 난민 인정 거부처분 취소의 소를 제기하는 한편, 2018.12.19. 자신에 대한 수용(收容)을 해제할 것을 요구하는 인신보호청구의 소를 제기하였다. 한편 난민 전문 변호사로 활동하고 있는 乙은 甲의 변호인으로 선임된 후, 2019.4.1. 송환대기실에서 생활 중이던 甲에 대한 접견을 당국에 신청하였으나, 당국은 송환대기실 내 수용된 입국불허자에게 접견권을 인정할 법적 근거가 없다는 이유로 이를 거부하였다. 실제로 송환대기실 수용자의 접견에 관한 관련법상 조항은 없다.

1. 乙의 접견신청이 거부당한 사실을 알게 된 甲은 「헌법재판소법」 제68조 제1항에 의한 헌법소원심판을 청구하고자 한다. 甲의 기본권침해 여부에 대하여 판단하시오. (12점) (다만, 적법요건 검토는 제외한다)
2. 설문의 사실관계를 바꾸어, 아직 甲의 변호인으로 선임되지 않은 상태에서, 乙은 甲의 딱한 사연을 모처로부터 전해 듣고 甲을 만나서 법적 조언을 하기 위해 甲에 대한 접견을 신청하였으나 위와 같은 이유로 거부당하였다고 가정한다. 乙 자신이 당사자가 되어 「헌법재판소법」 제68조 제1항의 헌법소원을 청구하는 경우 乙의 기본권침해가능성이 인정되는지 검토하시오. (8점)

핵심공략

「헌법재판소법」제68조 제1항의 헌법소원심판에서, 적법요건 검토는 제외하고 본안판단, 즉 공권력행사의 기본권침해 여부만을 묻는 경우 이에 대해서만 검토하면 된다. 이 경우 우선 제한되는 기본권이 무엇인지 확정한 다음, 기본권제한의 일반적 한계, 즉 기본권제한의 한계, ① 기본권제한의 목적상 한계, ② 기본권제한의 형식상 한계(법률유보원칙), ③ 기본권제한의 내용상 한계(과잉금지의 원칙 내지 비례의 원칙), ④ 본질적 내용의 침해 금지 등을 문제되는 쟁점 위주로 사례에 대입하여 검토하면 된다.

그런데 본 사례의 설문 1에서 문제된 변호인과의 접견교통권의 경우, 종래 헌법재판소의 판시내용(1992.1.28. 91헌마111) 때문에 변호인과의 접견교통권을 제한할 수 있는지가 문제된 바 있으므로, 관련 헌법재판소의 판례(2011.5.26. 2009헌마341)를 소개한 후 변호인과의 접견교통권이 절대적 기본권이 아니므로 다른 기본권과 마찬가지로 헌법 제37조 제2항에 따라 제한가능하다는 점을 추가로 적시할 필요가 있다.

사례의 구체적 해결에 있어, 설문 1에서는 변호인의 조력을 받을 권리를 규정하고 있는 헌법 제12조 제4항 본문의 "구속"에 '형사절차에서의 구속'뿐만 아니라 '행정절차에서의 구속'도 포함되는지에 관하여 최근 헌법재판소의 판례(2018.5.31. 2014헌마346)를 정확하게 소개할 수 있어야 하고, 설문 2에서는 '변호인이 되려는 자'의 접견교통권도 헌법상 기본권에 해당한다는 최근 헌법재판소의 판례(2019.2.28. 2015헌마1204)를 정확하게 소개할 수 있어야 한다.

─〈목 차〉─

Ⅰ. 설문 1의 해결

1. 변호인의 조력을 받을 권리의 제한 여부

(1) 변호인의 조력을 받을 권리의 의의

헌법 제12조 제4항, 제5항 제1문은 변호인의 조력을 받을 권리를 규정하고 있는데, 그 내용은 ① 변호인 선임권, ② 변호인과의 접견교통권, ③ 변호인과 상담하고 조언을 구할 권리, ④ 변호인을 통해 방어권 행사에 필요한 사항들을 준비하고 행사할 권리, ⑤ 수용자와의 서신비밀보장, ⑥ 소송관계 서류의 열람·등사, ⑦ 헌법 제12조 제4항 단서가 규정한 국선변호인의 조력을 받을 권리 등이 있다.

A국 국적의 외국인 甲은 자신의 변호인 乙이 접견신청을 하였으나 거부당한 사실을 알게 된 후 헌법재판소법 제68조 제1항에 의한 헌법소원을 청구하고자 한 것이므로, 설문에서 甲이 제한받는 기본권으로 고려될 수 있는 것은 헌법 제12조 제4항 본문의 변호인의 조력을 받을 권리이다. 제12조 제4항 본문은 "누구든지 체포 또는 구속을 당한 때에는 즉시 변호인의 조력을 받을 권리를 가진다." 라고 규정하고 있으므로, 우선, 헌법 제12조 제4항 본문에 규정된 "구속"에 행정절차상 구속도 포함되는지 여부가 문제된다. 다음으로 외국인 甲도 그 주체가 될 수 있는지를 검토할 필요가 있다.

(2) 헌법 제12조 제4항의 "구속"의 범위

종래 헌법재판소는 "변호인의 조력을 받을 권리는 형사절차에서 피의자 또는 피고인의 방어권 보장을 위한 것으로서「출입국관리법」상 보호 또는 강제퇴거의 절차에도 적용된다고 보기는 어렵다"고 판시하였다(2012.8.23. 2008헌마430). 그러나 최근 견해를 변경하여, "헌법 제12조 제4항 본문의 문언 및 헌법 제12조의 조문 체계, 변호인 조력권의 속성, 헌법이 신체의 자유를 보장하는 취지를 종합하여 보면 헌법 제12조 제4항 본문에 규정된 '구속'은 사법절차에서 이루어진 구속뿐 아니라, 행정절차에서 이루어진 구속까지 포함하는 개념이다. 따라서 헌법 제12조 제4항 본문에 규정된 변호인의 조력을 받을 권리는 행정절차에서 구속을 당한 사람에게도 즉시 보장된다."고 판시하였다(2018.5.31. 2014헌마346).

생각건대, 현행 헌법 제12조 제4항 본문은 형사절차뿐 아니라 행정절차에도 적용된다고 해석하는 것이 헌법 제12조 제4항 본문 자체의 문리해석의 측면에서 타당하고, 변호인 조력권의 속성에도 들어맞으며, 우리 헌법이 제12조 제1항 제1문에 명문으로 신체의 자유에 관한 규정을 두어 신체의 자유를 두텁게 보호하는 취지에도 부합할 뿐 아니라, 헌법 제12조의 체계적 해석 및 목적론적 해석의 관점에서도 정당하다고 본다. 따라서 변경된 헌법재판소의 입장이 타당하다고 할 것이다.

설문의 경우 행정기관인 출입국 당국이 난민인정 거부처분을 받은 甲을 외부와의 출입이 통제되고 자신의 의사에 따라 밖으로 나갈 수 없는 인천국제공항 송환대기실에 약 5개월째(2018.11.20.~2019.4.1.) 수용한 것 또한 헌법 제12조 제4항 본문에 규정된 "구속"에 해당한다고 할 것이다.

(3) 외국인의 기본권주체성

외국인에게 기본권주체성을 인정할 것인지에 대해 명문의 규정은 없지만, 학설과 헌법재판소는 인간의 존엄과 가치, 행복추구권, 평등권 등 '인간의 권리'로 볼 수 있는 경우에는 외국인도 그 주체가 될 수 있다고 한다.

설문에서 문제되는 변호인의 조력을 받을 권리는 성질상 '인간의 권리'에 해당한다고 볼 수 있으므로 외국인 甲에게도 기본권 주체성이 인정된다(2012.8.23. 2008헌마430).

(4) 소 결

설문의 경우 당국은 외국인 甲의 변호인으로 선임된 乙의 접견신청을 거부하였으므로, 거부행위의 직접 상대방은 변호인 乙이지만 이로 인하여 외국인 甲은 자신의 변호인 乙과 접견함으로써 변호인과의 상담과 조언을 구할 수 없게 되었으므로, 당국의 접견불허행위에 의해 甲은 변호인과의 접견교통권을 비롯한 변호인의 조력을 받을 권리를 제한받게 된다.

2. 변호인의 조력을 받을 권리의 침해 여부

(1) 변호인과의 접견교통권의 제한 가부

헌법재판소는 종전에 "변호인과의 자유로운 접견은 신체구속을 당한 사람에게 보장된 변호인의 조력을 받을 권리의 가장 중요한 내용이어서 국가안전보장·질서유지 또는 공공복리 등 어떠한 명분으로도 제한될 수 있는 성질의 것이 아니다"라고 하였다(1992.1.28. 91헌마111). 그러나 이후 "위 결정에서 어떠한 명분으로도 제한할 수 없다고 한 것은 구속된 자와 변호인 간의 접견이 실제로 이루어지는 경우에 있어서의 '자유로운 접견', 즉 '대화내용에 대하여 비밀이 완전히 보장되고 어떠한 제한, 영향, 압력 또는 부당한 간섭 없이 자유롭게 대화할 수 있는 접견'을 제한할 수 없다는 것이지, 변호인과의 접견 자체에 대해 아무런 제한도 가할 수 없다는 것을 의미하는 것이 아니다"라고 판시하였다(2011. 5.26. 2009헌마341).

생각건대 변호인과의 접견교통권을 절대적 권리로 볼 수는 없으므로, 다른 헌법상 기본권과 마찬가지로 헌법 제37조 제2항에 따라 "국가안전보장·질서유지 또는 공공복리를 위하여 필요한 경우"에는 "법률로써" 제한할 수 있는 것이다. 다만 구속피고인의 변호인과의 접견교통권은 최대한 보장되어야 하므로 그 제한은 엄격한 과잉금지원칙(비례원칙)에 따라야 하고, 시간·장소·방법 등 일반적 기준에 따라 중립적이어야 할 것이다(2009.10.29. 2007헌마992).

(2) 법률유보원칙 위반 여부

헌법 제37조 제2항은 국민의 자유와 권리의 제한은 "법률로써"만 할 수 있다고 하여 법률유보원칙을 규정하고 있는데, 이는 기본권의 제한은 원칙적으로 국회에서 제정한 형식적 의미의 법률에 의해서만 가능하다는 것을 의미한다. 다만 법률유보원칙은 '법률에 의한' 규율만을 뜻하는 것이 아니라 '법률에 근거한' 규율을 요청하는 것이므로 기본권 제한의 형식이 반드시 '법률'의 형식을 필요는 없고 법률에 근거를 두면서 헌법 제75조가 요구하는 위임의 구체성과 명확성을 구비하기만 하면 '위임입법'에 의하여도 기본권 제한을 할 수 있다(2005.2.24. 2003헌마289). 이러한 법률유보원칙에 따라 기본권을 제한하는 공권력의 행사가 법률에 근거하지 아니하고 있다면, 이는 헌법 제37조 제2항에 위반하여 국민의 기본권을 침해하는 것이 된다(2000.12.14. 2000헌마659).

설문의 경우 헌법상 기본권인 甲의 변호인과의 접견교통권을 제한하려면 헌법 제37조 제2항에 따라 법률에 근거가 있어야 한다. 그런데 문제에서 송환대기실 수용자의 접견에 관한 관련법상 조항이 없다고 주어졌으므로, 당국의 접견불허행위는 법률상 근거 없이 甲의 변호인의 조력을 받을 권리를 제한한 것이 되고, 결과적으로 기본권제한의 형식상의 한계, 즉 법률유보원칙에 위배된다.

(3) 과잉금지원칙 위반 여부

과잉금지원칙이란 목적의 정당성, 수단의 적합성, 침해의 최소성, 법익의 균형성을 의미한다. 즉 국민의 기본권을 제한하려는 공권력 행사의 목적이 헌법 및 법률의 체제상 그 정당성이 인정되어야 하고, 그 목적의 달성을 위하여 그 방법이 효과적이고 적절하여야 하며, 기본권의 제한은 필요한 최소한도에 그치도록 하여야 하며, 그 공권력의 행사에 의하여 보호하려는 공익과 침해되는 사익을 비교형량할 때 보호되는 공익이 더 커야한다.

설문의 경우 甲에게 변호인 접견신청을 허용한다고 하여 국가안전보장, 질서유지, 공공복리에 어떠한 장애가 생긴다고 보기는 어렵다. 따라서 乙의 접견신청에 대한 당국의 거부행위는 그 목적의 정당성 및 수단의 적합성이 인정되지 않는다. 설령 송환대기실에 수용된 외국인에 대한 변호인 접견 허용으로 인해 국가안전보장이나 환승구역의 질서유지 등에 장애가 생길 우려가 있다 하더라도, 필요한 최소한의 범위 내에서 접견 장소 등을 제한하는 방법을 취한다면 국가안전보장이나 환승구역의 질서유지 등에 별다른 지장을 주지 않으면서도 청구인의 변호인 접견권을 제대로 보장할 수 있다. 그럼에도 불구하고 당국은 송환대기실 내 수용된 입국불허자에게 접견권을 인정할 법적 근거가 없다는 이유로 甲과 그의 변호인 乙의 접견 자체를 금지하였으므로 침해의 최소성도 인정되지 않으며, 접견신청에 대한 거부행위를 통해 달성할 수 있는 공익이 없거나 불분명한 반면 변호인과의 접견이 불허됨으로써 甲은 변호인의 조력을 받는데 중대한 지장을 받게 된다는 점에서 법익의 균형성도 인정되지 않는다. 결국 당국의 변호인 접견신청 거부행위는 과잉금지원칙에 위반하여 甲의 변호인의 조력을 받을 권리를 침해한다.

3. 결 론

(1) 출입국 당국이 甲을 인천국제공항 송환대기실에 약 5개월째 수용한 것은 헌법 제12조 제4항 본문에 규정된 "구속"에 해당하고, 변호인의 조력을 받을 권리는 성질상 '인간의 권리'에 해당한다고 볼 수 있으므로, 외국인 甲은 변호인과의 접견교통권을 중심으로 한 변호인의 조력을 받을 권리를 제한받은 것이다.

(2) 변호인과의 접견교통권도 다른 헌법상 기본권과 마찬가지로 헌법 제37조 제2항에 따라 제한할 수 있다. 그러나 당국의 접견 불허행위는 법률상 근거 없이 甲의 변호인의 조력을 받을 권리를 제한한 것으로서 법률유보원칙에 위배되고, 과잉금지원칙에 위반하여 甲의 변호인의 조력을 받을 권리를 침해한다.

II. 설문 2의 해결

1. 문제점

甲의 변호인이 되고자 하는 乙의 접견신청을 거부한 당국의 접견불허행위로 인하여 乙의 기본권이 침해될 가능성이 인정되려면, '변호인이 되려는 자'의 접견교통권이 헌법상 기본권으로 인정되어야 하는바, 이에 대한 검토를 요한다.

2. '변호인이 되려는 자'의 접견교통권이 헌법상 기본권인지 여부

(1) 헌법재판소의 선례

헌법재판소는 종래 「헌법상의 변호인과의 접견교통권은 체포 또는 구속당한 피의자·피고인 자신에만 한정되는 신체적 자유에 관한 기본권이고, 변호인 자신의 구속된 피의자·피고인과의 접견교통권은 헌법상의 권리라고는 말할 수 없으며 단지 「형사소송법」 제34조에 의하여 비로소 보장되는 권리임이 그친다」고 판시함으로써(1991.7.8. 89헌마181), '변호인' 자신의 접견교통권을 법률상 권리로 보았다.

한편, 헌법재판소는 「피의자 및 피고인을 조력할 변호인의 권리 중 그것이 보장되지 않으면 그들이 변호인의 조력을 받는다는 것이 유명무실하게 되는 핵심적인 부분은 헌법상 기본권인 피의자 및 피고인이 가지는 변호인의 조력을 받을 권리와 표리의 관계에 있다 할 수 있다. 따라서 피의자 및 피고인이 가지는 변호인의 조력을 받을 권리가 실질적으로 확보되기 위해서는, 피의자 및 피고인에 대한 변호인의 조력할 권리의 핵심적인 부분은 헌법상 기본권으로서 보호되어야 한다」고 판시하여(2003.3.27. 2000헌마474; 2017.11.30. 2016헌마503), '변호인'의 조력할 권리의 핵심적인 부분은 헌법상 기본권으로 인정하였다.

(2) 검 토

아직 변호인을 선임하지 않은 피의자 등의 변호인 조력을 받을 권리는 변호인 선임을 통하여 구체화되는데, 피의자 등의 변호인선임권은 변호인의 조력을 받을 권리의 출발점이자 가장 기초적인 구성부분으로서 법률로써도 제한할 수 없는 권리이다(2004.9.23. 2000헌마138). 따라서 변호인 선임을 위하여 피의자 등이 가지는 '변호인이 되려는 자'와의 접견교통권 역시 헌법상 기본권으로 보호되어야 한다.

그리고 피의자 등이 변호인을 선임하기 위해서는 피의자 등과 '변호인이 되려는 자' 사이에 신뢰관계가 형성되어야 하고, 이를 위해서는 '변호인이 되려는 자'와의 접견교통을 통하여 충분한 상담이 이루어져야 한다. 이와 같이 '변호인이 되려는 자'의 접견교통권은 피의자 등이 변호인을 선임하여 그로부터 조력을 받을 권리를 공고히 하기 위한 것으로서, 그것이 보장되지 않으면 피의자 등이 변호인 선임을 통하여 변호인으로부터 충분한 조력을 받는다는 것이 유명무실하게 될 수밖에 없다. 따라서 '변호인이 되려는 자'의 접견교통권은 피의자 등을 조력하기 위한 핵심적인 부분으로서, 피의자 등이 가지는 헌법상의 기본권인 '변호인이 되려는 자'와의 접견교통권과 표리의 관계에 있다고 할 것이다.❶

---

❶ 한편 2015헌마1204 결정의 [3인의 반대의견]은, "'변호인이 되려는 자'의 접견교통권은 피의자 등의 조력을 받을 권리와 표리의 관계에 있다고 볼 수 없고, 이를 헌법상 기본권으로 격상하여 보장하지 않는다고 해서 변호인으로부터 충분한 조력을 받을 피의자 등의 권리가 유명무실하게 된다고 단정할 수 없다. 따라서 피의자 등에 대한 변호인의 조력할 권리의 핵심적인 부분은 헌법상 기본권으로서 보호되어야 한다는 견해를 취하더라도 다수의견과 같이 '변호인이 되려는 자'의 접견교통권까지 헌법상 기본권으로 파악할 필요는 없다."고 하였다.

따라서 '변호인이 되려는 자'의 접견교통권은 피의자 등을 조력하기 위한 핵심적인 권리로서, 피의자 등이 가지는 '변호인이 되려는 자'의 조력을 받을 권리가 실질적으로 확보되기 위하여 이 역시 헌법상 기본권으로서 보장되어야 한다. 최근 헌법재판소의 결정도 같은 입장이다(2019.2.28. 2015헌마1204).

3. 결 론

'변호인이 되려는 자'에 해당하는 乙의 접견교통권도 헌법상 기본권에 해당한다. 따라서 乙이 자신이 당사자가 되어 「헌법재판소법」 제68조 제1항의 헌법소원심판을 청구하는 경우, 당국의 접견불허행위로 인한 乙의 기본권침해 가능성은 인정된다고 할 것이다.

甲은 2013.9.30. 서울중앙지방법원에서 乙에 대한 사기미수죄로 징역 1년을 선고받았고 2014.6.30. 위 판결이 확정되었다. 甲은 서울구치소에 수용 중이던 2014.9.30. 乙에게 사업자금으로 빌려 준 1억 원의 지급을 구하는 대여금 청구의 소를 제기하였다. 甲의 소송대리인 변호사 丙은 위 사건의 상담을 위하여 일반 접견만으로는 충분하지 않다고 생각하여 변호인접견실에서의 접견 신청을 하였으나 구치소장은 구 「형의 집행 및 수용자의 처우에 관한 법률 시행령」(2014.9.26. 대통령령 제25397호로 개정되고 2015.12.10. 개정되기 전의 것) 제58조 제2항 등(이하 '이 사건 접견제한규정'이라 한다)에 근거하여 민사소송 대리인 변호사는 변호인에 해당하지 않는다는 이유로 불허하였다. 甲은 丙과의 접견시간은 일반 접견과 동일하게 회당 30분 이내로, 접견횟수는 다른 일반 접견과 합하여 월 4회로 제한하는 것은 위헌이라고 주장한다.

1. 이 사건 접견제한규정으로 인한 甲의 기본권침해 여부를 검토하시오(적법요건은 검토하지 말 것). (20점)

📁 **참조조문**

형의 집행 및 수용자의 처우에 관한 법률(2011.7.18.법률 제10865호로 개정되고, 2011.10.19. 시행된 것)
제2조 【정의】 이 법에서 사용하는 용어의 뜻은 다음과 같다.

1. "수형자"란 징역형·금고형 또는 구류형의 선고를 받아 그 형이 확정된 사람과 벌금 또는 과료를 완납하지 아니하여 노역장 유치명령을 받은 사람을 말한다.

2. "미결수용자"란 형사피의자 또는 형사피고인으로서 체포되거나 구속영장의 집행을 받은 사람을 말한다.

4. "수용자"란 수형자·미결수용자·사형확정자, 그 밖에 법률과 적법한 절차에 따라 교도소·구치소 및 그 지소(이하 "교정시설"이라 한다)에 수용된 사람을 말한다.

제43조 【서신수수】 ① 수용자는 다른 사람과 서신을 주고받을 수 있다. 다만, 다음 각 호의 어느 하나에 해당하는 사유가 있으면 그러하지 아니하다.

1. 「형사소송법」이나 그 밖의 법률에 따른 서신의 수수금지 및 압수의 결정이 있는 때

2. 수형자의 교화 또는 건전한 사회복귀를 해칠 우려가 있는 때

3. 시설의 안전 또는 질서를 해칠 우려가 있는 때

② 제1항 본문에도 불구하고 같은 교정시설의 수용자 간에 서신을 주고받으려면 소장의 허가를 받아야 한다.

③ 소장은 수용자가 주고받는 서신에 법령에 따라 금지된 물품이 들어 있는지 확인할 수 있다.

④ 수용자가 주고받는 서신의 내용은 검열받지 아니한다. 다만, 다음 각 호의 어느 하나에 해당하는 사유가 있으면 그러하지 아니하다.

1. 서신의 상대방이 누구인지 확인할 수 없는 때
2. 「형사소송법」이나 그 밖의 법률에 따른 서신검열의 결정이 있는 때
3. 제1항 제2호 또는 제3호에 해당하는 내용이나 형사 법령에 저촉되는 내용이 기재되어 있다고 의심할 만한 상당한 이유가 있는 때
4. 대통령령으로 정하는 수용자 간의 서신인 때

제44조【전화통화】① 수용자는 소장의 허가를 받아 교정시설의 외부에 있는 사람과 전화통화를 할 수 있다.

② 제1항에 따른 허가에는 통화내용의 청취 또는 녹음을 조건으로 붙일 수 있다.

형의 집행 및 수용자의 처우에 관한 법률 시행령(2014.9.26. 대통령령 제25397호로 개정되고 2015.12.10. 개정되기 전의 것)

제58조【접견】② 변호인(변호인이 되려고 하는 사람을 포함한다. 이하 같다)과 접견하는 미결수용자를 제외한 수용자의 접견시간은 회당 30분 이내로 한다.

③ 수형자의 접견횟수는 매월 4회로 한다.

제59조【접견의 예외】① 소장은 제58조 제1항 및 제2항에도 불구하고 수형자의 교화 또는 건전한 사회복귀를 위하여 특히 필요하다고 인정하면 접견 시간대 외에도 접견을 하게 할 수 있고 접견시간을 연장할 수 있다.

② 소장은 제58조 제3항에도 불구하고 수형자가 다음 각 호의 어느 하나에 해당하면 접견 횟수를 늘릴 수 있다.

1. 19세 미만인 때
2. 교정성적이 우수한 때
3. 교화 또는 건전한 사회복귀를 위하여 특히 필요하다고 인정되는 때

📝 **핵심공략**

설문 1은 형사절차가 종료된 수형자 또는 미결수용자가 형사사건의 변호인이 아닌 민사재판, 행정재판, 헌법재판 등에서 변호사와 접견할 경우 이에 대한 제한은 변호인의 조력을 받을 권리에 대한 제한이 아니라 재판청구권의 내용으로서 변호사의 도움을 받을 권리에 대한 제한이라는 논점이 핵심이다. 따라서 사안은 변호인의 조력을 받을 권리가 아닌 재판청구권 침해 여부를 검토해야 한다.

〈목 차〉

I. 설문 1의 해결

1. 논점의 정리

이 사건 접견제한규정을 근거로 판결이 확정된 수형자와 민사소송 대리인인 변호사의 접견 신청을 불허한 것이 변호인의 조력을 받을 권리에 대한 제한에 해당하는지와 수형자와 소송대리인인 변호사의 접견을 일반 접견에 포함시킨 것이 甲의 재판청구권을 침해하는지 여부를 검토한다.

2. 문제되는 기본권

(1) 변호인의 조력을 받을 권리

헌법 제12조 제4항, 제5항 제1문은 변호인의 조력을 받을 권리를 규정하고 있다. 그 내용은 ① 변호인 선임권, ② 변호인과의 접견교통권, ③ 변호인과 상담하고 조언을 구할 권리, ④ 변호인을 통해 방어권 행사에 필요한 사항들을 준비하고 행사할 권리, ⑤ 수용자와의 서신비밀보장, ⑥ 소송관계 서류의 열람·등사 등이 있다. 그러나 형사절차가 종료된 수형자는 원칙적으로 이 권리의 주체가 될 수 없고(2013.9.26. 2011헌마398), 형사절차가 종료된 수형자 또는 미결수용자가 형사사건의 변호인이 아닌 민사재판, 행정재판, 헌법재판 등에서 변호사와 접견할 경우 이에 대한 제한은 변호인의 조력을 받을 권리에 대한 제한이 아니라 재판청구권의 내용으로서 변호사의 도움을 받을 권리에 대한 제한으로 보아야 한다.

사안의 경우 甲은 사기미수죄의 판결이 확정되어 형사절차가 종료된 수형자이고 민사재판에서 변호사와 접견하려는 경우이므로 변호인의 조력을 받을 권리에 대한 침해는 문제되지 않는다.

(2) 재판청구권

헌법 제27조 제1항은 "모든 국민은 헌법과 법률이 정한 법관에 의하여 법률에 의한 재판을 받을 권리를 가진다."고 규정하여 재판청구권을 보장하고 있고, 이 때 재판을 받을 권리에는 헌법재판, 민사재판, 형사재판, 행정재판 등이 모두 포함된다. 법률에 의한 재판을 받을 권리를 보장하기 위해서는 입법자에 의한 재판청구권의 구체적인 형성이 필요하지만, 이는 상당한 정도로 권리구제의 실효성이 보장되도록 하는 것이어야 한다. 따라서 현대 사회의 복잡다단한 소송에서의 법률전문가의 증대되는 역할, 민사법상 무기 대등의 원칙 실현, 헌법소송의 변호사강제주의 적용 등을 감안할 때, 교정시설 내 수용자와 그 소송대리인인 변호사 사이의 접견교통권의 보장은 헌법상 보장되는 재판청구권의 한 내용 또는 그로부터 파생되는 권리로 볼 수 있다(2013.8.29. 2011헌마122).

이 사건 접견제한규정은 수형자와 소송대리인인 변호사 사이의 접견 시간 및 횟수를 제한하고 있으므로, 이로 인해 수형자인 甲의 재판청구권이 제한된다.

3. 재판청구권 침해 여부

(1) 심사기준

국민의 기본권은 절대적 기본권이 아닌 이상 헌법 제37조 제2항에 따라 국가안전보장·질서유지·공공복리를 위하여 제한될 수 있다. 헌법 제27조 제1항이 규정하는 '법률에 의한' 재판청구권을 보장하기 위해서는 입법자에 의한 재판청구권의 구체적 형성이 불가피하므로 자유권에 비해 상대적으로 광범위한 입법재량이 인정되기는 하나, 그러한 입법을 함에 있어서는 역시 <u>헌법 제37조 제2항의 과잉금지원칙이 준수되어야</u> 한다. 그리고 명확성을 갖춘 법률에 근거하여야 하고, 그 본질적 내용을 침해해서는 아니 된다.

<u>과잉금지원칙이란</u> 목적의 정당성, 수단의 적합성, 침해의 최소성, 법익의 균형성을 의미한다. 즉 국민의 기본권을 제한하려는 입법목적이 헌법 및 법률의 체제상 그 정당성이 인정되어야 하고, 그 목적의 달성을 위하여 그 방법이 효과적이고 적절하여야 하며, 기본권의 제한은 필요한 최소한도에 그치도록 하여야 하며, 그 입법에 의하여 보호하려는 공익과 침해되는 사익을 비교형량할 때 보호되는 공익이 더 커야 한다.

(2) 과잉금지원칙 위반 여부

1) 목적의 정당성과 수단의 적합성

이 사건 접견제한규정이 <u>수형자의 접견 시간 및 횟수를 제한하는 것은 교정시설 내의 수용질서 및 규율을 유지하고 수형자의 신체적 구속을 확보하기 위한 것으로서</u> 목적의 정당성이 인정되고, 소송대리인인 변호사와의 접견을 일반 접견에 포함시켜 그 시간 및 횟수를 제한하는 것은 이러한 입법목적의 달성에 기여하므로 수단의 적합성 또한 인정된다.

2) 침해의 최소성

형의 집행 및 수용자의 처우에 관한 법률상 서신수수와 전화통화가 인정되지만, 서신의 내용은 일정한 경우 검열이 가능하고, 전화통화의 경우는 청취, 녹음이 가능하다(같은 법 제43조 제4항, 제44조 제2항). 따라서 <u>수형자와 소송대리인인 변호사가 서신이나 전화통화를 통해 소송상담이나 준비를 하는 경우 그 내용이 교정시설 측에 그대로 노출될 수 있으므로</u>, 이로 인해 수형자와 변호사는 상담과정에서 위축될 수 있다. 같은 법 시행령 제59조에 수형자의 접견 시간 및 횟수에 관한 예외조항이 마련되어 있으나 수형자의 교화 또는 건전한 사회복귀를 위한 접견 연장만 인정할 뿐이어서 소송대리인인 변호사와의 접견과 그 취지 및 요건이 상이하여 <u>소송대리인인 변호사와의 접견이 실효적으로 보장되고 있다고 볼 수는 없고</u>, 같은 법 제58조와 달리 소송대리인인 변호사와의 접견의 시간 및 횟수를 일반 접견과 별도로 규정하면서 시간에 상한을 두거나 횟수에 일정한 제한을 두는 등 재판청구권을 덜 제한하는 방법도 있으므로 이 사건 접견제한 규정은 침해의 최소성에 위반된다.

3) 법익의 균형성

이 사건 접견제한규정으로 달성하려는 공익이 중대하기는 하나, 이 사건 접견제한규정은 법률전문가인 변호사와의 소송상담의 특수성을 고려하지 않고 <u>일반 접견에 포함시켜 수형자의 재판청구권을 지나치게 제한하여 달성되는 공익보다 침해되는 사익이 중대하므로</u> 법익의 균형성에도 위반된다.

4. 결 론

이 사건 접견제한규정은 과잉금지원칙에 위반되어 甲의 재판청구권을 침해한다. 헌법재판소도 같은 취지로 판시한 바 있다(2015.11.26. 2012헌마858).

2012년 1회 변호사 제1문

고용노동부 일반직 7급 공무원인 甲은, 평소 비정규직 정책을 고수하는 A정당에 대하여 비판적인 입장을 가지고 있었다. 甲은 2011.9.22. 23:00경 자신의 집에서 Y인터넷포털 사이트에 있는, 자신의 블로그에 "수백만 비정규직 방치, 이대로 좋은가"라는 제목으로 "비정규직 노동자의 생존권을 외면하는 A정당을 반대한다. 비정규직 전면 철폐를 추진하는 B정당만이 비정규직 노동자의 생존권을 보장하는, 국민을 위한 참된 정당으로서 강추!!! 비정규직 철폐를 결사반대하는, A정당 소속 국회의원 乙은, 있는 자만을 대변하고 부동산투기로 축재한 부패한 정치인이다. 그런 乙이 다음 총선에 또 나오기 위해 후보자로 등록한 것은 민주주의의 수치다."라는 글을 게시하였다.

甲의 위 글이 네티즌의 폭발적인 관심과 지지를 받았고, 고용노동부장관은 甲이 특정 정당을 지지, 반대하는 행위를 함으로써 공무원에게 금지된 정치적 행위를 하였다는 이유로 甲에게 감봉 2개월의 징계처분을 하였다. 이에 甲은 징계처분에 대하여 법령에 따른 소청심사를 거쳐 취소를 구하는 행정소송을 제기하였다. 甲은 위 소송 계속 중, 「국가공무원법」 제78조 제1항 제1호, 제65조 제4항 및 동법 시행령 제27조 제1항 제2호, 제2항 제3호가 헌법상 표현의 자유를 침해한다고 주장하면서, 위헌법률심판제청을 신청하였으나, 2011.11.4. 기각당하였다. 이에 甲은 같은 달 22. 위 기각결정문을 송달받고 2011.12.16. 위 법령조항들에 대하여 헌법소원심판을 제기하였다.

2. 「국가공무원법」 제65조 제4항 및 동법 시행령 제27조 제1항 제2호, 제2항 제3호는 과잉금지의 원칙에 위배되어 甲의 헌법상 정치적 표현의 자유를 침해하는가? (45점)

3. C선거관리위원회는 甲의 위 게시글이 공직선거법 제82조의4 제2항에 위반되는 정보라는 이유로 동법 제82조의4 제3항, 제4항에 따라 Y인터넷포털 사이트 운영자에게 삭제를 요청하여 글은 삭제되었다. 甲은 동법 제82조의4 제3항, 제4항이 검열금지원칙에 위배된다고 주장한다. 甲의 주장의 정당성을 판단하시오. (25점)

📁 **참조조문**

국가공무원법

제78조 【징계 사유】 ① 공무원이 다음 각 호의 어느 하나에 해당하면 징계 의결을 요구하여야 하고 그 징계 의결의 결과에 따라 징계처분을 하여야 한다.

　1. 이 법 및 이 법에 따른 명령을 위반한 경우

제65조 【정치 운동의 금지】 ④ 제3항 외에 정치적 행위의 금지에 관한 한계는 대통령령등으로 정한다.

국가공무원법 시행령

제27조【정치적 행위】① 법 제65조의 정치적 행위는 다음 각 호의 어느 하나에 해당하는 정치적 목적을 가진 것을 말한다.

1. 정당의 조직, 조직의 확장, 그 밖에 그 목적 달성을 위한 것

2. 특정 정당 또는 정치단체를 지지하거나 반대하는 것

3. 법률에 따른 공직선거에서 특정 후보자를 당선하게 하거나 낙선하게 하기 위한 것

② 제1항에 규정된 정치적 행위의 한계는 제1항에 따른 정치적 목적을 가지고 다음 각 호의 어느 하나에 해당하는 행위를 하는 것을 말한다.

1. 시위운동을 기획·조직·지휘하거나 이에 참가하거나 원조하는 행위

2. 정당이나 그 밖의 정치단체의 기관지인 신문과 간행물을 발행·편집·배부하거나 이와 같은 행위를 원조하거나 방해하는 행위

3. 특정 정당 또는 정치단체를 지지 또는 반대하거나 공직선거에서 특정 후보자를 지지 또는 반대하는 의견을 집회나 그 밖에 여럿이 모인 장소에서 발표하거나 문서·도서·신문 또는 그 밖의 간행물에 싣거나 인터넷포털 사이트의 게시판, 대화방, 블로그 등에 게시하는 행위

※ 위「국가공무원법 시행령」일부 조항은 가상의 것이며 현재 시행 중임을 전제로 할 것

📝 **핵심공략**

설문 2의 경우 이 사건 법령조항들이 공무원 甲의 표현의 자유를 제한하는지 여부, 공무원의 정치적 중립성을 요구하는 것이 헌법상 근거가 있는지 여부, 표현의 제한의 한계 원리 중 설문이 제시한 과잉금지원칙에 위반되는지 여부 등을 검토해야 한다.

설문 3의 경우 검열금지원칙의 위배 여부를 묻고 있으므로 검열의 개념과 검열의 요건을 적시하고 사안검토, 즉 ① 표현내용에 대한 사전검열, ② 표현물의 사전제출의무, 허가를 받지 아니한 것의 표현금지 및 심사절차를 관철할 수 있는 강제수단, ③ 행정기관에 의한 검열에 해당하는지 여부 등을 검토하여야 할 것이다.

━━━ 〈목 차〉 ━━━

Ⅰ. 설문 2의 해결

1. 논점의 정리

　「국가공무원법」제65조 제4항 및 동법 시행령 제27조 제1항 제2호, 제2항 제3호(이하 '이 사건 법령조항'이라 한다)가 甲의 정치적 표현의 자유를 침해하는지를 살펴보기 위하여 <u>첫째, 이 사건 법령조항이 甲의 정치적 표현의 자유를 제한하는지 여부, 둘째, 공무원의 정치적 중립성을 요구하는 것이 헌법상 근거 있는지 여부, 셋째, 표현의 자유의 제한의 한계를 살펴본 후 설문이 제시한 과잉금지원칙에 위배되는지 여부</u> 등을 검토해야 할 것이다.

2. 정치적 표현의 자유의 침해 여부

(1) 정치적 표현의 자유의 제한

1) 정치적 표현의 자유의 의의 및 내용

　헌법 제21조의 표현의 자유(언론·출판의 자유)는 인간의 존엄에 근거하는 인격의 가장 직접적인 표현으로 가장 고귀한 인간의 권리인 동시에 민주 정치의 존립을 위해서 뿐만 아니라 그 성장에 불가결한 기본권으로서, 고전적 의미에서는 불특정 다수인을 상대로 자신의 사상이나 의견을 자유로이 표명하거나 전달할 수 있는 자유를 말하고 현대적 의미의 표현의 자유는 알 권리, 액세스권, 반론권, 보도의 자유까지 그 내용으로 한다. 정치적 표현의 자유 역시 표현의 자유의 한 내용으로 헌법 제21조에 근거하여 엄격하게 보장된다. 오늘날 정치적 표현의 자유는 실로 정치적 언론·출판·집회·결사 등 모든 영역에서의 자유를 말하므로, 이 권리는 자유민주적 기본질서의 구성요소로서 다른 기본권에 비하여 우월한 효력을 가진다고 볼 수 있다(2004.3.25. 2001헌마710).

2) 사안의 경우

　이 사건 법령조항은 <u>공무원이 특정 정당 또는 정치단체를 지지하거나 반대하는 의견을 인터넷포털 사이트의 게시판, 대화방, 블로그 등에 게시하는 행위를 금지하는바</u>, 이는 공무원 甲의 정치적 표현의 자유를 제한하는 것이다.

(2) 공무원의 정치적 중립성과 표현의 자유의 제한

1) 공무원의 정치적 중립성의 근거

　헌법 제7조 제1항은 "공무원은 국민전체에 대한 봉사자이며, 국민에 대하여 책임을 진다."고 규정하고 있다. 즉, 공무원은 국민전체의 이익을 위해 봉사해야 하는 입장에 있으며 일부의 국민이나 특정 정파 혹은 정당의 이익을 위해 봉사하는 입장이 아님을 분명히 밝히고 있는 것이다. 헌법재판소는 공무원에 대한 정치적 중립성의 필요성에 관하여, "공무원은 국민전체에 대한 봉사자이므로 중립적 위치에서 공익을 추구하고(국민전체의 봉사자설), 행정에 대한 정치의 개입을 방지함으로써 행정의 전문성과 민주성을 제고하고 정책적 계속성과 안정성을 유지하며(정치와 행정의 분리설), 정권의 변동에도 불구하고 공무원의 신분적 안정을 기하고 엽관제로 인한 부패·비능률 등의 폐해를 방지하며(공무원의 이익보호설), 자본주의의 발달에 따르는 사회경제적 대립의 중재자·조정자로서의 기능을 적극적으로 담당하기 위하여 요구되는 것(공적 중재자설)"이라고 하면서, 공무원의 정치적 중립성 요청은 결국 위

각 근거를 종합적으로 고려하여 "공무원의 직무의 성질상 그 직무집행의 중립성을 유지하기 위하여 필요한 것"이라고 판시한 바 있다(1995.5.25. 91헌마67).

2) 공무원의 정치적 표현의 자유의 제한의 한계

공무원의 헌법상 지위로 인해 직업공무원의 신분보장과 정치적 중립은 매우 중요한 의미를 가진다. 특히 직업공무원은 공직수행과 관련하여 행정의 전문성과 민주성을 제고하고 정권의 변동에도 불구하고 정책의 계속성과 안정성을 유지하며, 능률적인 업무수행을 위해 특별한 과제를 지게 되어 더욱 정치적 중립성의 요구가 엄격해진다. 따라서 어느 정도의 공무원의 정치적 활동에 대한 제한은 불가피하게 되나, 공무원 역시 국민의 한 사람이고 정치적 표현의 자유는 민주사회 존립기반을 이루는 표현의 자유에 근거하므로 그 제한의 한계가 문제되는 것이다.

3) 표현의 자유의 제한 원리

표현의 자유는 인간의 존엄에 근거하는 인격의 가장 직접적인 표현으로 가장 고귀한 인간의 권리인 동시에 민주정치의 존립을 위해서뿐만 아니라 그 성장에 불가결한 것이라는 점에 비추어 합헌성 판단 기준은 엄격할 것이 요청된다. 표현의 자유의 제한원리로는 ① 헌법 제21조 제2항에서 규정한 허가·검열금지(사전제한금지의 원칙), ② 표현의 자유를 규제하기 위해서는 언론이 법률상 금지된 해악을 초래할 명백하고 현존하는 위험을 가지고 있어야 한다는 원칙(명백·현존위험의 원칙), ③ 표현의 자유를 제한하는 법률이 불명확한 경우에는 그 내용이 막연하기 때문에 무효라는 원칙(막연하기 때문에 무효의 원칙), ④ 헌법 제37조 제2항에 따른 기본권제한의 일반원칙(과잉금지 및 본질내용침해금지의 원칙) 등이 있다.

4) 사안의 경우

사안의 경우 고용노동부의 일반직 7급 공무원인 甲은 정치적 중립성과 신분이 보장되는 경력직 공무원에 해당하고, 인터넷포털 사이트에 있는 자신의 블로그에 특정 정당과 특정 후보를 비난하고 반대하는 표현을 하고 있는데 이는 명백한 정치적 의사표현으로 이 사건 법령조항들이 금지하고 있는 정치적 행위에 해당된다. 따라서 이 사건 법령조항들이 직업공무원인 甲의 정치적 표현의 자유를 침해하는지 여부를 심사해야 하는데, 설문에서 과잉금지원칙에 위배되는지 여부로 한정하였으므로 이에 대해서만 검토하기로 한다.

(3) 과잉금지원칙 위배 여부

1) 과잉금지원칙의 의의

헌법 제37조 제2항은 '국민의 모든 자유와 권리는 … 필요한 경우에 한하여 … 제한할 수 있다'라고 하여 과잉금지원칙을 규정하고 있다. 과잉금지원칙이란 목적의 정당성, 수단의 적합성, 침해의 최소성, 법익의 균형성을 의미한다. 즉 국민의 기본권을 제한하려는 입법목적에 헌법 및 법률의 체계상 그 정당성이 인정되어야 하고, 그 목적달성을 위하여 방법이 효과적이고 적절하여야 하며, 기본권의 제한은 필요한 최소한도에 그치도록 하여야 하며, 그 입법에 의하여 보호하려는 공익과 침해되는 사익을 비교 형량할 때 보호되는 공익이 더 커야 한다.

2) 목적의 정당성과 수단의 적합성

이 사건 법령조항들이 공무원이 정치적 목적을 가지고 정치적인 활동을 하는 행위를 금지하는 입법목적은 <u>공무원의 공직수행의 객관성과 공정성, 안정성을 보장하려는 것으로</u> 정당하다. 그리고 이를 위반하는 경우 징계처분으로 이어질 수 있으므로 목적달성을 위한 적절한 수단이 된다.

3) 피해의 최소성

공무원의 공직수행의 염결성과 공정성, 안정성을 위해 사안과 같은 특정정당의 지지, 반대 표현 등 정치적 표현의 자유를 제한하는 것은 입법목적이 정당하고 이를 위반할 경우 그 공무원을 징계처분 하는 것이 적절한 수단이라고 하더라도 덜 침해적인 방법이 있다면 피해의 최소성을 위반한 것이 된다. 그런데 <u>현재 공무원의 정치적 활동을 제한하지 않고 동일한 효과를 거둘 수 있는 방법이 존재한다고 확신하기 어렵다.</u> 이것이 표현의 자유의 제한이기 때문에 더욱 엄격한 보호를 받아야 한다고 하더라도, 표현의 자유가 절대적인 기본권이 아니고 사안의 경우 모든 정치적 표현의 자유를 금지하는 것이라고 보기도 어렵기 때문에 침해의 최소성 요건에 대한 위반이 인정되지 아니한다.

4) 법익의 균형성

공무원이 국민의 한사람으로서 누리는 정치적 표현의 자유가 부분적으로 제한되는 사안의 경우, 이로써 보호되는 국가작용의 투명성 내지 효율성, 공직수행의 객관성, 안정성과 더 나아가 선거의 공정성과이라는 공익은 매우 중대한 것임이 틀림없다. 따라서 법익의 균형성 역시 갖춘 것으로 보인다.

5) 소 결

따라서 이 사건 법령조항은 과잉금지원칙에 위반되지 아니한다.

3. 사안의 해결

이 사건 법령조항들은 공무원의 정치적 표현의 자유를 제한하나, 공무원의 신분과 공직수행의 공정성을 위해 이는 필요하며 사안의 경우처럼 많은 이들의 지대한 관심을 끄는 정치활동 목적의 인터넷 활동은 그 제한이 불가피하다. 따라서 이사건 법률조항은 과잉금지원칙에 위배되지 않으므로 甲의 정치적 표현의 자유를 침해한 것으로 볼 수 없다.

Ⅱ. 설문 3의 해결

1. 논점의 정리

「공직선거법」 제82조의4 제3항, 제4항이 검열금지원칙에 위배되는지와 관련하여 검열금지원칙의 의의와 요건을 중심으로 甲의 주장의 정당성을 검토한다.

2. 검열금지의 원칙에 위배되는지 여부

(1) 검열의 개념

헌법 제21조 제2항은 사전제한금지의 원칙을 규정하고 있는바, 이는 민주국가 존립을 위한 표현행위가 국가권력에 의해 지배자에게 무해한 여론만이 허용되는 결과가 초래되는 것을 방지하기 위함이다.

여기서 검열이란 행정권이 주체가 되어 사상이나 의견 등이 발표되기 이전에 예방적 조치로서 그 내용을 심사·선별하여 발표를 사전에 억제하는, 즉 허가받지 아니한 것의 발표를 금지하는 제도를 뜻한다. 우리 헌법재판소는 「검열은 일반적으로 허가를 받기 위한 표현물의 제출의무, 행정권이 주체가 된 사전심사절차, 허가를 받지 아니한 의사표현의 금지 및 심사절차를 관철할 수 있는 강제수단 등의 요건을 갖춘 경우에만 이에 해당하는 것이다」고 판시하고 있다(1996.10.4. 93헌가13 등).

(2) 검열의 요건

1) 표현내용에 대한 사전검열

검열은 표현의 내용을 기준으로 그 발표 여부를 결정하는 경우를 의미하므로 표현 내용에 대한 심사가 아닌 경우, 즉 내용중립적인 규제는 그것이 비록 발표 이전에 행해지는 심사라고 하더라도 검열에 해당되지 아니한다. 그리고 검열의 금지는 국가의 사전적 심사인 '사전'검열만을 의미한다. 사후검열도 금지된다면 표현의 자유에 대한 제한은 불가능해지기 때문이다. 그리고 사전검열은 표현행위가 이루어지기 이전에 심사와 규제가 행해짐을 말한다.

2) 표현물의 사전제출의무, 허가를 받지 아니한 것의 표현금지 및 심사절차를 관철할 수 있는 강제수단

허가를 받지 아니한 표현이 금지되고, 그러한 금지가 형벌이나 과태료, 행정명령 등의 강제수단을 통해 관철될 수 있는 경우여야 한다. 즉 검열의 금지는 허가를 유보한 금지제도를 금지하는 데 핵심이 있다. 이에 반해 금지가능성과 결부되지 않는 신고의무 및 제출의무는 검열이 아니다.

3) 행정기관에 의한 검열

헌법상 사전검열금지의 명령은 행정기관에 대한 것이다. 헌법재판소는 '정기간행물등록 사건'에서는 검열의 주체로서 '국가기관'을 들었으나, '영화사전심의 사건'에서는 검열의 주체를 '행정권'으로 제한한 바 있다. 따라서 행정기관이 아닌 사법권에 의한 사전제한은 검열에서 제외된다. 법원은 정치적으로 중립적 기관이며 인권보장의 보루로서 표현물이 사회에 미치는 해악의 위험성이 클 경우에는 법원의 공정한 절차를 통한 사전억제가 필요하다. 또한 법원의 심사는 당초부터 정신생활에 대한 계획적 감시의 본질적 징표가 결여되어 있기 때문에 헌법에서 금지하는 검열에 해당하지 아니한다.

그리고 행정기관인가의 여부는 기관의 형식에 의하기보다는 그 실질에 따라 판단되어야 한다. 이에 관하여 헌법재판소는 「검열을 행정기관이 아닌 독립적인 위원회에서 행한다고 하더라도 행정권이 주체가 되어 검열절차를 형성하고 검열기관의 구성에 지속적인 영향을 미칠 수 있는 경우라면 실질적으로 검열기관은 행정기관이라고 보아야 한다」고 판시하고 있다(1996.10.4. 93헌가13 등). 또한 헌법재판소는 검열기관이 민간자율기구로서 그 지위의 독립성이 보장된다고 하더라도 검열절차가 국가에 의하여 입법의 형태로 계획되고 의도된 이상 사전검열에 해당한다고 판시하고 있다(2001.8.30. 2000헌가9).

(3) 검열의 절대적 금지

헌법 제21조 제2항의 검열금지규정은 헌법에서 직접 기본권제한의 한계를 명시하고 있는 것이기 때문에 헌법 제37조 제2항에 따라 국가의 안전보장, 질서유지 또는 공공복리를 위하여 필요한 경우라도 검열이 허용될 수 있는 것이 아니다. 이에 관하여 우리 헌법재판소도 「헌법 제21조 제1항이 언론·출판에 대한 검열금지를 규정한 것은 비록 헌법 제37조 제2항이 국민의 자유와 권리를 국가안전보장, 질서유지 또는 공공복리를 위하여 필요한 경우에 한하여 법률로써 제한할 수 있도록 규정하고 있다고 할지라도 언론·출판에 대하여는 검열을 수단으로 한 제한만은 법률로써도 허용되지 아니한다는 것을 밝힌 것이다」고 판시하고 있다(1996.10.4. 93헌가13 등).

(4) 사안의 경우

사안의 경우 甲이 블로그에 게시한 글은 일단 제한 없이 게시되었으나 후에 그 내용이 문제가 되어 C선거관리위원회의 Y포털 사이트에 대한 삭제요청에 의하여 삭제되었는데, 이는 사전적 제한이 아닌 사후적 제한이므로 사전적 제한인 검열에 해당된다고 볼 수 없다. 또한 인터넷 언론사의 삭제의무 위반 시 부과되는 과태료 역시 사전제출의무와 결부되지 아니하므로 허가받지 아니한 의사표현의 금지 및 사전심사를 관철할 강제수단이라고 할 수 없다. 나아가 선거관리위원회는 조직과 기능면에서 입법·행정·사법부로부터 완전히 독립된 기관으로서의 지위를 가지고, 법원과 마찬가지로 정치적으로 중립적 기관이며 선거의 공정성을 해치는 표현물이 선거에 미치는 해악의 위험성이 클 경우에는 일정한 절차를 통한 억제가 필요하므로 검열의 주체인 행정기관에 해당된다고 보기도 어렵다.

따라서 사안에서 문제되고 있는 「공직선거법」 제82조의4 제3항과 제4항의 규정은 인터넷 홈페이지에 게시된 후에 삭제할 수 있도록 한 것이기 때문에 과잉금지원칙 위반 여부 등은 별론으로 하더라도 헌법 제21조 2항의 검열금지원칙에 위배된다고 보기는 어렵다.

3. 사안의 해결

「공직선거법」 제82조의4 제3항, 제4항은 검열금지원칙에 위배되지 않으므로 甲의 주장은 타당하지 못하다.

甲과 乙은 A시에서 甲 의료기, 乙 의료기라는 상호로 의료기기 판매업을 하는 자들이다. 甲은 전립선 자극기 'J2V'를 공급받아 판매하기 위하여 "전립선에 특수한 효능, 효과로 남자의 자신감이 달라집니다."라는 문구를 사용하여 인터넷 광고를 하였다. 甲의 위 광고에 대하여 A시장은 2016.7.1. 甲에게 「의료기기에 관한 법률」(이하 '의료기기법'이라 함) 제24조 위반을 이유로 3개월 업무정지처분을 하였다. 甲은 2016.7.11. 위 업무정지처분에 대하여 관할 행정심판위원회에 행정심판을 청구하였고, 동 위원회는 2016.8.25. 3개월 업무정지처분을 과징금 500만 원 부과처분으로 변경할 것을 명령하는 재결을 하였으며, 위 재결서 정본은 2016.8.29. 甲에게 송달되었다. 그러자 A시장은 2016.9.12. 甲에 대한 3개월 업무정지처분을 과징금 500만 원 부과처분으로 변경하였다. 또한, 甲은 2016.9.1. 「의료기기법」 제52조를 근거로 벌금 300만 원의 약식명령을 고지받자, 정식재판을 청구하였다.

한편, 甲의 경쟁업체인 乙은 2016.11.10. 전립선 자극기 'U2V'의 인터넷 광고를 하려던 차에 甲이 위 형사처벌을 받은 사실을 알게 되었다. 이에 乙은 변호사 丙을 대리인으로 선임하여, 2016. 12.15. 사전심의를 거치지 않은 의료기기 광고를 금지하고 이를 어기면 처벌하는 「의료기기법」 제24조 및 제52조가 자신의 표현의 자유를 침해한다고 주장하면서, 헌법재판소에 「헌법재판소법」 제68조 제1항에 의한 헌법소원심판을 청구하였다.

2. 「의료기기법」 제24조 및 제52조는 乙의 표현의 자유를 침해하여 위헌인가? (50점)

📁 **참조조문**

※ 유의사항

    1. 아래 법령은 가상의 것으로, 이와 다른 내용의 현행 법령이 있다면 제시된 법령이 현행 법령에 우선하는 것으로 할 것

    2. 아래 법령 중 「의료기기에 관한 법률」은 '의료기기법'으로, 「의료기기 광고 사전심의규정」은 '심의규정'으로 약칭할 수 있음

의료기기에 관한 법률(법률 제10000호)

제2조 【정의】 ① 이 법에서 "의료기기"란 사람이나 동물에게 단독 또는 조합하여 사용되는 기구·기계·장치·재료 또는 이와 유사한 제품으로서 다음 각 호의 어느 하나에 해당하는 제품을 말한다.

  1. 질병을 진단·치료·경감·처치 또는 예방할 목적으로 사용되는 제품

  2. 상해 또는 장애를 진단·치료·경감 또는 보정할 목적으로 사용되는 제품

② 이 법에서 "의료기기 취급자"란 의료기기를 업무상 취급하는 자로서 의료기기 제조업자, 의료기기 수입업자, 의료기기 수리업자, 의료기기 판매업자와 의료기기 임대업자를 말한다.

제20조【의료기기 관련단체】의료기기 취급자는 의료기기 관련단체를 설립할 수 있다.

제24조【광고의 금지】누구든지 제25조에 따른 심의를 받지 아니하거나 심의받은 내용과 다른 내용의 의료기기의 광고를 하여서는 아니 된다.

제25조【광고의 심의】① 의료기기를 광고하려는 자는 미리 식품의약품안전처장의 심의를 받아야 한다.

② 식품의약품안전처장은 제1항에 따른 심의에 관한 업무를 제20조에 따라 설립된 의료기기 관련 단체에 위탁할 수 있다.

③ 제1항에 따른 심의기준, 방법 및 절차와 제2항에 따른 심의업무의 위탁 등 의료기기 광고의 심의에 필요한 사항은 식품의약품안전처장이 정한다.

제36조【허가 등의 취소와 업무의 정지 등】① 의료기기 취급자가 제24조를 위반하여 의료기기를 광고한 경우 의료기기의 제조업자·수입업자 및 수리업자에 대하여는 식품의약품안전처장이, 판매업자 및 임대업자에 대하여는 시장·군수 또는 구청장이 허가 또는 인증의 취소, 영업소의 폐쇄, 품목류 또는 품목의 제조·수입·판매의 금지 또는 1년의 범위에서 그 업무의 전부 또는 일부의 정지를 명할 수 있다.

② 식품의약품안전처장, 시장·군수 또는 구청장은 의료기기 취급자가 제1항의 규정에 해당하는 경우로서 업무정지처분이 의료기기를 이용하는 자에게 심한 불편을 주거나 그 밖에 특별한 사유가 인정되는 때에는 국민건강에 해를 끼치지 아니하는 범위 안에서 업무정지처분에 갈음하여 5천만 원 이하의 과징금을 부과할 수 있다.

제42조【경비 보조】식품의약품안전처장, 시장·군수 또는 구청장은 국민보건 향상을 위하여 필요하다고 인정될 때에는 제20조에 따라 설립된 의료기기 관련단체에 대하여 시설, 운영 경비, 조사·연구 비용의 전부 또는 일부를 보조할 수 있다.

제52조【벌칙】제24조를 위반한 자는 3년 이하의 징역 또는 3천만원 이하의 벌금에 처한다.

부 칙

이 법은 2016년 1월 1일부터 시행한다.

의료기기 광고 사전심의규정(식품의약품안전처고시 제2016-1000호)

제1조【목적】이 규정은 「의료기기에 관한 법률」 제25조 제3항에서 위임된 사항을 규정함을 목적으로 한다.

제5조【심의신청】신청인은 별지 제1호 서식의 의료기기 광고심의신청서(전자문서로 된 신청서를 포함한다)에 다음 각 호의 서류를 첨부하여 법 제25조 제2항에 따라 의료기기 광고심의업무를 위탁받은 기관(이하 '심의기관'이라 한다)에 제출하여야 한다.

1. 의료기기 광고내용 1부
2. 제품설명서(필요한 경우에 한함)

제10조【심의위원회의 구성 및 운영 등】① 심의기관은 의료기기 광고를 심의하기 위하여 심의위원회를 설치·운영한다.

② 심의위원회는 위원장과 부위원장을 포함하여 10인 이상 20인 이내로 구성하며, 위원은 다음 각 호의 1에 해당하는 자 중에서 심의기관의 장이 식품의약품안전처장과 협의하여 위촉한다.

1. 언론, 법률, 의료, 의료기기 및 광고와 관련한 학식과 경험이 풍부한 자
2. 시민단체나 의료기기 관련 학회 또는 단체의 장이 추천한 자

③ 위원의 임기는 1년으로 하되, 2회까지 연임할 수 있다.

④ 심의위원회에 출석한 위원에게는 심의기관이 정하는 바에 의하여 수당과 여비를 지급할 수 있다.

제12조 【보고사항】 ① 심의기관의 장은 매년 광고심의와 관련된 사업계획을 연도개시 1월 전까지 식품의 약품안전처장에게 보고하여야 한다.

② 심의기관의 장은 매 심의결과를 식품의약품안전처장과 관할 영업허가 또는 신고기관에 문서(전자문서를 포함한다)로 보고하여야 한다.

부 칙

이 고시는 2016년 1월 1일부터 시행한다.

📝 **핵심공략**

설문 2는 헌재 2010.7.29. 2006헌바75 및 2015.12.23. 2015헌바75 결정과 관련된 것으로서, 헌법 제21조 제2항의 검열금지원칙을 본격적으로 다루었다. 설문처럼 상업광고에 대한 사전심의제가 사전검열에 해당하는지 여부가 문제될 경우, 첫째, 상업광고가 표현의 자유에 의해 보호되는가, 둘째, 상업광고가 표현의 자유에 의해 보호된다고 할 경우에 상업광고에도 헌법 제21조 제2항의 사전검열금지원칙이 적용되는가, 셋째, 상업광고에도 사전검열금지원칙이 적용될 경우 구체적 사례에서 사전검열의 요건을 모두 갖추고 있는가를 검토하여야 한다. 특히 검열기관이 독립된 위원회나 민간 자율기구인 경우, 행정기관성 여부를 충분히 논해야 할 것이다. 아울러 상업광고에 사전검열금지원칙이 적용되지 않는다는 견해가 적용된다 하더라도 사전검열 요건에 해당하지 않는다는 견해도 가능하므로, 과잉금지원칙 위반여부까지 판단하는 것이 좋을 것이다. 이때 상업광고의 경우 과잉금지원칙이 완화된다는 점을 서술하여야 한다.

〈목 차〉

I. 설문 2의 해결

1. 인터넷공간에서의 표현의 자유의 규제

의사표현의 매개체는 어떠한 형태이건 그 제한이 없다. 인터넷 등 온라인매체도 의사표현 또는 의사전파의 매개체이기 때문에 인터넷을 통한 의사표현도 언론·출판의 자유에 의해 보호된다. 그런데 인터넷 등 온라인매체를 통한 의사표현을 규제함에 있어서 인쇄매체와 동일하게 취급할 것인지 아니면 방송매체와 동일하게 취급할 것인지가 문제된다. 인쇄매체의 경우에는 '언론·출판의 자유의 엄격한 보장'이 강조되고, 방송매체의 경우는 전파자원의 희소성·방송의 침투성·정보수용자 측의 통제능력의 결여 등을 이유로 '공익성과 공공성'이 보다 더 강조된다.

헌법재판소는 "공중파방송은 공적 책임과 공익성이 강조되어, 인쇄매체에서는 볼 수 없는 강한 규제조치가 정당화되기도 한다. 그러나 인터넷은 진입장벽이 낮고, 표현의 쌍방향성이 보장되며, 그 이용에 적극적이고 계획적인 행동이 필요하다는 특성을 지닌다. … 인터넷상의 표현에 대하여 질서 위주의 사고만으로 규제하려고 할 경우 표현의 자유의 발전에 큰 장애를 초래할 수 있다"고 판시하였다(99헌마480).

생각건대 인터넷 등 온라인 매체의 경우에는 기존의 매체보다 자율적 규제가 강화되어야 하고, 인터넷 내용등급제와 같은 기술적 규제방식이 바람직할 것이다.

사안의 경우 乙은 인터넷 광고를 하려던 차에 있었다는 점에서 인터넷의 특성상 자율적 규제 강화의 필요성이 있다.

2. 표현의 자유의 제한 여부

(1) 표현의 자유의 의의 및 내용

헌법 제21조의 표현의 자유(언론·출판의 자유)는 인간의 존엄에 근거하는 인격의 가장 직접적인 표현으로 가장 고귀한 인간의 권리인 동시에 민주 정치의 존립을 위해서 뿐만 아니라 그 성장에 불가결한 기본권으로서, 고전적 의미에서는 불특정 다수인을 상대로 자신의 사상이나 의견을 자유로이 표명하거나 전달할 수 있는 자유를 말하고 현대적 의미의 표현의 자유는 알 권리, 액세스권, 반론권, 보도의 자유까지 그 내용으로 한다.

(2) 상업광고가 표현의 자유에 의하여 보호되는지 여부

상업광고에는 영리적인 경제활동의 측면과 광고라는 표현행위의 측면이 동시에 존재하는바, 언표현의 자유(언론·출판의 자유)에 포함시킬 것인지에 대하여 견해가 대립한다. 헌법재판소는 "광고물도 사상·지식·정보 등을 불특정다수인에게 전파하는 것으로서 표현의 자유에 의한 보호를 받는다"고 판시하고 있다(96헌바2).

생각건대 의사표현·전파의 매개체는 어떠한 형태이건 가능하며 제한이 없으므로 광고물도 이에 포함되고, 정보화 사회에서 상업광고는 소비자의 알권리를 충족시키는 기능을 수행하고 있으므로 표현의 자유에 포함된다고 보아야 할 것이다.

사안의 경우 <u>의료기기의 광고는 상업적 광고에 해당하지만 의료기기의 광고는 의료기기의 기능 등에 대한 정보를 전달해주는 것이므로 표현의 자유에 의한 보호를 받고</u>, 법 제24조 및 제52조는 의료광고기기의 광고를 금지하는 규정이므로 <u>표현의 자유에 대한 제한이 존재</u>한다.

3. 표현의 자유의 중요성 및 그 제한 원리

(1) 표현의 자유의 중요성

표현의 자유는 인간의 존엄에 근거하는 인격의 가장 직접적인 표현으로서 가장 고귀한 인간의 권리인 동시에 민주정치의 존립을 위해서뿐만 아니라 그 성장에 불가결한 것이다. 이러한 점에서 비추어 표현의 자유는 민주주의의 실현에 있어 다른 기본권보다 우월적 지위를 가지고, 따라서 표현의 자유에 대한 합헌성을 판단하는 기준은 엄격할 것이 요청된다.

(2) 표현의 자유의 제한 원리

표현의 자유는 인간의 존엄에 근거하는 인격의 가장 직접적인 표현으로 가장 고귀한 인간의 권리인 동시에 민주정치의 존립을 위해서뿐만 아니라 그 성장에 불가결한 것이라는 점에 비추어 합헌성 판단 기준은 엄격할 것이 요청된다. 표현의 자유의 제한원리로는 ① 헌법 제21조 제2항에서 규정한 허가·검열금지(사전제한금지의 원칙), ② 표현의 자유를 규제하기 위해서는 언론이 법률상 금지된 해악을 초래할 명백하고 현존하는 위험을 가지고 있어야 한다는 원칙(명백·현존위험의 원칙), ③ 표현의 자유를 제한하는 법률이 불명확한 경우에는 그 내용이 막연하기 때문에 무효라는 원칙(막연하기 때문에 무효의 원칙), ④ 헌법 제37조 제2항에 따른 기본권제한의 일반원칙(과잉금지 및 본질내용침해금지의 원칙) 등이 있다. 과잉금지의 원칙을 위의 명백·현존위험의 원칙과 결합하면, 언론·출판의 자유에 대한 제한이 가해지지 않고는 국가안전보장·질서유지·공공복리가 '명백하고 현존하는 위험'에 봉착하게 되는 경우에만, 과잉금지의 원칙에 따라 '명백하고 현존하는 위험'을 피하기 위해서 필요불가피한 최소한의 제한만이 허용된다고 할 것이다.

사안의 경우 乙은 의료기기라는 상호로 의료기기 판매업을 하는 자로서 법 제24조에 의하여 심의를 받지 아니하거나 심의받은 내용과 다른 내용의 의료기기의 광고를 해서는 아니 되고, 이를 위반하면 법 제52조에 의하여 벌칙을 받을 위험성이 있다. 따라서 특히 헌법 제21조 제2항의 <u>검열금지원칙에 위반되는지 여부가 문제되고, 검열금지원칙에 위반되지 않는다고 하더라도 과잉금지원칙에 위반되는지가 검토</u>되어야 한다.

4. 검열금지원칙 위반 여부

(1) 검열의 개념

헌법 제21조 제2항의 「검열」이란 행정권이 주체가 되어 사상이나 의견 등이 발표되기 이전에 그 내용을 심사·선별하여 발표를 사전에 억제하는, 즉 허가받지 아니한 것의 발표를 금지하는 제도를 의미한다.

헌법재판소는 검열에 해당하기 위해서는, ① 허가를 받기 위한 표현물의 제출의무, ② 행정권이 주체가 된 사전심사절차, ③ 허가를 받지 아니한 의사표현의 금지, ④ 심사절차를 관철할 수 있는 강제수단 등의 요건을 갖추어야 한다고 판시하였다(93헌가13). 따라서 표현내용에 대한 심사가 아닌 경우(내용중립적인 규제)나 사전적 심사가 아닌 경우(사후검열), 금지가능성과 결부되지 않는 신고의무 및 제출의무 부과의 경우 등은 검열이 아니다. 또한 행정기관이 아닌 사법권 등에 의한 사전제한은 검열에서 제외된다(2000헌바36).

(2) 검열의 요건

1) 표현내용에 대한 사전검열

검열은 표현의 내용을 기준으로 그 발표 여부를 결정하는 경우를 의미하므로 표현 내용에 대한 심사가 아닌 경우, 즉 내용중립적인 규제는 그것이 비록 발표 이전에 행해지는 심사라고 하더라도 검열에 해당되지 아니한다. 그리고 검열의 금지는 국가의 사전적 심사인 '사전'검열만을 의미한다. 사후검열도 금지된다면 표현의 자유에 대한 제한은 불가능해지기 때문이다. 그리고 사전검열은 표현 행위가 이루어지기 이전에 심사와 규제가 행해짐을 말한다.

2) 표현물의 사전제출의무, 허가를 받지 아니한 것의 표현금지 및 심사절차를 관철할 수 있는 강제 수단

허가를 받지 아니한 표현이 금지되고, 그러한 금지가 형벌이나 과태료, 행정명령 등의 강제수단을 통해 관철될 수 있는 경우여야 한다. 즉 검열의 금지는 허가를 유보한 금지제도를 금지하는 데 핵심이 있다. 이에 반해 금지가능성과 결부되지 않는 신고의무 및 제출의무는 검열이 아니다.

3) 행정기관에 의한 검열

헌법상 사전검열금지의 명령은 행정기관에 대한 것이다. 헌법재판소는 '정기간행물등록 사건'에서는 검열의 주체로서 '국가기관'을 들었으나, '영화사전심의 사건'에서는 검열의 주체를 '행정권'으로 제한한 바 있다. 따라서 행정기관이 아닌 사법권에 의한 사전제한은 검열에서 제외된다. 법원은 정치적으로 중립적 기관이며 인권보장의 보루로서 표현물이 사회에 미치는 해악의 위험성이 클 경우에는 법원의 공정한 절차를 통한 사전억제가 필요하다. 또한 법원의 심사는 당초부터 정신생활에 대한 계획적 감시의 본질적 징표가 결여되어 있기 때문에 헌법에서 금지하는 검열에 해당하지 아니한다.

그리고 행정기관인가의 여부는 기관의 형식에 의하기보다는 그 실질에 따라 판단되어야 한다. 이에 관하여 헌법재판소는 「검열을 행정기관이 아닌 독립적인 위원회에서 행한다고 하더라도 행정권이 주체가 되어 검열절차를 형성하고 검열기관의 구성에 지속적인 영향을 미칠 수 있는 경우라면 실질적으로 검열기관은 행정기관이라고 보아야 한다」고 판시하고 있다(1996.10.4. 93헌가13등). 또한 헌법재판소는 검열기관이 민간자율기구로서 그 지위의 독립성이 보장된다고 하더라도 검열절차가 국가에 의하여 입법의 형태로 계획되고 의도된 이상 사전검열에 해당한다고 판시하고 있다(2001.8.30. 2000헌가9).

(3) 검열의 절대적 금지

헌법 제21조 제2항의 검열금지규정은 헌법에서 직접 기본권제한의 한계를 명시하고 있는 것이기 때문에 헌법 제37조 제2항에 따라 국가의 안전보장, 질서유지 또는 공공복리를 위하여 필요한 경우라도 검열이 허용될 수 있는 것이 아니다. 이에 관하여 우리 헌법재판소도 「헌법 제21조 제1항이 언론·출판에 대한 검열금지를 규정한 것은 비록 헌법 제37조 제2항이 국민의 자유와 권리를 국가안전보장, 질서유지 또는 공공복리를 위하여 필요한 경우에 한하여 법률로써 제한할 수 있도록 규정하고 있다고 할지라도 <u>언론·출판에 대하여는 검열을 수단으로 한 제한만은 법률로써도 허용되지 아니한다는 것을 밝힌 것이다</u>」라고 판시하고 있다(1996.10.4. 93헌가13 등).

(4) 상업광고에도 검열금지원칙이 적용되는지 여부

상업광고에도 사전검열금지원칙이 적용되는지에 대하여, ① 상업광고가 표현의 자유에 의해 보호되는 이상 당연히 적용된다는 긍정설과 ② 상업광고는 허위·과장광고로 인한 폐해가 크므로 사전규제의 필요성이 있다는 부정설이 대립한다.

헌법재판소는 "헌법 제21조 제2항이 언론·출판에 대한 검열금지를 규정한 것은 … <u>언론·출판에 대하여는 검열을 수단으로 한 제한만은 법률로써도 허용되지 아니한다는 것을 밝힌 것이다</u>"고 판시하였고(93헌가13 등), 또한 최근 판례를 변경하여 "헌법상 사전검열은 <u>표현의 자유 보호대상이면 예외없이 금지되므로, 상업광고도 역시 헌법 제21조 제1항의 표현의 자유의 보호대상이 됨과 동시에 같은 조 제2항의 사전검열금지 대상도 된다</u>"고 판시하였다(2018.6.28. 2016헌가8 등).

생각건대 헌법 제21조 제2항의 검열금지규정은 헌법에서 직접 기본권제한의 한계를 명시하고 있는 것이기 때문에 <u>헌법 제37조 제2항에 따라 국가안전보장, 질서유지 또는 공공복리를 위하여 필요한 경우라도 검열이 허용될 수 있는 것이 아니다.</u> 그리고 헌법 제21조 제2항이 상업광고를 배제하고 있지 않으며, 표현의 자유의 보호대상에서 사전검열금지원칙의 적용이 배제되는 영역을 따로 설정할 수 있는지, 설정한다면 그 구별기준은 무엇인지 분명하지 않으므로 긍정설이 타당하다.

이 사건 의료기기광고는 질병을 진단·치료·경감·처치 또는 예방할 목적으로 사용되는 제품인 의료기기의 효능이나 우수성 등에 관한 정보를 널리 알려 의료기기소비를 촉진하려는 행위로서 상업광고의 성격을 가지고 있지만, 헌법 제21조 제1항과 제2항도 당연히 적용되어 사전검열도 금지된다.❶

(5) 사례의 경우

1) 허가를 받기 위한 표현물의 제출의무가 있는지 여부

법 제25조 제1항은 의료기기를 광고하려는 자는 미리 식품의약품안전처장의 심의를 받도록 하고 있다. 그리고 식품의약품안전처고시 제5조는 의료기기 광고 내용과 필요한 경우 제품설명서를 첨부하여 심의기관에 서류를 제출하도록 하고 있다. 이는 일반적으로 허가를 받기 위한 표현물의 제출의무를 부과한 것에 해당한다.

---

❶ 건강기능식품에 광고에 있어서 헌재는 비록 변경 전 판례이지만 사전검열금지원칙의 적용을 부정한 바 있고(2010.7.29. 2006헌바75), 이와 같은 입장을 고려하면 당해 사건인 의료기기의 광고에 대하여도 그 상품광고의 특수한 성격을 고려하여 사전검열금지원칙의 적용이 부정될 여지도 있다.

2015헌바75 사건의 재판관 조용호의 반대의견 - 사전검열금지원칙은 헌법이 언론·출판의 자유를 보장하고 사전검열을 금지하는 목적에 맞게 한정하여 적용해야 한다. 의료는 국민 건강에 직결되므로 의료광고에 대해서는 합리적인 규제가 필요하고, 의료광고는 상업광고로서 정치적·시민적 표현행위 등과 관련이 적으므로, 의료광고에 대해서는 사전검열금지원칙이 적용되지 않는다고 보아야 한다. 가사 의료광고에 대해 사전검열금지원칙이 적용된다고 할지라도, 의사·치과의사·한의사로 구성된 민간단체인 각 의사협회가 사전심의업무를 처리하고 있는 점, 심의위원회의 심의위원 위촉에 보건복지부장관의 관여가 배제되어 있는 점, 심의위원회는 자체적으로 운영규정 및 의료광고 심의기준을 제·개정해 왔다는 점, 심의위원회는 수수료를 재원으로 하여 독립적으로 운영된다는 점, 보건복지부장관은 심의내용에 관해 구체적인 업무지시를 하지 않고 있는 점 등을 고려하면, 각 의사협회는 행정권으로부터 독립된 민간 자율기구로서 행정주체성을 인정하기 어렵다. 따라서 이 사건 법률규정들은 사전검열금지원칙에 위배되지 아니한다.

2) 허가를 받지 아니한 의사표현을 금지하는지 여부

이 사건 금지규정(제24조)은 누구든지 법 제25조에 따른 심의를 받지 아니한 의료광고를 하지 못한다고 규정하고 있다. 이는 허가받지 않은 의사 표현을 금지하는 것에 해당한다.

3) 심사절차를 관철할 수 있는 강제수단이 존재하는지 여부

이 사건 처벌규정(제52조)은 누구든지 사전심의를 받지 않은 의료광고를 하는 경우 3년 이하의 징역이나 3천만 원 이하의 벌금에 처하도록 하여 사전심의를 받을 수밖에 없도록 강제하고 있다. 이와 같은 형벌의 부과는 사전심의절차를 관철하기 위한 강제수단에 해당한다.

4) 행정권이 주체가 된 사전심사절차가 존재하는지 여부

헌법상 검열금지원칙은 검열이 행정권에 의하여 행하여지는 경우에 한하므로, 이 사건 의료광고의 심의기관인 심의위원회가 행정기관에 해당하는지 여부에 대해 살펴본다.

첫째, 법은 제25조 제1항에서 "의료기기를 광고하려는 자는 미리 식품의약품안전처장의 심의를 받아야 한다."라고 규정하여 그 심의주체를 식품의약품안전처장으로 정하고 있고, 그 제2항에서 "식품의약품안전처장은 제1항에 따른 심의에 관한 업무를 제20조에 따라 설립된 의료기기 관련 단체에 위탁할 수 있다."라고 규정하여 의료광고 심의업무의 위탁근거를 마련하고 있다.

둘째, 식품의약품안전처고시는 의료기기 광고 심의위원회를 설치토록 하면서(제10조 제1항), 심의위원회 위원의 수, 위원의 자격 등 심의위원회의 구성에 관하여 직접 규율하고 있다(제10조 제2항 내지 제4항). 이는 곧 심의위원회 구성에 행정권이 개입할 수 있다는 것을 의미한다.

셋째, 식품의약품안전처고시 제12조 제1항과 제2항은 심의기관의 장으로 하여금 식품의약품안전처장에게 매년 광고심의와 관련된 사업계획을 보고하여야 하고, 매 심의결과를 역시 보고하도록 하고 있으므로, 심의기관은 의료기기 광고 사전심의 업무를 처리함에 있어서도 행정기관인 식품의약품안전처장의 영향력 아래 있다고 할 것이다.

이상과 같은 사정들을 종합하여 보면, 심의위원회가 의료기기 광고의 사전심의업무를 수행함에 있어서 식품의약품안전처장 등 행정권의 영향력에서 완전히 벗어나 독립적이고 자율적으로 사전심의를 하고 있다고 보기 어렵고, 결국 심의위원회의 행정기관성은 이를 부인할 수 없다.

5) 소 결

그렇다면 본 사례에서 의료기기 광고 심의위원회가 식품의약품안전처장으로부터 지속적인 관리·감독을 받는지 여부가 불분명하더라도, 국가가 입법의 형태로 의료기기 광고에 대한 사전심의제를 계획하고 의도한 이상 의료기기 광고에 대한 사전심의제는 헌법이 금지하는 사전검열에 해당한다고 할 것이다.

5. 과잉금지원칙 위반 여부

(1) 문제점

상업광고가 표현의 자유에 의해 보호되더라도 사전검열금지원칙이 적용되지 않는 경우, 그리고 상업광고에 사전검열금지원칙이 적용되더라도 사전검열의 요건에 해당하지 않을 경우에는 본 사례에서 의료기기 광고에 대한 사전심의제는 헌법 제21조 제2항의 사전검열금지원칙에 위배되지 않는다. 그러나 이 경우에도 헌법 제37조 제2항의 과잉금지원칙에 위배되는지 여부는 별도로 판단하여야 한다.

(2) 과잉금지원칙의 의의

헌법 제37조 제2항은 「국민의 모든 자유와 권리는 … 필요한 경우에 한하여 … 제한할 수 있다」라고 하여 과잉금지원칙을 규정하고 있다. 과잉금지의 원칙이란 목적의 정당성, 수단의 적합성, 피해의 최소성, 법익의 균형성을 의미한다. 즉 국민의 기본권을 제한하려는 입법목적이 헌법 및 법률의 체제상 그 정당성이 인정되어야 하고, 그 목적의 달성을 위하여 그 방법이 효과적이고 적절하여야 하며, 기본권의 제한은 필요한 최소한도에 그치도록 하여야 하며, 그 입법에 의하여 보호하려는 공익과 침해되는 사익을 비교형량할 때 보호되는 공익이 더 커야 한다.

(3) 상업광고와 과잉금지원칙의 적용

상업광고가 표현의 자유에 의해 보호되는 이상 헌법 제37조 제2항의 과잉금지원칙이 적용된다. 그런데 상업광고는 표현의 자유의 보호영역에 속하지만 사상이나 지식에 관한 정치적, 시민적 표현행위와는 차이가 있다. 그러므로 상업광고 규제에 관한 비례의 원칙 심사에 있어서 '피해의 최소성' 원칙은 같은 목적을 달성하기 위하여 달리 덜 제약적인 수단이 없을 것인지 혹은 입법목적을 달성하기 위하여 필요한 최소한의 제한인지를 심사하기 보다는 '입법목적을 달성하기 위하여 필요한 범위 내의 것인지'를 심사하는 정도로 완화하는 것이 상당하다.

(4) 사례의 경우

1) 목적의 정당성 및 수단의 적합성

이 사건 법률규정들은 사전심의를 통해 유해한 의료기기광고를 사전에 차단하고 의료기기에 대한 올바른 정보를 제공함으로써, 국민의 생명권과 건강권을 보호하기 위한 것으로 목적의 정당성 및 수단의 적합성이 인정된다.

2) 침해의 최소성

의료기기광고는 일반적인 상품이나 용역광고와 달리 국민의 생명·건강에 직결되는 의료서비스를 그 내용으로 하는 것이므로, 소비자를 기만하거나 정당화되지 않은 의학적 기대를 초래 또는 오인하게 할 우려가 있거나 공정한 경쟁을 저해하는 의료기기광고에 대해서는 더욱 강력하게 규제할 필요가 있다. 잘못된 의료기기광고로 인해 국민들이 입을 수 있는 신체·건강상의 피해가 크다는 점, 사후 제재를 하더라도 이미 발생한 피해회복이 어렵다는 점 등을 고려하면 사후적인 제재는 실효성 있는 대안으로 보기 어려우므로 사전심의를 거치도록 하는 것은 입법목적 달성을 위해 필요한 범위 내인 것으로 보인다. 더욱이 이 사건 법률규정처럼 심의 자체에는 행정권이 개입하지 않는 독립위원회 내지 민간단체의 자율적 심의라면 이로 인한 기본권침해는 최소화된다고 볼 수 있다. 따라서 이 사건 법률규정은 최소침해성의 원칙에도 저촉되지 않는다.

3) 법익의 균형성

나아가 법상 사전심의제도에 의하여 달성하려는 공익은 유해한 의료기기광고를 사전에 차단하여 국민의 생명과 건강을 지키기 위한 것으로 그 중요성이 크고, 위에서 본 바와 같이 의료기기광고 사전심의는 독립위원회 내지 민간단체에 의해 자율적으로 이루어지는 점, 심의 신청이 비교적 간단한 점 등을 고려하면 추구하는 공익이 제한되는 사익에 비해 작다고 할 수 없으므로 법익 균형성에 반하지 않는다.

4) 소 결

따라서 이 사건 법률규정들은 과잉금지원칙에도 위배되지 아니한다.❶

6. 사안의 해결

설문의 의료기기 광고는 상업광고로서 표현의 자유에 의한 보호를 받고, 심의위원회가 행하는 이 사건 의료기기 광고 사전심의는 헌법이 금지하는 사전검열에 해당하는바, 乙의 표현의 자유를 침해한다.

그런데 상업광고에 사전검열금지원칙이 적용되지 않는다고 볼 경우나 위 사전심의제가 사전검열금지원칙에 위배되지 않는다고 할 경우에, 의료기기 광고에 대한 사전심의제는 과잉금지원칙에도 위반된다고 보기 어렵고, 그 결과 A회사의 표현의 자유를 침해하는 것은 아니다.

---

❶ 과잉금지원칙 위반으로 볼 경우 검토 - 이 사건 법률규정들은 사전심의를 통해 유해한 의료기기광고를 사전에 차단하고 의료기기에 대한 올바른 정보를 제공함으로써, 국민의 생명권과 건강권을 보호하기 위한 것으로 목적의 정당성 및 수단의 적합성이 인정된다. 한편, 인터넷광고가 상업적 광고인 경우에는 그 영리추구성으로 인하여 광고목적물의 가치를 과장하거나 유혹적인 방법을 사용하기 쉽고, 인터넷광고의 영향력은 광범위하며, 그 인터넷광고의 내용이 거짓됨·과장·선정적 등의 사유로 인한 피해를 인터넷광고 후에 회복시키기 어렵기 때문에, 상업적 인터넷광고에 대하여 사전에 심의하게 할 필요가 있다고 할 수 있다. 그렇다고 하더라도, <u>모든 상업적 인터넷광고를 일률적으로 사전에 심의하도록 하는 것은 허용되기 어렵고, 특정의 구체적인 상업적 인터넷광고가 허위·과장·선정성 등의 사유로 광고하기 어려운 사정이 있는 경우에 이를 심사하는 절차를 마련함으로써 충분</u>하다고 할 것이다. 따라서 최소침해성의 원칙을 충족하지 못하였다.
나아가 사전심의제도에 의하여 달성하려는 공익의 중요성도 인정되나, 이로 이해 침해되는 사익이 더 크다고 보이므로 법익의 균형성에도 반한다.
결국 이 사건 법률규정들은 과잉금지원칙에 위반된다고 할 것이다.

甲은 서울에서 주유소를 운영하는 자로, 기존 주유소 진입도로 외에 주유소 인근 구미대교 남단 도로(이하 '이 사건 본선도로'라 한다)에 인접한 도로부지(이하 '이 사건 도로'라 한다)를 주유소 진·출입을 위한 가·감속차로 용도로 사용하고자 관할구청장 乙에게 도로점용허가를 신청하였다. 이 사건 본선도로는 편도 6차로 도로이고, 주행제한속도는 시속 70km이며, 이 사건 도로는 이 사건 본선도로의 바깥쪽을 포함하는 부분으로 완만한 곡선구간의 중간 부분에 해당한다. 이 사건 본선도로 중 1, 2, 3차로는 구미대교 방향으로 가는 차량이, 4, 5차로는 월드컵대로 방향으로 가는 차량이 이용하도록 되어 있다. 4, 5차로를 이용하던 차량이 이 사건 본선도로 중 6차로 및 이 사건 도로부분을 가·감속차로로 하여 주유소에 진입하였다가 월드컵대로로 진입하는 데 별다른 어려움은 없다.

한편, 丙은 이 사건 도로상에서 적법한 도로점용허가를 받지 않고 수년 전부터 포장마차를 설치하여 영업을 하고 있었다.

4. 丙은 이 사건 도로상에서 운영하고 있던 포장마차를 인근 보도상으로 이전하고 「서울특별시 보도상 영업시설물 관리 등에 관한 조례」 제3조 제2항에 근거하여 乙로부터 도로점용허가를 받아 운영하게 되었다. 丙은 도로점용허가기간 만료에 임박하여 점용허가 갱신을 신청하려고 하던 중, 위 조례 제3조 제4항이 자산금액 요건을 충족한 경우에만 점용허가를 갱신해 주도록 하고 있는데, 자신의 자산금액이 그 갱신 요건을 충족하지 못하여 도로점용허가 갱신이 불가능하다는 것을 알게 되었다. 丙은 위 조례 제3조 제4항이 자신의 재산권을 침해하고 있다는 것을 이유로 헌법재판소에 헌법소원심판청구를 하려고 한다.

나. 丙의 재산권침해 주장에 대한 타당성에 대하여 논하시오. (10점)

📁 **참조조문**

※ 아래 법령은 각 처분 당시 적용된 것으로 가상의 것이다.

서울특별시 보도상 영업시설물 관리 등에 관한 조례

제3조 【점용허가】 ② 시장은 점용허가를 받은 운영자에게 별지 제2호 서식에 의한 도로점용허가증을 교부한다. 이 경우 점용허가기간은 1년 이내로 한다.

④ 도로점용 허가기한이 만료되는 운영자는 본인 및 배우자 소유의 부동산, 「국민기초생활보호법 시행규칙」 제3조 제1항 제1호 다목의 규정에 의한 임차보증금 및 같은 조 같은 항 제2호 규정에 의한 금융재산을 합하여 2억 원 미만인 자에 한하여 1년의 범위 안에서 2회에 한하여 갱신 허가하되, 이 경우 제3항에 의한 위원회를 거치지 아니한다.

제12조【사무의 위임】이 조례에 의한 다음 각 호에 해당하는 시장의 사무는 시설물이 위치하는 지역을 관할하는 구청장에게 위임한다.
  1. 제3조의 규정에 의한 도로점용허가

 핵심공략

설문 4-나는 '재산권의 보호대상'과 직결되는 문제이다. '재산권이 침해'되기 위해서는 '재산권의 보호 대상에 대한 제한'이 존재해야 하므로, 우선 '재산권의 보호대상'에 대한 헌재판시를 적시한 후 설문이 이에 해당하는지 여부를 검토하면 된다.

─────────── 〈목 차〉 ───────────

Chapter 02

I. 설문 4-나의 해결

1. 재산권의 의의

헌법 제23조 제1항에 의해 보호되는 재산권이란 사적 유용성 및 원칙적 처분권을 내포하는 재산가치 있는 구체적 권리를 말한다. 여기서 '재산가치 있는 구체적 권리'라 함은 경제적 가치가 있는 모든 공법상·사법상의 권리를 뜻한다. 따라서 단순한 법적 지위나 경제적 기회·기대이익·반사적 이익 등은 재산권에 포함되지 않는다(95헌바36). 헌법재판소는 재산권의 보호범위를 넓게 파악하여 '재산 그 자체'도 재산권의 보호대상으로 판단하고 있다(2000헌가5등).

2. 사례의 해결

이 사건 조례조항은 '시설물'이 아닌 시설물의 설치장소로서의 '도로'에 대한 점용권을 제한하는 것이므로 시설물 자체에 대한 丙의 소유권이나 처분권에는 어떠한 영향도 미치지 않는다. 따라서 도로점용기간이 만료되어 원상회복을 하는 경우 丙이 자비로 설치한 시설물에 대하여는 시설물을 다른 장소로 이관하고 도로를 반환하면 된다.

또한 丙이 '보도상에서' 시설물을 운영할 수 있는 권리는 도로점용 허가기간 동안만 일시적으로 사용을 허가받은 것에 불과하므로 허가기간이 만료된 이후에도 갱신허가를 통하여 계속 시설물 영업으로 수익을 얻을 수 있으리라는 기대는 단순한 사실적·반사적 이익 내지 경제적 기회에 불과하여 헌법상 보장된 재산권이라고 볼 수 없다. 헌법재판소도 유사한 사례에서 같은 취지로 판시하였다(2008. 12.26. 2007헌마1387).

경기도지사 乙은 2018.5.3. 관할 A군에 소재한 분묘가 조선 초 유명 화가의 묘로 구전되어 오는데 다가 그 양식이 학술상 원형보존의 가치가 있다는 이유로 「문화재보호법」 제70조, 「경기도 문화 재 보호 조례」 제11조에 따라 이를 도지정문화재로 지정·고시하였다. 또한 乙은 2018.6.8. 해당 분묘를 보호하기 위하여 분묘경계선 바깥쪽 10m까지의 총 5필지 5,122㎡를 문화재보호구역으로 지정·고시하였다. 이에 해당 화가의 후손들로 이루어진 종중 B는 해당 화가의 진묘가 따로 존재 한다고 주장하면서 乙에게 문화재지정처분을 취소 또는 해제하여 줄 것을 요청하는 청원서를 제 출하였다. 이에 대해 乙은 문화재지정처분은 정당하여 그 취소 또는 해제가 불가하다는 회신을 하였다(이하 '불가회신'이라고 한다). 한편, 위 문화재보호구역 내에 위치한 일부 토지를 소유하고 있는 甲은 2019.3.14. 재산권 행사의 제한 등을 이유로 乙에게 자신의 소유토지를 대상으로 한 문화재보호구역 지정을 해제해 달라는 신청을 하였다. 그러나 乙은 2019.6.5. 甲이 해제를 요구한 지역은 역사적·문화적으로 보존가치가 있을 뿐만 아니라 분묘의 보호를 위하여 문화재보호구역 지정해제가 불가함을 이유로 甲의 신청을 거부하는 회신을 하였다(이하 '거부회신'이라고 한다).

3. 甲은 자신의 토지가 문화재보호구역으로 지정됨으로써 수인할 수 없는 재산상의 손실이 발생 하였다고 주장한다(관계법령에는 이에 관한 손실보상규정이 없다). 헌법상 재산권이 침해되었 다는 甲의 주장의 당부를 판단하시오. (30점)

📁 **참조조문**

문화재보호법

제27조【보호물 또는 보호구역의 지정】 ① 문화재청장은 제23조·제25조 또는 제26조에 따른 지정을 할 때 문화재 보호를 위하여 특히 필요하면 이를 위한 보호물 또는 보호구역을 지정할 수 있다.

② (삭제)

③ 문화재청장은 제1항 및 제2항에 따라 보호물 또는 보호구역을 지정하거나 조정한 때에는 지정 또는 조정 후 매 10년이 되는 날 이전에 다음 각 호의 사항을 고려하여 그 지정 및 조정의 적정성을 검토하여 야 한다. 다만, 특별한 사정으로 인하여 적정성을 검토하여야 할 시기에 이를 할 수 없는 경우에는 대통 령령으로 정하는 기간까지 그 검토시기를 연기할 수 있다.

1. 해당 문화재의 보존가치

2. 보호물 또는 보호구역의 지정이 재산권 행사에 미치는 영향

3. 보호물 또는 보호구역의 주변 환경

제35조 【허가사항】 ① 국가지정문화재(국가무형문화재는 제외한다. 이하 이 조에서 같다)에 대하여 다음 각 호의 어느 하나에 해당하는 행위를 하려는 자는 대통령령으로 정하는 바에 따라 문화재청장의 허가를 받아야 하며, 허가사항을 변경하려는 경우에도 문화재청장의 허가를 받아야 한다. 다만, 국가지정문화재 보호구역에 안내판 및 경고판을 설치하는 행위 등 대통령령으로 정하는 경미한 행위에 대해서는 특별자치시장, 특별자치도지사, 시장·군수 또는 구청장의 허가(변경허가를 포함한다)를 받아야 한다.

1. 국가지정문화재(보호물·보호구역과 천연기념물 중 죽은 것 및 제41조 제1항에 따라 수입·반입 신고된 것을 포함한다)의 현상을 변경하는 행위로서 대통령령으로 정하는 행위

제70조 【시·도지정문화재의 지정 및 시·도등록문화재의 등록 등】 ① 시·도지사는 그 관할구역에 있는 문화재로서 국가지정문화재로 지정되지 아니한 문화재 중 보존가치가 있다고 인정되는 것을 시·도지정문화재로 지정할 수 있다.

② ~ ⑤ <생략>

⑥ 시·도지정문화재와 문화재자료의 지정 및 해제절차, 시·도등록문화재의 등록 및 말소절차, 시·도지정문화재, 문화재자료 및 시·도등록문화재의 관리, 보호·육성, 공개 등에 필요한 사항은 해당 지방자치단체의 조례로 정한다.

제74조 【준용규정】 ① <생략>

② 시·도지정문화재와 문화재자료의 지정과 지정해제 및 관리 등에 관하여는 제27조, 제31조 제1항·제4항, 제32조부터 제34조까지, 제35조 제1항, 제36조, 제37조, 제40조, 제42조부터 제45조까지, 제48조, 제49조 및 제81조를 준용한다. 이 경우 "문화재청장"은 "시·도지사"로, "대통령령"은 "시·도조례"로, "국가"는 "지방자치단체"로 본다.

문화재보호법 시행령

제21조의2 【국가지정문화재 등의 현상변경 등의 행위】 ① 법 제35조 제1항 제1호에서 "대통령령으로 정하는 행위"란 다음 각 호의 행위를 말한다.

1. ~ 2. <생략>

3. 국가지정문화재, 보호물 또는 보호구역 안에서 하는 다음 각 목의 행위

　가. 건축물 또는 도로·관로·전선·공작물·지하구조물 등 각종 시설물을 신축, 증축, 개축, 이축(移築) 또는 용도변경(지목변경의 경우는 제외한다)하는 행위

　나. <생략>

　다. 토지 및 수면의 매립·간척·땅파기·구멍뚫기, 땅깎기, 흙쌓기 등 지형이나 지질의 변경을 가져오는 행위

경기도 문화재 보호 조례

제11조 【도지정문화재】 ① 도지사는 법 제70조 제1항에 따라 도지정문화재(무형문화재를 제외한다. 이하 제3장에서 같다)를 지정하는 경우 유형문화재·기념물·민속문화재로 구분하여 문화재위원회의 심의를 거쳐 지정한다.

② ~ ③ <생략>

④ 도지정문화재의 지정에 필요한 기준 및 절차는 규칙으로 정한다.

제17조 【지정의 해제】 ① 도지사는 법 제74조 및 법 제31조 제1항에 따라 도지정문화재 및 문화재자료가 지정문화재로서의 가치를 상실하거나 가치평가를 통하여 지정을 해제할 필요가 있는 때에는 문화재위원회의 심의를 거쳐 그 지정을 해제할 수 있다. 다만, 도지정문화재가 국가지정문화재로 지정된 때에는 그 지정된 날에 도지정문화재에서 해제된 것으로 본다.

② ~ ④ <생략>

⑤ 도지사는 제1항에 따라 문화재의 지정을 해제한 때에는 그 취지를 도보에 고시하고, 해당 문화재의 소유자에게 통지하여야 한다. 이 경우 그 해제의 효력은 도보에 고시한 날로부터 발생한다.

⑥ 도가 지정한 문화재의 소유자가 제1항에 따른 해제 통지를 받으면 그 통지를 받은 날부터 30일 이내에 지정서를 도지사에게 반납하여야 한다.

⑦ 도지사는 제13조 제3항에 따른 검토 결과 보호물 또는 보호구역의 지정이 적정하지 아니하거나 그 밖에 특별한 사유가 있는 때에는 보호물 또는 보호구역의 지정을 해제하거나 그 지정 범위를 조정하여야 한다.

⑧ 도지사는 도지정문화재의 지정이 해제된 때에는 지체 없이 해당 문화재의 보호물 또는 보호구역의 지정을 해제하여야 한다.

재산권의 침해 여부가 문제될 경우, 일반적으로는 ① 재산권의 개념(보호대상) 및 재산권의 제한, ② 재산권제한의 성격, ③ 재산권제한의 한계에 관한 일반론을 적시한 후 이를 사례에 대입하여 검토하면 된다. 그런데 본 사례에서처럼 재산권제한의 성격과 관련하여 헌법 제23조 제1항 및 제2항의 사회적 제약에 해당하는지 아니면 헌법 제23조 제3항의 공용침해에 해당하는지가 논점이 되는 경우에는, 분리이론과 경계이론을 소개한 후 어느 한 이론에 입각하여 사례의 재산권제한의 성격에 대해 언급을 하여야 할 것이다. 헌재 태도가 타당하다고 보고 분리이론에 따라 헌법 제23조 제1항 및 제2항의 사회적 제약에 해당할 경우에는, 과잉금지의 원칙(비례의 원칙) 및 본질적 내용 침해금지의 원칙, 평등원칙, 신뢰보호의 원칙 등을 기준으로 그 위헌 여부를 판단하면 된다. 그러나 경계이론이 타당하다고 할 경우에는, 사회적 제약을 넘는 재산권제한에 해당하면 공용침해로 전환되므로 이때에는 헌법 제23조 제3항의 요건을 검토하여야 한다. 즉 '공공필요', '법률에 근거한 수용·사용·제한', '정당한 보상' 등의 요건을 갖추고 있는지를 살펴보고 어느 한 요건이라도 흠결이 발생하면 비로소 재산권침해가 성립한다.

참고로 경계이론에 의할 때 재산권제한이 공용침해로 전환하는 기준인 특별희생에 관한 사적효용설 등의 학설이 있는데, 이는 분리이론에서 비례원칙 위배를 판단하는 기준이 되기도 한다. 즉 재산권의 대상을 종래의 목적으로 사용할 수 없거나 사적효용이 공적효용으로 바뀌는 경우에는 경계이론에 따르면 특별희생이 인정되어 공용침해로 전환되지만, 분리이론에 따르면 내용규정이 비례원칙에 위배될 수도 있다는 점이다. 즉 비례원칙 위배 여부와 특별희생 여부는 별개가 아닌 일정 관련성이 있음을 이해할 필요가 있다.

〈목 차〉

Ⅰ. 논점의 정리

설문의 경우 우선 경기도지사 乙의 도지정문화재보호구역(이하 '문화재보호구역'이라 한다) 지정으로 인하여 헌법 제23조에서 보장하고 있는 甲의 재산권이 제한되는지가 문제된다. 다음으로 문화재구역 지정의 성격이 재산권의 사회적 제약에 해당하는지 아니면 공용침해에 해당하는지를 살펴보아야 한다. 각각 위헌성 판단기준과 구제방법이 다르기 때문이다. 이러한 판단에 기초하여 문화재보호구역 지정이 재산권의 본질내용침해금지원칙이나 과잉금지원칙 등에 위반하여 甲의 재산권을 침해하는지를 검토하도록 한다.

Ⅱ. 재산권의 보호대상과 제한

1. 재산권의 보호대상

헌법 제23조 제1항에 의해 보호되는 재산권이란 사적 유용성 및 원칙적 처분권을 내포하는 재산가치 있는 구체적 권리를 말한다. 여기서 '재산가치 있는 구체적 권리'라 함은 경제적 가치가 있는 모든 공법상·사법상의 권리를 뜻한다. 따라서 단순한 법적 지위나 경제적 기회·기대이익·반사적 이익 등은 재산권에 포함되지 않는다(1996.8.29. 95헌바36). 헌법재판소는 재산권의 보호범위를 넓게 파악하여 '재산 그 자체'도 재산권의 보호대상으로 판단하고 있다(2002.8.29. 2000헌가5 등).

2. 甲의 재산권의 제한

「문화재보호법」 및 같은 법 시행령,「경기도 문화재 보호 조례」에 의해 '문화재보호구역'으로 지정되면, "문화재보호구역의 현상을 변경하는 행위로서 도조례로 정하는 행위", 즉 '문화재 보호구역' 안에서 건축물 등 각종 시설물을 신축, 증축, 개축, 이축 또는 용도변경(지목변경은 제외)하는 행위나 토지 및 수면의 매립 등 지형이나 지질의 변경을 가져오는 행위(「문화재보호법 시행령」 제21조의2 제1항 제3호) 등은 금지되고, 이러한 행위를 하려면 도조례로 정하는 바에 따라 시·도지사의 허가를 받아야 하며, 허가사항을 변경하려는 경우에도 시·도지사의 허가를 받아야 한다(「문화재보호법」 제74조 제2항, 제35조 제1항 제1호).

결국 '문화재보호구역'이 지정·고시되면 문화재 보호구역 내에 토지 소유자의 토지재산권의 한 내용인 토지의 자유로운 사용권이 제한되므로, 경기도지사 乙의 '문화재보호구역'지정으로 인해 甲은 헌법 제23조 제1항이 보장하는 재산권을 제한받는다.

Ⅲ. 재산권제한의 성격 및 위헌성 심사기준

1. 재산권의 사회적 제약과 공용침해의 구별

(1) 문제점

설문에서 '문화재보호구역 지정'에 의한 甲의 재산권 제한이 헌법 제23조 제2항의 사회적 제약에 해당하는지 아니면 헌법 제23조 제3항의 공용침해에 해당하는지가 문제된다. 재산권제한의 성격에 따라 그 위헌성 판단기준과 구제방법이 다르기 때문이다.

(2) 학 설

헌법 제23조 제1항 및 제2항의 재산권의 '내용 및 한계규정'(이를 줄여 '내용규정'이라고도 한다)에 해당하는 사회적 제약과 제23조 제3항의 공용침해를 구별하는 기준에 관한 학설로서는 '재산권제한의 정도의 차이로 보는' 경계이론과 '완전히 별개의 서로 독립된 제도로 보는' 분리이론 두 가지가 있다.

경계이론(수용이론)은 재산권제한의 '정도'를 기준으로 사회적 제약과 공용침해를 구별한다. 즉 사회적 제약은 공용침해보다 재산권에 대한 침해가 적은 경우로서 보상 없이 감수해야 하는 반면, 공용침해는 재산권의 사회적 제약의 범주를 넘어서는 것으로서 보상을 필요로 하는 재산권에 대한 침해를 말한다. 따라서 보상을 요하지 않는 사회적 제약은 '재산권제한의 효과'가 일정한 강도를 넘음으로써 자동적으로 보상을 요하는 공용침해로 전환된다.

그러나 분리이론(단절이론)은 재산권제한의 '형식'을 기준으로 사회적 제약과 공용침해를 구별한다. 즉 사회적 제약은 일반·추상적인 형식으로 장래에 있어서 재산권의 내용을 형성하고 확정하는 것을 말하고, 공용침해는 이미 형성된 구체적인 재산권적 지위를 박탈하는 것을 말한다. 분리이론에 따르면, 재산권의 내용 및 한계규정이 비례의 원칙에 위배되어 수용적 효과를 가져오면 '공용침해'로 전환하는 것이 아니라 '보상의무 있는 내용규정'이 된다. 따라서 재산권제한의 유형은 '보상이 필요없는 내용규정', '보상의무 있는 내용규정', '보상을 요하는 공용침해'의 3가지로 구분된다.

(3) 헌법재판소의 태도

헌법재판소는 사회적 제약의 한계를 넘는 재산권의 제한을 헌법 제23조 제3항의 의미에서의 공용침해로 보지 아니하고 비례의 원칙에 위반되는 '재산권의 내용 및 한계규정'으로 이해하여 헌법 제23조 제1항 및 제2항에 근거하여 그 위헌성을 판단하고 있다(1998.12.24. 89헌마214등). 이를 통해 볼 때 헌법재판소는 재산권의 내용규정으로서 사회적 제약과 공용침해를 구분함에 있어서 분리이론을 취하고 있음을 알 수 있다.

(4) 검 토

헌법상의 재산권보장은 자유실현의 물질적 바탕을 의미하고, 자유와 재산권은 상호보완관계이자 불가분의 관계에 있다. 재산권의 이러한 자유보장적 기능을 고려한다면 재산권보장의 1차적 기능은 단순히 재산적 가치를 보장해주는 데 그치는 것이 아니라, 기본권주체의 수중에 있는 구체적인 재산권의 존속을 보장하는 데 있다. 따라서 재산권의 존속을 우선적으로 보호함으로써 재산권의 보호를 강화하고자 하는 분리이론이 우리 헌법상의 재산권보장의 내용에 보다 합치하는 이론이라고 할 것이다.

2. 재산권제한의 위헌성 심사기준

분리이론에 의할 때 '재산권의 내용 및 한계규정'과 공용침해는 서로 독립된 별개의 제도이기 때문에 그 위헌성을 심사하는 기준도 각기 달라서, '재산권의 내용 및 한계규정'의 경우 다른 기본권 제한입법과 마찬가지로 과잉금지원칙(비례원칙) 및 본질적 내용 침해금지의 원칙, 평등원칙, 신뢰보호원칙등을 기준으로 하여 위헌 여부를 판단한다. 다시 말하자면, 경계이론과 달리 재산권의 사회적 기속성에 기한 제한 역시 다른 기본권에 대한 제한입법과 마찬가지로 헌법 제37조 제2항에 따른 법률유보원칙, 과잉금지원칙을 준수하여야 하고 재산권의 본질적 내용인 사적 이용권과 원칙적인 처분권을부인하여서는 아니 된다. 따라서 재산권에 대한 제약이 과잉금지원칙 등에 합치하는 것이라면 그 제약은 재산권자가 수인하여야 하는 사회적 제약의 범위 내에 있는 것이고, 반대로 재산권에 대한 제약이 과잉금지원칙 등에 반하는 것이라면 그 제약은 재산권자가 수인하여야 하는 사회적 제약의 한계를 넘는 것이며, 따라서 입법자가 재산권을 과잉금지원칙 등에 부합하게 합헌적으로 제한하기 위해서는 수인의 한계를 넘어 가혹한 부담이 발생하는 예외적인 경우에는 이를 완화하는 보상규정을 두어야 한다(2006.7.27. 2003헌바18). 그러나 공용침해는 '공공필요', '법률에 의한 수용·사용·제한', '정당한 보상' 등 헌법 제23조 제3항이 스스로 정하고 있는 조건하에서만 허용된다.

3. 설문의 경우

헌법재판소의 판례(분리이론)에 의할 경우, '문화재보호구역' 안에 있는 토지에 건축물 등 각종 시설물을 신축, 증축, 개축, 이축하거나 토지의 용도변경(지목변경은 제외)하는 행위, 토지의 지형이나 지질의 변경을 가져오는 행위를 금지하고 이러한 현상 변경행위를 하려면 관할 관청의 허가를 받도록 의무를 부과하도록 하는 규정(「문화재보호법」 제74조 제2항, 제35조 제1항 제1호, 「문화재보호법 시행령」 제21조의2 제1항 제3호)은 이미 형성된 구체적인 재산권적 지위를 박탈하는 규정(공용침해규정)이 아니라 토지재산권에 관한 권리와 의무를 일반·추상적으로 확정함으로써 재산권의 내용과 한계를 정하는 규정으로 보아야 한다.

그렇다면 설문에서 甲의 재산권침해 여부의 판단도 과잉금지의 원칙 등 기본권제한의 일반원칙을기준으로 하여야 한다. 즉 문화재 보호구역의 지정이 甲의 토지재산권의 본질적 내용인 사적 이용권과 원칙적인 처분권을 부인하여서는 아니 되므로 재산권의 본질적 내용 침해 여부를 검토해 보아야하고, 본질적 내용을 침해하지 않더라도 과잉금지의 원칙에 위배되는지 여부를 별도로 검토해 보아야 한다. 설문의 경우 문화재보호법령에 의한 문화재보호구역 지정이므로 법률유보원칙은 준수했으므로, 이에 대해서는 별도로 검토하지 않는다.

IV. 재산권의 본질적 내용의 침해 여부

1. 재산권의 본질적 내용 침해금지의 의의

헌법 제37조 제2항 단서는 「국민의 모든 자유와 권리는 … 제한하는 경우에도 자유와 권리의 본질적 내용을 침해할 수 없다」고 하여, 기본권의 본질적 내용의 침해를 금지하고 있다. 재산권의 본질적인 내용을 침해하는 경우라고 하는 것은 그 침해로 사유재산권이 유명무실해지고 사유재산제도가 형해화되어 헌법이 재산권을 보장하는 궁극적인 목적을 달성할 수 없게 되는 지경에 이르는 경우라고 할 것이다. 따라서 재산권객체에 대한 사적 유용성과 원칙적 처분가능성을 배제할 경우에는 재산권의 본질적 내용을 침해한다고 볼 수 있다.

2. 설문의 경우

재산권의 처분가능성을 보장한다는 것은 처분할 것인지 말 것인지, 처분을 하되 처분의 상대방과 처분의 조건을 결정할 수 있는 자유를 보장한다는 것을 말한다. 그런데 설문의 문화재보호법령이 규제하고자 하는 것은 문화재보호구역 내의 토지의 처분을 강제하거나 처분가능성을 배제하는 것이 아니고, 법에서 정하고 있는 일정한 현상변경행위만을 금지할 뿐이다. 그리고 문화재 보호구역 지정에 의하여 문화재 보호구역 내에 있는 甲의 토지의 사적 유용성이 배제된다고 볼 수도 없다. 따라서 문화재보호구역 지정에 의하여 甲의 재산권이 유명무실해지고 형해화되는 것은 아니기 때문에 재산권의 본질적 내용을 침해하는 것이라 볼 수 없다.

V. 과잉금지원칙의 위배 여부

1. 과잉금지원칙의 의의

과잉금지원칙이란 목적의 정당성, 수단의 적합성, 침해의 최소성, 법익의 균형성을 의미한다. 즉 국민의 기본권을 제한하려는 목적이 헌법 및 법률의 체제상 그 정당성이 인정되어야 하고, 그 목적의 달성을 위하여 그 방법이 효과적이고 적절하여야 하며, 기본권의 제한은 필요한 최소한도에 그치도록 하여야 하며, 그 입법에 의하여 보호하려는 공익과 침해되는 사익을 비교형량할 때 보호되는 공익이 더 커야한다.

2. 토지재산권의 특수성❶

재산권의 사회적 제약의 정도는 재산권대상의 사회적 연관 및 사회적 기능이 크면 클수록 입법자에 의한 보다 광범위한 제한이 정당화된다. 특히 토지는 생산이나 대체가 불가능하여 공급이 제한되어 있고, 인구에 비하여 절대적으로 부족한 반면에, 모든 국민이 생산 및 생활의 기반으로서 토지의 합리적인 이용에 의존하고 있으므로 공동체의 이익이 보다 강하게 관철되어야 한다(1998.12.24. 89헌마214등). 따라서 토지재산권의 경우 입법자에 의한 보다 광범위한 제한이 정당화된다.

이러한 토지재산권의 특수성을 고려할 때, 문화재보호구역 지정으로 인한 개발가능성의 제한과 그에 따른 지가의 하락이나 지가상승률의 상대적 감소는 토지소유자가 감수해야 하는 사회적 제약의 범주에 속하는 것으로 보아야 한다. 자신의 토지를 장래에 건축이나 개발목적으로 사용할 수 있으리라는 기대가능성이나 신뢰 및 이에 따른 지가상승의 기회는 원칙적으로 재산권의 보호범위에 속하지 않는다. 문화재보호구역 지정 당시의 상태대로 토지를 사용·수익·처분할 수 있는 이상, 보호구역

---

❶ 이는 아래 과잉금지원칙 중 '침해의 최소성' 부분에서 언급해도 된다.

지정에 따른 단순한 토지이용의 제한은 원칙적으로 재산권에 내재하는 사회적 제약의 범주를 넘지 않는다. 그러나 문화재보호구역 지정으로 인하여 <u>토지를 종래의 목적으로도 사용할 수 없거나 또는 더 이상 법적으로 허용된 토지이용의 방법이 없기 때문에 실질적으로 토지의 사용·수익의 길이 없는 경우에는 토지소유자가 수인해야 하는 사회적 제약의 한계를 넘는 것</u>으로 보아야 한다(1998.12.24. 89헌마214등; 1999.10.21. 97헌바26 참조).

3. 설문의 경우

(1) 목적의 정당성 및 수단의 적합성

이 사건에서 문제된 문화재보호법령(「문화재보호법」 제74조 제2항, 제35조 제1항 제1호, 「문화재보호법 시행령」 제21조의2 제1항 제3호)은 국가적·민족적 또는 세계적 유산인 문화재의 역사적·예술적·학술적 또는 경관적 가치 보존·관리하기 위하여 '문화재보호구역'을 지정하고 그 지정목적에 부합하지 않는 토지이용을 규제함으로써 토지의 이용과 관련한 공공복리의 증진을 도모하는 것을 제한목적으로 하는바, <u>우리나라가 제헌헌법 이래 헌법의 기본원리로 채택하고 있는 문화국가의 원리</u>(2004.5.27. 2003헌가1), 전통문화의 계승과 민족문화의 창달을 위한 국가의 의무를 규정한 헌법 제9조 등에 비추어볼 때 문화재보호구역 지정 목적의 정당성은 인정된다.

그리고 문화재보호구역으로 지정되면, 보호구역 내의 문화재의 보호를 위하여 보호구역 내의 토지소유자들의 토지사용권이 제한되는데, 이러한 문화재보호구역의 지정이 <u>위와 같은 문화재보호 지정의 목적을 달성하는 데 기여한다는 점은 의문의 여지가 없으므로 수단의 적합성 또한 인정</u>된다.

(2) 침해의 최소성

문화재보호법령은 <u>문화재 보호구역 내에서의 현상변경행위</u>[건축물 등 각종 시설물을 신축, 증축, 개축, 이축하거나 토지의 용도변경(지목변경은 제외)하는 행위, 토지의 지형이나 지질의 변경을 가져오는 행위 등]를 원칙적 혹은 전면적으로 금지하고 있는 것이 아니라 사전에 관할 관청의 허가를 받아서 건축물 등의 신축이나 토지의 용도변경 등을 하도록 하는 것에 불과하고(「문화재보호법」 제74조 제2항, 제35조 제1항 제1호, 「문화재보호법 시행령」 제21조의2 제1항 제3호),❷ 문화재보호법령에서 규정하는 요건을 갖추면 누구라도 허가를 받을 수 있다는 점,❸ 관할 관청(시·도지사)의 허가를 받으면, 건축물 등 각종 시설물의 증축, 개축, 이축뿐만 아니라 신축도 할 수 있다는 점, 지목의 변경은 허가 없이도 가능하다는 점 등을 고려할 때, <u>문화재보호구역으로 지정된다고 하여 보호구역 내의 토지를 종래의 목적으로 사용할 수 없거</u>

---

❷ 2014.2.27. 2012헌바184 등 참조. 이러한 점에서 개발제한구역 내에서 건축물의 건축 등의 개발행위를 원칙적으로 금지하고, 다만 구체적인 경우에 개발제한구역지정의 목적에 위배되지 아니할 경우 예외적으로 허가(재량행위 내지 자유재량행위)에 의하여 개발행위를 할 수 있도록 한 구 「도시계획법」 제21조와는 다르다(2004.3.25. 2003두12837 참조).

❸ 위 설문에서 현상변경 등의 행위에 대한 허가기준 조항이 누락되었는데, 이를 적시했어야 한다.
문화재보호법 제36조(허가기준) ① 문화재청장과 특별자치시장, 특별자치도지사, 시장·군수 또는 구청장은 제35조 제1항에 따라 허가신청을 받으면 그 허가신청 대상 행위가 다음 각 호의 기준에 맞는 경우에만 허가하여야 한다.
1. 문화재의 보존과 관리에 영향을 미치지 아니할 것
2. 문화재의 역사문화환경을 훼손하지 아니할 것
3. 문화재기본계획과 제7조에 따른 연도별 시행계획에 들어맞을 것
② 문화재청장과 특별자치시장, 특별자치도지사, 시장·군수 또는 구청장은 제1항에 따른 허가를 위하여 필요한 경우 대통령령으로 정하는 바에 따라 관계 전문가에게 조사를 하게 할 수 있다.

나 또는 법률상으로 허용된 토지이용의 방법이 없어 실질적으로 토지의 사용수익권이 폐지되었다고 볼 수는 없다. 또한 보호구역 내 토지의 개별적 사정이나 토지소유자의 개별적 사정을 반영한 이용제한의 수단으로는 제한목적을 효율적으로 달성하기 어렵고, 분묘경계선 바깥쪽 10m까지의 총 5필지의 5,122㎡를 문화재보호구역으로 지정하는 것 외에는 달리 제한목적을 달성할 효과적인 대안이나 덜 제약적인 방안이 없으므로, 침해의 최소성원칙에도 위반되지 않는다.❶

(3) 법익의 균형성

문화재보호법령에서 문화재보호구역으로 지정된 토지소유자에게 아무런 보상규정을 두지 아니한 것과 관련하여, 문화재보호구역의 지정이 보호구역 내의 토지소유자에게 사회적 제약의 범위를 넘어선, 과도하고 일방적인 부담이 부과된 것인지 하는 '법익균형성' 요건과 관련된 것이다.

즉, 이 사건 문화재보호구역 지정으로 말미암아 "토지를 종래의 목적으로도 사용할 수 없거나 또는 더 이상 법적으로 허용된 토지이용의 방법이 없기 때문에 실질적으로 토지의 사용·수익의 길이 없는 경우"가 발생한다면 이는 수인한계를 넘는 과도한 부담으로서 이를 완화할 만한 보완조치를 법률에서 마련하지 않으면 재산권을 과도하게 제약하는 것으로서 헌법에 위반된다고 하지 아니할 수 없을 것이다.

그런데 앞서 본 바와 같이 문화재보호구역으로 지정된다고 하여 보호구역 내의 토지를 종래의 목적으로 사용할 수 없거나 또는 법률상으로 허용된 토지이용의 방법이 없어 실질적으로 토지의 사용수익권이 폐지되었다고 볼 수는 없다. 따라서 이 사건 문화재보호구역 지정을 통하여 달성하려고 하는 공익과 그로 인하여 침해되는 사익을 비교형량 할 때 법익의 균형성원칙에도 위반되지 않는다.

(4) 소 결

결국 문화재보호구역의 지정으로 인한 甲의 토지사용권의 제한은 보상규정이 없더라도 과잉금지의 원칙(비례의 원칙)에 위반되지 않는다고 보아야 한다.

VI. 결론

문화재보호구역의 지정으로 인한 토지사용권의 제한은 토지소유자가 감수해야 하는 사회적 제약의 범주에 속하는 것으로서, 보상규정이 없더라도 과잉금지원칙이나 본질내용침해금지원칙에 위배되지 않으므로 甲의 재산권을 침해하지 않는다. 따라서 자신의 토지가 문화재보호구역으로 지정됨으로써 헌법상 재산권이 침해되었다는 甲의 주장은 타당하지 않다.

---

❶ [참고-이견 可] 침해의 최소성 및 법익의 균형성에 반한다는 이견도 가능할 것이다. 문화재보호라는 제한목적을 고려하더라도, ① 후손 종중이 문제제기할 정도로 진묘 여부가 불확실한 상황에서, ② 분묘 자체의 보호를 넘어 분묘경계선 바깥쪽 10m까지를 일률적으로 포함시켜, ③ 총 5필지 5,122㎡에 걸쳐 광범위하게 지정함으로써, 수인할 수 없는 재산상의 제한을 당하고 있다고 볼 여지도 있기 때문이다.

028 운전면허 취소와 직업의 자유

2014년 3회 변호사 제2문

20년 무사고 운전 경력의 레커 차량 기사인 甲은 2013.3.2. 혈중알코올농도 0.05%의 주취 상태로 레커 차량을 운전하다가 신호대기 중이던 乙의 승용차를 추돌하여 3중 연쇄추돌 교통사고를 일으켰다. 위 교통사고로 乙이 운전하던 승용차 등 3대의 승용차가 손괴되고, 승용차 운전자 2명이 약 10주의 치료가 필요한 상해를 입게 되었다.

서울지방경찰청장은 위 교통사고와 관련하여 甲이 음주운전 중에 자동차 등을 이용하여 범죄행위를 하였다는 이유로 1개의 운전면허 취소통지서로 「도로교통법」 제93조 제1항 제3호에 의하여 甲의 운전면허인 제1종 보통·대형·특수면허를 모두 취소하였다.

한편, 경찰조사 과정에서 乙이 위 교통사고가 발생하기 6년 전에 음주운전으로 이미 2회 운전면허 정지처분을 받았던 전력이 있는 사실과 乙이 위 교통사고 당시 혈중알코올농도 0.07% 주취 상태에서 운전한 사실이 밝혀지자, 서울지방경찰청장은 「도로교통법」 제93조 제1항 제2호에 의하여 乙의 운전면허인 제2종 보통면허를 취소하였다.

※ 참고자료로 제시된 법규의 일부 조항은 가상의 것으로, 이에 근거하여 답안을 작성할 것. 이와 다른 내용의 현행법령이 있다면 제시된 법령이 현행 법령에 우선하는 것으로 할 것

2. 甲이 서울지방경찰청장의 甲에 대한 위 운전면허 취소처분의 취소를 구하는 행정소송을 제기하자, 당해 사건을 담당하는 법원은 운전면허 취소처분의 근거규정인 「도로교통법」 제93조 제1항 제3호 규정이 위헌적이라고 판단하고 헌법재판소에 위헌법률심판을 제청하였다. 「도로교통법」 제93조 제1항 제3호의 위헌성에 대해서 판단하시오. (30점)

📁 **참조조문**

도로교통법

제1조 【목적】 이 법은 도로에서 일어나는 교통상의 모든 위험과 장해를 방지하고 제거하여 안전하고 원활한 교통을 확보함을 목적으로 한다.

제80조 【운전면허】 ① 자동차등을 운전하려는 사람은 지방경찰청장으로부터 운전면허를 받아야 한다.

② 지방경찰청장은 운전을 할 수 있는 차의 종류를 기준으로 다음 각 호와 같이 운전면허의 범위를 구분하고 관리하여야 한다. 이 경우 운전면허의 범위에 따라 운전할 수 있는 차의 종류는 안전행정부령으로 정한다.

1. 제1종 운전면허

   가. 대형면허   나. 보통면허   다. 소형면허   라. 특수면허

2. 제2종 운전면허

　　가. 보통면허　　　나. 소형면허　　　다. 원동기장치자전거면허

(이하 생략)

제44조【술에 취한 상태에서의 운전 금지】 ① 누구든지 술에 취한 상태에서 자동차등(「건설기계관리법」 제26조 제1항 단서에 따른 건설기계 외의 건설기계를 포함한다)을 운전하여서는 아니 된다.

제93조【운전면허의 취소·정지】 ① 지방경찰청장은 운전면허(연습운전면허는 제외한다)를 받은 사람이 다음 각 호의 어느 하나에 해당하면 안전행정부령으로 정하는 기준에 따라 운전면허를 취소하거나 1년 이내의 범위에서 운전면허의 효력을 정지시킬 수 있다. 다만, 제2호, 제3호, 제7호부터 제9호까지(정기 적성검사 기간이 지난 경우는 제외한다), 제12호, 제14호, 제16호부터 제18호까지의 규정에 해당하는 경우에는 운전면허를 취소하여야 한다.

1. 제44조 제1항을 위반하여 술에 취한 상태에서 자동차등을 운전한 경우
2. 제44조 제1항 또는 제2항 후단을 2회 이상 위반한 사람이 다시 같은 조 제1항을 위반하여 운전면허 정지 사유에 해당된 경우
3. 운전면허를 받은 사람이 자동차등을 이용하여 범죄행위를 한 경우

(이하 생략)

📝 **핵심공략**

설문 1은 '자동차를 이용한 범죄행위에 대한 필요적 운전면허 취소' 규정에 대한 헌재결정(2005.11.24. 2004헌가28)을 사례화한 것이다. 위 규정의 위헌성에 관해서는, 우선 명확성원칙의 위반 여부가 문제되므로 이에 대한 일반론을 적시한 후 위 규정을 포섭하면 되고, 다음으로 직업의 자유와 일반적 행동자유권 침해 여부를 판단하면 된다. 이때 운전을 업으로 하는 자와 관련된 기본권은 직업의 자유로, 운전을 업으로 하지 않는 자와 관련된 기본권은 일반적 행동자유권임을 분명히 하여야 할 것이다.

〈목 차〉

I. 설문 1의 해결

1. 논점의 정리

「도로교통법」 제93조 제1항 제3호 규정은 자동차등을 이용하여 범죄행위를 한 모든 경우에 운전면허를 필요적으로 취소하도록 하고 있으므로 이것은 너무 포괄적이고 광범위하게 운전면허 취소사유를 정하고 있는 것으로 명확성원칙에 위반되는지를 검토하고, 나아가 운전을 직업으로 하는 자에게는 직업의 자유를, 운전을 직업으로 하지 않는 일반인에게는 일반적 행동자유권을 침해하는지 여부를 살펴볼 필요가 있다.

2. 명확성원칙의 위반 여부

(1) 명확성원칙의 의의

법치국가원리의 한 표현인 명확성의 원칙은 법률로써 기본권을 제한하는 경우에 그 법률은 적용을 받는 국민이 그 내용을 분명히 이해할 수 있도록 명확하여야 한다는 것을 말한다. 명확성의 원칙은 기본적으로 <u>최대한이 아닌 최소한의 명확성을 요구하는 것이므로 법문언이 법관의 보충적인 해석을 통해서 그 의미내용을 확인해낼 수 있다면 명확성의 원칙에 반한다고 할 수 없을 것이다.</u> 이러한 명확성의 원칙은 모든 법률에 있어서 동일한 정도로 요구되는 것은 아니고 개개의 법률이나 법조항의 성격에 따라 요구되는 정도에 차이가 있을 수 있다. 즉 '침해적 법률'이나 '형사관련 법률'에서는 명확성이 더 엄격하게 요구되지만, '시혜적 법률'인 때에는 명확성의 요건이 완화된다(2002.7.18. 2000헌바57).

(2) 사안의 경우

사안의 경우 문제되는 「도로교통법」 규정은 운전면허를 받은 사람이 '<u>자동차등을 이용하여 범죄행위를 한 때</u>'를 필요적 운전면허 취소사유로 규정하고 있는데 일반적으로 '범죄행위'란 형벌법규에 의하여 형벌을 과하는 행위로서 사회적 유해성 내지 법익을 침해하는 반사회적 행위를 의미하여 이 사건 규정에 의하면 자동차등을 살인죄의 범행 도구나 감금죄의 범행장소 등으로 이용하는 경우는 물론이고, 주된 범죄의 전후 범죄에 해당하는 예비나 음모, 도주 등에 이용하는 경우나 과실범죄에 이용하는 경우에도 운전면허가 취소될 것이다.

그러나 오늘날 자동차는 생업의 수단 또는 대중적인 교통수단으로서 일상 생활에 없어서는 안 될 필수품으로 자리잡고 있기 때문에 그 운행과 관련하여 이 사건 규정의 범죄에 사소한 과실범죄가 포함된다고 보기에는 무리가 있다. 그럼에도 불구하고 <u>이 사건 규정이 범죄의 경중이나 고의성 여부 측면을 전혀 고려하지 않고 자동차 등을 범죄행위에 이용하기만 하면 운전면허를 취소하도록 하고 있는 것은 그 포섭범위가 지나치게 광범위한 것으로서</u> 명확성원칙에 위반된다고 할 것이다.

3. 직업의 자유와 일반적 행동자유권의 침해 여부

(1) 직업의 자유의 의의와 내용

헌법 제15조가 보장하는 '직업'의 개념에 대하여 헌법재판소는 "생활의 기본적 수요를 충족시키기 위한 계속적인 소득활동을 의미하며 그 종류나 성질은 불문한다"고 판시하였다(2002헌마519). 이와 같이 공공에 유해가 되는 직업도 직업의 개념에 포함시키고, 공공유해성은 직업의 자유에 대한 제한에서 논하는 것이 기본권보장의 측면에서 타당할 것이다.

직업의 자유의 내용으로는 ① 원하는 직업 내지 직종을 자유롭게 선택할 수 있는 「직업결정의 자유」, ② 선택한 직업을 영위하면서 사회적·경제적 생활관계를 형성해나가는 「직업행사(수행)의 자유」, ③ 자신이 수행하고 있거나 종사하고 있는 직업을 언제든지 자유로이 포기하거나 그 직업에서 이탈할 수 있는 「직업이탈(전직)의 자유」가 있다. ④ 「영업의 자유」, 「기업의 자유」, 「경쟁의 자유」, 「직장선택의 자유」도 직업행사의 자유의 일환으로 직업의 자유에 포함된다.

이 사건 법률조항에 해당하는 사유가 발생하면 운전면허가 필요적으로 취소되는바, 이는 <u>자동차 등의 운전을 필수불가결한 요건으로 하고 있는 일정한 직업군의 사람들</u>에 대하여 종래에 유지하던 직업을 계속 유지하는 것을 불가능하게 하거나 장래를 향하여 그와 같은 직업을 선택하는 것을 제한을 가하게 되므로, 이 사건 법률조항은 <u>주관적 사유에 의한 직업결정의 자유를 제한하는 조항</u>이라고 할 것이다.

(2) 일반적 행동의 자유의 의의와 내용

일반적 행동자유권은 개인이 행위를 할 것인가의 여부에 대하여 자유롭게 결단할 자유로서 적극적으로 자유롭게 행동을 하는 것은 물론 소극적으로 행동을 하지 않을 자유, 즉 부작위의 자유도 포함되며, 포괄적인 의미의 자유권으로서 일반조항적인 성격을 갖는다. 헌법 제10조의 행복추구권에 근거한다고 보는 것이 일반적이며, 헌법재판소도 같은 입장이다(1991.6.3. 89헌마204). 일반적 행동자유권에는 가치 있는 행동만 그 보호영역으로 하는 것이 아니라, 개인의 생활방식과 취미에 관한 사항도 포함된다(일반적 자유설).

사안의 경우 자동차 등의 <u>운전을 직업으로 하지 않는 자</u>에 대하여는 이 사건 법률조항으로 운전면허가 필요적으로 취소됨으로써 적법하게 자동차 등을 운전하지 못하게 되므로 이 사건 법률조항은 행복추구권의 보호영역 내에 포함된 <u>일반적 행동의 자유를 제한하는 조항</u>이라고 할 것이다.

(3) 기본권제한의 한계

우리 헌법 제37조 제2항은 국민의 자유와 권리는 국가안전보장, 질서유지 또는 공공복리를 위하여 필요한 경우에 한해 법률로써 제한할 수 있고, 그 경우에도 자유와 권리의 본질적인 내용을 침해할 수 없다고 규정하고 있다. 그런데 이 사건 규정은 자동차등을 이용하여 범죄행위를 한 경우에 그 운전면허를 취소하여 운전을 할 수 없도록 하고 있어 운전을 생업으로 하는 자에 대해서는 직업의 자유를 제한하게 되고, 운전을 업으로 하지 않는 자에 대해서는 일반적 행동자유권을 제한하게 되는바, 이러한 기본권제한을 정당화하기 위해서는 헌법 제37조 제2항의 과잉금지의 원칙을 지켜야 한다. 기본권제한 입법은 입법목적의 정당성과 그 목적달성을 위한 수단의 적합성, 입법으로 인한 피해의 최소성, 그리고 그 입법에 의해 보호하려는 공익과 침해되는 사익의 균형성을 모두 갖추어야 하며, 이를 준수하지 않으면 기본권제한의 입법적 한계를 벗어난 것으로서 헌법에 위반될 것이다.

단계이론이란 직업의 자유를 제한함에 있어서 지켜야 할 한계이론으로서, 첫째, 직업의 자유의 제한을 제한의 정도가 낮은 단계부터, 1단계 '직업행사의 자유의 제한', 2단계 '주관적 사유에 의한 직업결정의 자유의 제한', 3단계 '객관적 사유에 의한 직업결정의 자유의 제한'으로 구별하고, 둘째, 직업의 자유를 제한할 때에는 낮은 단계부터 제한하여야 한다. 셋째, 단계가 높을수록 엄격한 심사를 요하는데, '직업행사의 자유'를 제한함에 있어서는 비례의 원칙(과잉금지원칙)을 적용하되 상대적으로 더욱 넓은 규제가 가능하고, '주관적 사유에 의한 직업결정의 자유'를 제한함에 있어서는 비례의 원칙을 그대로 적용하며, '객관적 사유에 의한 직업결정의 자유'를 제한함에 있어서는 비례의 원칙을 엄격히 적용하여 월등하게 중요한 공익을 위하여 명백하고 확실한 위험을 방지하기 위한 경우에만 정당화될 수 있다.

이 사건 법률조항은 운전이라는 업을 선택(유지)함에 있어 기본권 주체의 능력과 자질에 따른 제한이므로, 주관적 사유에 의한 직업결정(선택)의 자유를 제한하는 조항에 해당한다.❶ 따라서 비례원칙(과잉금지원칙)을 완화하지 않고 그대로 적용해야 할 것이다.

(4) 과잉금지원칙 위반 여부

1) 목적의 정당성과 수단의 적합성

「도로교통법」상 운전면허는 신체적 조건이나 도로교통과 관련된 법령 등에 대한 지식 및 자동차의 운전 능력 등을 종합적으로 평가하여 도로에서의 자동차 등의 운전행위를 허가해 주는 것인데, 만약 자동차등을 운전면허 본래의 목적과 배치되는 범죄행위에 이용하게 되면 이는 국민의 생명과 재산에 큰 위협이 될 것이므로 자동차등을 교통이라는 그 고유의 목적에 이용하지 않고 범죄를 위한 수단으로 이용하는 경우 운전면허를 취소하도록 하는 것은 원활한 교통을 확보함과 동시에 차량을 이용한 범죄의 발생을 막기 위한 것으로 그 목적이 정당하고 수단도 적합하다고 할 것이다.

---

❶ 이에 대해서는 1단계 제한이라거나, 3단계 제한이라는 이견이 제기될 수도 있다(헌재 역시 일관성 없이 판단하고 있다). 그러나 이 사건 법률조항에 의하여 운전을 업으로 선택(유지)할 수 없게 되는바, 이는 일정 직업을 선택(유지)함에 있어 기본권 주체의 능력과 자질에 따른 제한이므로 이른바 '주관적 요건에 의한 좁은 의미의 직업선택의 자유'에 대한 제한에 해당한다고 봄이 타당할 것이다.

2) 침해의 최소성

그러나 이 사건 규정은 자동차등을 이용하여 범죄행위를 하기만 하면 그 범죄행위가 얼마나 중한 것인지, 그러한 범죄행위를 행함에 있어 자동차등이 당해 범죄 행위에 어느 정도로 기여했는지 등에 대한 아무런 고려 없이 무조건 운전면허를 취소하도록 하고 있으므로 이는 <u>구체적 사안의 개별성과 특수성을 고려할 수 있는 여지를 일체 배제하고 그 위법의 정도나 비난의 정도가 극히 미약한 경우까지도 운전면허를 취소할 수밖에 없도록 하는 것</u>으로 침해의 최소성의 원칙에 위반된다 할 것이다.

3) 법익의 균형성

현대생활에 있어서 자동차를 운행하는데 필요한 운전면허를 취소하는 것은 자동차등의 운행을 <u>직업으로 삼고 있는 자에게는 생계에 지장을 초래할 만큼 중대한 제약이 되고, 일반인의 입장에서 보더라도 자동차가 대중교통의 필수적인 수단인 현실에서 심대한 불편을 주게 될 것</u>인데, 이 사건 규정은 자동차등이 범죄행위에 이용되기만 하면 모두 <u>필요적으로 면허를 취소</u>하도록 하고 있다. 이는 이 사건 규정을 통해 보호하고자 하는 공익에 비해 지나치게 기본권을 제한하는 것으로 법익균형성원칙을 위반하고 있다고 할 것이다.

4) 소 결

그러므로 이 사건 법률조항은 직업의 자유와 일반적 행동자유권을 침해하고 있다.

4. 사례의 해결

「도로교통법」 제93조 제1항 제3호의 규정은 명확성의 원칙에 위반되고, 직업의 자유와 일반적 행동 자유권을 침해하는 위헌적 규정이다. 헌법재판소도 같은 취지로 판시한 바 있다(2005.11.24. 2004헌가28).

029 석유정제업 등록취소와 2년간 등록제한

「석유 및 석유대체연료 사업법」상 석유정제업에 대한 등록 및 등록취소 등의 권한은 산업통상자원부장관의 권한이나, 산업통상자원부장관은 같은 법 제43조 및 같은 법 시행령 제45조에 의해 위 권한을 시·도지사에게 위임하였다. 석유정제업 등록 및 등록취소 등의 권한을 위임받은 A도지사는 위임받은 권한 중 석유정제업의 사업정지에 관한 권한을 A도 조례에 의하여 군수에게 위임하였다.

사업정지권한을 위임받은 B군수는, A도 내 B군에서 석유정제업에 종사하는 甲이 같은 법 제27조를 위반하였다는 이유로 같은 법 제13조 제1항 제11호에 따라 6개월의 사업정지처분을 하였다. 甲은 위 사업정지처분에 대해 따로 불복하지 않은 채, 사업정지처분서를 송달받은 후 4개월이 넘도록 위 정지기간 중 석유정제업을 계속하였다. 이에 A도지사는 같은 법 제13조 제5항에 따라 甲의 석유정제업 등록을 취소하였다.

4. 乙은 甲에게 석유정제업 시설을 임대하여 왔다. 乙은, 「석유 및 석유대체연료 사업법」 제11조의2에 따라 같은 법 제13조 제5항에 해당하여 甲의 석유정제업 등록이 취소된 경우 2년이 지나기 전에는 그 석유정제업 영업에 사용하였던 시설을 이용하여 석유정제업에 대한 등록을 할 수 없도록 하는 것이 자신의 직업의 자유를 침해한다고 주장하고 있다. 乙의 주장에 대하여 검토하시오. (20점)

📁 **참조조문**

석유 및 석유대체연료 사업법

제5조【석유정제업의 등록 등】① 석유정제업을 하려는 자는 산업통상자원부령으로 정하는 바에 따라 산업통상자원부장관에게 등록하여야 한다.

제11조의2【석유사업 등록 등의 제한】제5조, 제9조 및 제10조에 따라 다음 각 호의 석유사업의 등록 또는 신고를 하려는 자는 해당 호의 각 목의 사유가 있은 후 2년이 지나기 전에는 그 영업에 사용하였던 시설의 전부 또는 대통령령으로 정하는 중요 시설을 이용하여 해당 호의 석유사업에 대한 등록 또는 신고를 할 수 없다.

1. 석유정제업
   나. 제13조 제5항에 해당하여 석유정제업의 등록이 취소되거나 그 영업장이 폐쇄된 경우

제13조【등록의 취소 등】① 산업통상자원부장관은 석유정제업자가 다음 각 호의 어느 하나에 해당하면 그 석유정제업의 등록을 취소하거나 그 석유정제업자에게 영업장 폐쇄(신고한 사업자에 한한다. 이하 이 조에서 같다) 또는 6개월 이내의 기간을 정하여 그 사업의 전부 또는 일부의 정지를 명할 수 있다. 다만, 제1호 또는 제3호부터 제5호까지의 어느 하나에 해당하는 경우에는 그 등록을 취소하거나 영업장 폐쇄를 명하여야 한다.

11. 제27조에 따른 품질기준에 맞지 아니한 석유제품의 판매 금지 등을 위반한 경우

⑤ 산업통상자원부장관은 제1항부터 제3항까지의 규정에 따라 사업의 정지명령을 받은 자가 그 정지기간 중 사업을 계속하는 경우에는 그 석유정제업·석유수출입업 또는 석유판매업의 등록을 취소하거나 영업장 폐쇄를 명하여야 한다.

제27조【품질기준에 맞지 아니한 석유제품의 판매 금지 등】석유정제업자등은 제24조 제1항의 품질기준에 맞지 아니한 석유제품 또는 제25조 제1항·제2항에 따른 품질검사 결과 불합격 판정을 받은 석유제품(품질보정행위에 의하여 품질기준에 맞게 된 제품은 제외한다)을 판매 또는 인도하거나 판매 또는 인도할 목적으로 저장·운송 또는 보관하여서는 아니 된다.

제43조【권한의 위임·위탁】① 산업통상자원부장관은 이 법에 따른 권한의 일부를 대통령령으로 정하는 바에 따라 시·도지사 또는 시장·군수·구청장에게 위임할 수 있다.

석유 및 석유대체연료 사업법 시행령

제45조【권한의 위임·위탁】① 산업통상자원부장관은 법 제43조 제1항에 따라 석유정제업자등에 관한 다음의 각 호의 권한을 시·도지사에게 위임한다.

1. 법 제13조 제1항 및 제5항의 규정에 의한 석유정제업 등록취소, 영업장 폐쇄 또는 사업정지

행정권한의 위임 및 위탁에 관한 규정

제4조【재위임】특별시장·광역시장·특별자치시장·도지사 또는 특별자치도지사(특별시·광역시·특별자치시·도 또는 특별자치도의 교육감을 포함한다. 이하 같다)나 시장·군수 또는 구청장(자치구의 구청장을 말한다. 이하 같다)은 행정의 능률향상과 주민의 편의를 위하여 필요하다고 인정될 때에는 수임사무의 일부를 그 위임기관의 장의 승인을 받아 규칙으로 정하는 바에 따라 시장·군수·구청장(교육장을 포함한다) 또는 읍·면·동장, 그 밖의 소속기관의 장에게 다시 위임할 수 있다.

※ 이상의 법령 조항은 현행법과 불일치할 수 있으며 현재 시행 중임을 전제로 할 것

핵심공략

설문은 헌재 2015.3.26. 2013헌마461 사건을 재구성한 것인바, 설문 자체에서 논점을 상세히 제시하고 있으므로 주어진 논점에 따라 '직업의 자유의 침해 여부'에 대하여 적절한 목차를 구성하여 서술하면 될 것이다. 일반적인 논의 순서는 "직업의 자유의 의의 → 직업의 자유의 내용 및 제한 → 직업의 자유의 제한의 한계이론 → 직업의 자유의 침해 여부의 판단"으로 구성하면 된다. 설문은 직업수행의 자유를 제한하는 것이므로 1단계 제한으로서 과잉금지원칙이 완화됨에 유의하여야 할 것이다.

─────────────── 〈목 차〉 ───────────────

1. 문제점
2. 직업의 자유의 의의 및 내용
3. 직업의 자유의 제한의 한계이론
   (1) 기본권제한의 일반원칙
   (2) 단계이론
   (3) 사안의 경우

4. 과잉금지의 원칙 위반 여부
   (1) 목적의 정당성
   (2) 수단의 적절성
   (3) 침해의 최소성
   (4) 법익의 균형성
5. 사안의 해결

Chapter 02

1. 문제점

「석유 및 석유대체연료 사업법」 제11조의2에 따라 같은 법 제13조 제5항에 해당하여 甲의 석유정제업 등록이 취소된 경우 2년이 지나기 전에는 그 석유정제업 영업에 사용하였던 시설을 이용하여 석유정제업에 대한 등록을 할 수 없도록 하는 것(이하 '심판대상조항'이라 한다)이 임대인 乙의 직업의 자유를 침해하는 것인지 문제된다.

2. 직업의 자유의 의의 및 내용

헌법 제15조가 보장하는 '직업'의 개념에 대하여 헌법재판소는 "생활의 기본적 수요를 충족시키기 위한 계속적인 소득활동을 의미하며 그 종류나 성질은 불문한다"고 판시하였다(2002헌마519). 이와 같이 공공에 유해가 되는 직업도 직업의 개념에 포함시키고, 공공유해성은 직업의 자유에 대한 제한에서 논하는 것이 기본권보장의 측면에서 타당할 것이다.

직업의 자유에는 자신이 원하는 직업을 자유롭게 선택할 수 있는 직업결정의 자유(좁은 의미의 직업선택의 자유)와 자기가 선택한 직업을 자기가 원하는 방식으로 자유롭게 행사할 수 있는 직업행사(직업수행)의 자유가 포함된다. 또한 직장선택의 자유 및 직업교육장선택의 자유 등이 포함된다. 직업의 자유는 적극적 직업의 자유뿐만 아니라 소극적 직업의 자유도 보장하는바, 따라서 어떠한 직업도 선택하지 않고 행사하지 않을 자유, 특정 직업이나 직장, 직업교육장을 선택하지 않을 자유 등도 포함된다.

사안의 경우 석유정제업 임대인 乙의 시설 임대업도 당연히 직업의 자유에서 보장되는 직업에 해당한다. 그리고 심판대상조항은 품질기준에 맞지 아니한 석유제품의 판매 등을 이유로 석유판매업 등록이 취소된 경우 2년 동안 석유판매업등록을 할 수 없도록 규정하고 있는바, 석유판매업 등록을 할 수 없는 기간 중에는 석유판매업이나 주유소 시설 임대를 할 수 없으므로 乙의 직업수행의 자유를 제한한다.

3. 직업의 자유의 제한의 한계이론

(1) 기본권제한의 일반원칙

국민의 기본권은 절대적 기본권이 아닌 이상 헌법 제37조 제2항에 따라 국가안전보장·질서유지·공공복리를 위하여 제한될 수 있다. 그러나 제한하는 경우에도 명확성을 갖춘 법률에 근거하여야 하고, 과잉금지원칙을 준수하여야 하며, 본질적 내용은 침해해서는 아니 된다. 과잉금지원칙이란 목적의 정당성, 수단의 적합성, 침해의 최소성, 법익의 균형성을 의미한다.

(2) 단계이론

직업의 자유를 제한하는 경우 단계이론이 적용되는데, 단계이론은 독일의 약국판결에서 확립되고 우리 헌법재판소도 수용하는 이론으로서, 직업의 자유를 제한함에 있어서는 가장 적은 침해를 가져오는 단계부터 제한하여야 한다는 이론이다. 즉 1단계로 직업행사의 자유를 제한하고, 2단계로 주관적 사유에 의한 직업결정의 자유를 제한하며, 3단계로 객관적 사유에 의한 직업결정의 자유를 제한하여야 한다는 것이다. 단계이론은 각 단계별 제한마다 심사기준을 달리하는데, 제한의 정도가 클수록 입법형성의 자유가 축소되어 위헌성판단에서 보다 엄격한 심사를 요한다.

이러한 단계이론은 우리 헌법 제37조 제2항의 과잉금지원칙과 별개의 기본권제한의 한계이론이 아니라 과잉금지원칙이 직업의 자유에서 구체화·특수화되는 경우라고 할 수 있다. 즉 1단계의 제한은 과잉금지의 원칙을 적용하되 합목적성의 관점이 상당한 정도 고려되고, 2단계 제한은 과잉금지의 원칙을 엄격하게 적용하며, 3단계 제한은 월등하게 중요한 공익을 위하여 명백하고 확실한 위험을 방지하기 위한 경우에만 정당화될 수 있으므로 과잉금지원칙을 가중한 것으로 볼 수 있다. 헌법재판소도 직업의 자유의 침해 여부를 심사함에 있어서 단계이론을 적극 수용하고 있다(2002헌바41 등).

(3) 사안의 경우

심판대상조항은 위에서 검토한 바와 같이 乙의 직업수행의 자유를 제한하는 바, 1단계로서 심사기준으로 과잉금지원칙(비례의 원칙)이 상대적으로 완화된다고 할 수 있다. 즉 직업의 자유를 제한하는 입법목적은 정당해야 하고, 수단은 입법목적을 달성하기에 적절해야 하며, 입법목적을 달성하기 위해 필요한 범위내의 수단을 선택하여야 하고, 추구하는 입법목적과 선정된 입법수단 사이에 균형을 이루어야 한다.

4. 과잉금지의 원칙 위반 여부

(1) 목적의 정당성

심판대상조항은 품질기준에 맞지 아니한 석유제품의 판매 등을 이유로 석유판매업 등록이 취소된 경우 명의를 변경하는 방법 등으로 영업을 계속하는 것을 방지함으로써, 품질기준에 맞지 아니한 석유제품 관련 불법행위를 근절하고, 석유시장의 건전한 유통질서를 확립하며, 석유제품의 품질을 유지하여 국민생활의 향상을 기하기 위한 것으로 입법목적의 정당성이 인정된다.

(2) 수단의 적절성

품질기준에 맞지 아니한 석유제품 제조·판매 등에 사용하였던 시설을 재이용한 석유판매업 등록을 일정기간 제한하는 것은 입법목적 달성을 위한 적절한 수단이다.

(3) 침해의 최소성

품질기준에 맞지 아니한 석유제품 제조·판매 등은 사회적·경제적으로 세수 탈루 및 엔진계통 부품 부식에 따른 차량사고의 위험 증가, 유해가스 배출로 인한 환경오염 유발 등 심각한 문제를 일으키므로 이를 근절할 필요가 있다. 그런데, 품질기준에 맞지 아니한 석유제품 제조·판매 등 행위로 단속된 이후에도 명의만을 변경하고 품질기준에 맞지 아니한 석유제품에 이용된 영업시설을 그대로 이용하여 판매행위를 계속하는 경우 품질기준에 맞지 아니한 석유제품 제조·판매 등 행위를 단속한 효과가 없어지므로 이러한 편법적 시설이용을 방지하고, 비밀탱크 설치, 영업시설 개조 등 지능화된 품질기준에 맞지 아니한 석유제품 관련 불법행위를 근절하기 위해서는 품질기준에 맞지 아니한 석유제품 판매행위를 한 사람에 대한 등록취소, 형사처벌 등의 제재 외에 품질기준에 맞지 아니한 석유제품 판매에 제공된 시설을 석유판매시설로 이용하는 것을 제한해야 할 필요성이 크다.

심판대상조항은 품질기준에 맞지 아니한 석유제품 제조·판매 등에 이용된 시설을 이용한 석유판매업 등록제한 기간을 2년으로 하였는바, 이는 품질기준에 맞지 아니한 석유제품 취급 등으로 인해 사업자가 취하는 막대한 이득과 비교했을 때 2년이라는 등록제한 기간이 입법목적 달성을 위해 지나치게 길다고 볼 수 없다.

석유판매업자가 품질기준에 맞지 아니한 석유제품 판매금지의무를 위반함으로써 받게 되는 등록취소 등의 제재처분은 사업자 개인의 자격에 대한 제재가 아니라 사업의 전부나 일부에 대한 것으로서 대물적 처분의 성격을 가지고 있으므로❶ 임대인의 귀책사유 유무에 따라 그 처분의 경중을 달리할 것은 아니고, 오히려 귀책사유 유무에 따라 그 처분을 달리하면 임대인의 귀책사유 입증문제 등으로 규제의 실효성이 떨어질 우려가 있어 심판대상조항의 입법목적을 달성하기 어렵다.

그러므로 심판대상조항은 침해의 최소성원칙에 반하지 않는다.

(4) 법익의 균형성

심판대상조항으로 달성하고자 하는 공익은 품질기준에 맞지 아니한 석유제품 제조·판매 등을 근절하여 건전한 석유유통질서를 확립하고 국민생활의 향상에 기여하고자 하는 것으로서, 품질기준에 맞지 아니한 석유제품 유통으로 인한 사회적·경제적 문제의 심각성에 비추어 볼 때 매우 중대한 법익인 점을 고려하면, 심판대상조항으로 인하여 품질기준에 맞지 아니한 석유제품 제조·판매 등에 이용되었던 시설을 이용한 석유판매업 등록이 2년 동안 제한된다고 하더라도 이를 두고 침해되는 사익이 더 중대하다고 할 수는 없다. 따라서 심판대상조항은 법익의 균형성원칙에도 위배되지 아니한다.

5. 사안의 해결

심판대상조항은 석유판매업 등록을 할 수 없는 기간 중에는 석유판매업이나 주유소 시설 임대를 할 수 없으므로 임대업자 乙의 직업수행의 자유를 제한하나, 1단계 제한이므로 상대적으로 완화된 과잉금지원칙을 심사기준으로 적용한다. 결국 심판대상조항은 과잉금지원칙에 위반되지 않으므로 乙의 직업수행의 자유를 침해하지 아니한다.❷

---

❶ 2003.10.23. 2003두8005 참조
❷ 2013헌마461 결정의 재판관 김창종, 재판관 안창호의 반대의견 - 가짜석유제품을 제조·판매하여서는 아니 되는 의무는 석유판매업자에게 부과되는 일신전속적인 의무로서, 그 의무를 위반한 석유판매업자에 대하여 부과된 사업정지처분 등 행정제재처분은 석유판매업자가 개인적으로 저지른 법 위반에 따른 행위책임적 성격이 강하다는 점에서 대물적 처분이라기보다는 오히려 대인적 처분에 해당한다고 보아야 한다. 그런데 이 사건 법률조항은 가짜석유제품 판매 등에 전혀 귀책사유가 없는 선의의 소유자나 제3자를 포함한 모든 사람에게 2년 동안 시설 이용 제한이라는 제재를 예외 없이 가하고 있으므로 자기책임의 원리에 위반된다.
가짜석유제품 제조·판매에 책임이 있는 인적 범위를 넘어 그에 대한 책임이 없는 주유소 시설의 소유자나 선의의 제3자까지도 일률적으로 2년 동안 그 시설을 이용하여 석유판매업 등록을 할 수 없도록 하는 것은 입법목적을 달성하기 위하여 필요한 범위를 넘어 손쉬운 행정규제나 사후단속의 편의만을 위한 과도한 제한으로서, 침해의 최소성원칙에도 위반되어 이 사건 법률조항은 자기책임의 원리와 과잉금지원칙에 위반되어 청구인의 직업수행의 자유 및 재산권을 침해한다.

2022년 11회 변호사 제2문

甲은 A군 소재 농지에서 농업경영을 하던 중 양돈업을 시작하고자 한다. A군의 군수 乙은 2021.5. 경 「가축분뇨의 관리 및 이용에 관한 법률」 제8조 제1항 및 「A군 가축사육 제한에 관한 조례」(이하 '이 사건 조례'라 한다) 제3조 제2항에 의거하여 「A군 가축사육 제한구역 지정 고시」(이하 '이 사건 고시'라 한다)를 발령하였다. 이 사건 고시 제4조 제3호에 의하면, "도로(고속국도, 일반국도, 지방도, 군도)나 철도, 농어촌도로 경계선으로부터 가축사육 시설 건축물 외벽까지 직선거리 200m 이내 지역"을 가축사육 제한구역의 하나로 정하고 있다.

축사 예정지로 삼고 있는 甲의 토지는 주거 밀집지역인 농가에서 1km 이상 벗어나 있는데 甲이 짓고자 하는 축사의 외벽은 지방도 경계선으로부터 직선거리 200m 이내에 소재하고 있어 가축사육 제한구역에 편입되게 되었다.

甲은 2021.11.30. 돼지를 사육하려고 乙에게 축사 건축허가를 신청하였다. 그러나 乙은 2021. 12.15. 이 사건 조례 제3조 및 이 사건 고시 제4조 제3호에 의거하면 축사 예정지가 가축사육 제한구역에 해당하여 여기에 축사를 건축할 수 없다는 이유로 허가를 거부하는 처분(이하 '이 사건 처분'이라고 한다)을 하였다.

4. 甲은 이 사건 처분에 대하여 불만을 품고 「헌법재판소법」 제68조 제1항에 의한 헌법소원심판 청구를 검토하였다. 그 결과 甲은 이 사건 고시는 자신의 직업의 자유를 침해한다고 주장한다. 甲의 주장이 타당한지 여부를 검토하시오(단, 「헌법재판소법」 제68조 제1항에 의한 헌법소원심판청구의 적법요건은 논하지 말 것). (30점 중 일부)

📁 **참조조문**

※ 유의사항

　아래 법령은 가상의 것으로, 이와 다른 내용의 현행 법령이 있다면 제시된 법령이 현행 법령에 우선하는 것으로 할 것

가축분뇨의 관리 및 이용에 관한 법률

제1조【목적】이 법은 가축분뇨를 자원화하거나 적정하게 처리하여 환경오염을 방지함으로써 환경과 조화되는 지속가능한 축산업의 발전 및 국민건강의 향상에 이바지함을 목적으로 한다.

제8조【가축사육의 제한 등】① 시장·군수·구청장은 지역주민의 생활환경보전 또는 상수원의 수질보전을 위하여 다음 각 호의 어느 하나에 해당하는 지역 중 가축사육의 제한이 필요하다고 인정되는 지역에 대하여는 해당 지방자치단체의 조례로 정하는 바에 따라 일정한 구역을 지정·고시하여 가축의 사육을 제한할 수 있다. 다만, 지방자치단체 간 경계지역에서 인접 지방자치단체의 요청이 있으면 환경부령으로 정하는 바에 따라 해당 지방자치단체와 협의를 거쳐 일정한 구역을 지정·고시하여 가축의 사육을 제한할 수 있다.

1. 주거 밀집지역으로 생활환경의 보호가 필요한 지역
2. 「수도법」 제7조에 따른 상수원보호구역, 「환경정책기본법」 제38조에 따른 특별대책지역, 그 밖에 이에 준하는 수질환경보전이 필요한 지역
3. 「한강수계 상수원수질개선 및 주민지원 등에 관한 법률」 제4조 제1항, 「낙동강수계 물관리 및 주민지원 등에 관한 법률」 제4조 제1항, 「금강수계 물관리 및 주민지원 등에 관한 법률」 제4조 제1항, 「영산강·섬진강수계 물관리 및 주민지원 등에 관한 법률」 제4조 제1항에 따라 지정·고시된 수변구역
4. 「환경정책기본법」 제12조에 따른 환경기준을 초과한 지역

A군 가축사육 제한에 관한 조례

제1조【목적】이 조례는 「가축분뇨의 관리 및 이용에 관한 법률」 제8조에 따라 일정한 지역 안에서 가축사육을 제한함으로써 주민의 생활환경보전과 상수원의 수질보전에 기여함을 목적으로 한다.

제2조【정의】이 조례에서 사용하는 용어의 뜻은 다음과 같다.

1. "가축"이란 「가축 분뇨의 관리 및 이용에 관한 법률」(이하 "법"이라 한다) 제2조 제1호에 따른 소·젖소·돼지·말·양(염소 등 산양을 포함한다)·사슴·개·닭·오리·메추리를 말한다.
2. "가축사육 제한구역"이란 가축사육의 일부 또는 전부를 제한하는 구역을 말한다.
3. "주거 밀집지역"이란 주택과 주택 사이 직선거리가 50미터 이내로 10가구 이상 모여 있는 지역을 말한다.

제3조【가축사육의 제한 등】① 법 제8조에 따른 가축사육 제한구역은 다음 각 호와 같다.

1. 「국토의 계획 및 이용에 관한 법률」에 따른 도시지역의 주거지역, 상업지역, 공업지역, 녹지지역 안의 취락지구
2. 「수도법」에 따른 상수원 보호구역
3. 「환경정책기본법」에 따른 환경기준을 초과한 지역
4. 「수산자원관리법」에 따른 수산자원 보호구역
5. 「교육환경 보호에 관한 법률」에 따른 교육환경 보호구역
6. 주거 밀집지역 최근접 인가 부지경계에서 가축을 사육하는 부지경계까지 직선거리로 개는 1,000미터 이내, 닭·오리·메추리·돼지는 600미터 이내, 말·양(염소 등 산양을 포함한다)·사슴은 300미터 이내, 젖소·소는 200미터 이내의 지역

② 군수는 가축사육 제한구역을 지정할 경우에 이를 고시하여야 한다.

A군 가축사육 제한구역 지정 고시

제4조【가축사육 제한구역】

3. 도로(고속국도, 일반국도, 지방도, 군도)나 철도, 농어촌도로 경계선으로부터 가축사육시설 건축물 외벽까지 직선거리 200미터 이내 지역

핵심공략

직업의 자유의 침해 여부에 대해서는, "직업의 자유의 의의 → 직업의 자유의 내용 → 직업의 자유의 제한 → 직업의 자유의 제한의 한계이론 → 직업의 자유의 침해 여부"로 내용을 구성하면 된다. 본 사례는 직업행사의 자유를 제한하는 것이기 때문에 과잉금지원칙이 완화된다. 과잉금지원칙이 완화된다는 것은 주로 침해의 최소성과 법익의 균형성을 엄격하게 심사하지 않는다는 의미이다.

───〈목 차〉───

Ⅰ. 설문 4의 해결

1. 직업의 자유의 의의와 보호영역

헌법 제15조가 보장하는 '직업'의 개념에 대하여 헌법재판소는 "생활의 기본적 수요를 충족시키기 위한 계속적인 소득활동을 의미하며 그 종류나 성질은 불문한다."고 판시하였다(2003.9.25. 2002헌마 519). 직업의 자유에는 자신이 원하는 직업을 자유롭게 선택할 수 있는 직업결정의 자유와 자기가 선택한 직업을 자기가 원하는 방식으로 자유롭게 행사할 수 있는 직업행사의 자유가 포함된다.

사안의 경우, 甲이 하고자 하는 양돈업은 당연히 직업의 자유에서 보장하는 직업에 해당한다. 그리고 이 사건 고시는 일정한 구역에서의 가축사육을 금지하고 있는바, 그 제한구역 내에서는 축사를 설치하여 양돈업을 할 수 없으므로 甲의 직업수행의 자유를 제한한다.

2. 직업의 자유의 제한의 한계이론

(1) 기본권제한의 일반원칙

국민의 기본권은 절대적 기본권이 아닌 이상 헌법 제37조 제2항에 따라 국가안전보장·질서유지·공공복리를 위하여 제한될 수 있다. 그러나 제한하는 경우에도 명확성을 갖춘 법률에 근거하여야 하고, 과잉금지원칙을 준수하여야 하며, 본질적 내용은 침해해서는 아니 된다. 여기서 과잉금지원칙은 목적의 정당성, 수단의 적합성, 침해의 최소성, 법익의 균형성을 의미한다.

(2) 단계이론

직업의 자유를 제한하는 경우 단계이론이 적용되는데, 이는 직업의 자유를 제한함에 있어서는 가장 적은 침해를 가져오는 단계부터 제한하여야 한다는 이론이다. 즉, 1단계로 직업행사의 자유를 제한하고, 2단계로 주관적 사유에 의한 직업결정의 자유를 제한하며, 3단계로 객관적 사유에 의한 직업결정의 자유를 제한하여야 한다는 것이다. 단계이론은 각 단계별 제한마다 심사기준을 달리하는데, 제한의 정도가 클수록 입법형성의 자유가 축소되어 위헌성판단에서 보다 엄격한 심사를 요한다.

1단계의 제한은 과잉금지원칙을 적용하되 합목적성의 관점이 상당한 정도 고려되고, 2단계 제한은 과잉금지원칙을 엄격하게 적용하며, 3단계 제한은 월등하게 중요한 공익을 위하여 명백하고 확실한 위험을 방지하기 위한 경우에만 정당화될 수 있다. 헌법재판소도 직업의 자유의 침해 여부를 심사함에 있어서 단계이론을 적극 수용하고 있다(2004.10.28. 2002헌바41 등).

(3) 사안의 경우

이 사건 고시는 앞서 검토한 바와 같이, 甲의 직업수행의 자유를 제한하는 바, 이는 1단계의 제한으로서 기본권침해에 대한 판단은 상대적으로 완화된 과잉금지원칙에 의하여야 한다. 즉, 직업의 자유를 제한하는 입법목적은 정당해야 하고, 수단은 입법목적을 달성하기에 적절해야 하며, 입법목적을 달성하기 위해 필요한 범위 내의 수단을 선택하여야 하고, 추구하는 입법목적과 선정된 입법수단 사이에 균형을 이루어야 한다.

3. 직업의 자유 침해 여부 판단

이 사건 고시는 일정한 지역에서 가축사육을 일부 또는 전부 제한함으로써, 지역주민의 생활환경 보전 또는 상수원의 수질보전을 하기 위한 것이므로 그 입법목적의 정당성이 인정된다. 그리고 지역 주민의 생활환경 및 상수원과 밀접한 관련을 가지는 일정한 지역에서의 가축사육을 제한하는 것은 그 입법목적을 달성하기 위한 적절한 수단에도 해당한다.

그러나 가축을 사육함으로써 발생하는 악취 및 그 분뇨로 인하여 축사 인근의 주민 생활환경을 저해하고 상수원이 오염되는 것을 방지하기 위하여 주거밀집구역 등 주민들의 생활의 근거지가 되는 곳이거나 해당 지역의 주민들이 상수원으로 이용하는 수원지 근처에서의 가축사육을 제한할 필요성 은 인정된다고 하더라도, <u>이러한 지역과 무관한, 예컨대 지역주민의 거주밀집도가 낮은 도로나 철도 등의 경계로부터 일정한 지역에서 가축사육을 일체 금지하는 것은 지나치게 과도한 제한</u>이라고 판단 된다.

게다가 지역주민의 생활환경보전 및 상수원의 수질보전이라는 공익이 중요하다고는 하나, 이러한 목적 달성과 관련성이 적은 구역에서마저 가축사육을 제한하는 것은 이로써 달성하고자 하는 <u>공익보 다 甲이 가축사육 제한구역에서 양돈업 자체를 하지 못함으로써 받은 불이익이 더 크다고 할 것</u>이므 로 법익의 균형성 요건도 갖추지 못하였다.

따라서 이 사건 고시는 과잉금지원칙에 위배되어, 甲의 직업수행의 자유를 침해한다.

4. 결 론

따라서 이 사건 고시가 직업의 자유를 침해한다는 주장에 관하여는, 이 사건 고시는 과잉금지원칙 에 위배되어 甲의 직업수행의 자유를 침해하고 있으므로 타당하다.

2018년 7회 변호사 제1문

1. A도 교육청 교육감 甲은 교육의 경제적 효율성을 제고하고 인구절벽이라는 시대상황을 정책에 반영하기 위하여, ① 전체 재학생수가 10명 미만인 초등학교의 경우 인근 학교와의 적극적인 통·폐합을 추진하고, ② 전체 재학생수가 3명 미만인 경우에는 해당 학교를 폐지하기 위한 작업을 준비하였다. 또한 A도 의회는 2016.12.20. 'A도 학교설치 조례' 제2조의 [별표 1]란 중 "다동초등학교"란을 삭제하는 내용의 'A도 학교설치조례 개정안'을 의결하였다. 이 조례는 2016.12.31. 공포되었고, 이 조례에 대해서는 어떠한 재의요구도 없었다.

   다른 한편 A도의 도민인 다동초등학교의 학부모 丙과 丙의 자녀인 丁은 2017.1.10. 위 조례에 대하여 통학조건의 변화로 인한 기본권침해를 주장하며 헌법소원심판을 청구하였다.

2. 丙과 丁의 기본권침해 여부에 대하여 검토하시오. (35점)

📁 **참조조문**

※ 아래의 법령은 가상의 것임을 전제로 한다.

지방교육자치에 관한 법률

제2조【교육·학예사무의 관장】지방자치단체의 교육·과학·기술·체육 그 밖의 학예(이하 "교육·학예"라 한다)에 관한 사무는 특별시·광역시 및 도(이하 "시·도"라 한다)의 사무로 한다.

제3조【지방자치법과의 관계】지방자치단체의 교육·학예에 관한 사무를 관장하는 기관의 설치와 그 조직 및 운영 등에 관하여 이 법에서 규정한 사항을 제외하고는 그 성질에 반하지 않는 한 「지방자치법」의 관련 규정을 준용한다. 이 경우 "지방자치단체의 장"또는 "시·도지사"는 "교육감"으로, "지방자치단체의 사무"는 "지방자치단체의 교육·학예에 관한 사무"로, "자치사무"는 "교육·학예에 관한 자치사무"로, "행정안전부장관"·"주무부장관" 및 "중앙행정기관의 장"은 "교육부장관"으로 본다.

제18조【교육감】① 시·도의 교육·학예에 관한 사무의 집행기관으로 시·도에 교육감을 둔다.

  ② 교육감은 교육·학예에 관한 소관 사무로 인한 소송이나 재산의 등기 등에 대하여 당해 시·도를 대표한다.

제19조【국가행정사무의 위임】국가행정사무 중 시·도에 위임하여 시행하는 사무로서 교육·학예에 관한 사무는 교육감에게 위임하여 행한다. 다만, 법령에 다른 규정이 있는 경우에는 그러하지 아니하다.

제20조【관장사무】교육감은 교육·학예에 관한 다음 각 호의 사항에 관한 사무를 관장한다.

  1. 조례안의 작성 및 제출에 관한 사항
  2. 예산안의 편성 및 제출에 관한 사항
  3. 결산서의 작성 및 제출에 관한 사항
  4. 교육규칙의 제정에 관한 사항

5. 학교, 그 밖의 교육기관의 설치·이전 및 폐지에 관한 사항

6. 교육과정의 운영에 관한 사항

초·중등교육법 시행령

제15조【취학아동명부의 작성 등】① 읍·면·동의 장은 매년 10월 1일 현재 그 관내에 거주하는 자로서 그 해 1월 1일부터 12월 31일까지 연령이 만 6세에 달하는 자를 조사하여 그 해 10월 31일까지 취학아동명부를 작성하여야 한다. 이 경우 제3항에 따라 만 6세가 되는 날이 속하는 해에 입학연기를 신청하여 취학아동명부에서 제외된 자는 포함하여야 한다.

② 취학아동의 조사 및 명부작성에 관하여 필요한 사항은 교육감이 정한다.

개정된 「A도 학교설치 조례」

제2조 ① A도 내 도립초등학교는 [별표 1]과 같이 설치한다.

[별표 1]의 내용

A도 내 도립초등학교

(개정 전)	(개정 후)
A도 B군	**A도 B군**
1. 가동 초등학교	1. 가동 초등학교
2. 나동 초등학교	2. 나동 초등학교
3. 다동 초등학교	3. (삭제)

※ 별도의 부칙은 없음

설문 2는 기본권침해 여부를 묻는 문제이므로, 우선 관련되는 기본권을 찾는 것이 중요하다. 학부모 丙은 물론 자녀 丁도 학교선택권의 주체라는 점을 누락해서는 아니 된다. 교육을 받을 권리와 평등권의 제한 여부에 대해서는 견해가 대립될 수 있지만, 설문 배점상 설령 이들 기본권의 제한을 부정하더라도 논점으로서 검토함이 좋을 것 같다.

〈목 차〉

Ⅰ. 설문 2 - 기본권침해 여부

1. 학교선택권의 침해 여부

(1) 학교선택권의 제한

1) 학부모 丙의 자녀학교선택권

'부모의 자녀에 대한 교육권'은 모든 인간이 국적과 관계없이 누리는 양도할 수 없는 불가침의 인권으로서 혼인과 가족생활을 보장하는 헌법 제36조 제1항, 행복추구권을 보장하는 헌법 제10조 및 헌법 제37조 제1항에서 나오는 중요한 기본권이다. 이러한 부모의 자녀교육권은 학교영역에서는 부모가 자녀의 개성과 능력을 고려하여 자녀의 학교교육에 관한 전반적 계획을 세운다는 것에 기초하고 있으며, 자녀 개성의 자유로운 발현을 위하여 그에 상응한 교육과정을 선택할 권리, 즉 자녀의 교육진로에 관한 결정권 내지는 자녀가 다닐 학교를 선택하는 권리로 구체화된다(2009.4.30. 2005헌마514).

사안의 조례는 학부모 丙의 자녀 丁이 현재 다니고 있는 '다동초등학교'를 폐지하는 것인바, 이는 丙의 자녀학교선택권을 제한하는 것이다.

2) 학생 丁의 학교선택권

헌법 제10조에 의하여 보장되는 행복추구권은 일반적인 행동의 자유와 인격의 자유로운 발현권을 포함하는바, 학생은 교육을 받음에 있어서 자신의 인격, 특히 성향이나 능력을 자유롭게 발현할 수 있는 권리가 있다. 따라서 헌법은 국가의 교육권한과 부모의 교육권의 범주 내에서 학생에게도 자신의 교육에 관하여 스스로 결정할 권리, 즉 자유롭게 교육을 받을 권리를 부여하고, 학생은 국가의 간섭을 받지 아니하고 자신의 능력과 개성, 적성에 맞는 학교를 자유롭게 선택할 권리를 가진다(2012.11.29. 2011헌마827).

사안의 조례는 학생 丁이 현재 다니고 있는 '다동초등학교'를 폐지하는 것인바, 이는 丁의 학교선택권을 제한하는 것이다.

3) 기본권제한의 일반원칙

학교선택권도 절대적 기본권이 아닌 이상 헌법 제37조 제2항에 따라 국가안전보장·질서유지·공공복리를 위하여 제한될 수 있다. 그러나 제한하는 경우에도 명확성을 갖춘 법률에 근거해야 하고, 과잉금지원칙을 준수하여야 하며, 본질적 내용을 침해해서는 아니 된다. 과잉금지원칙이란 목적의 정당성, 수단의 적합성, 침해의 최소성, 법익의 균형성을 의미한다. 즉 국민의 기본권을 제한하려는 입법목적이 헌법 및 법률의 체제상 그 정당성이 인정되어야 하고, 그 목적의 달성을 위하여 그 방법이 효과적이고 적절하여야 하며, 기본권의 제한은 필요한 최소한도에 그치도록 하여야 하며, 그 입법에 의하여 보호하려는 공익과 침해되는 사익을 비교형량할 때 보호되는 공익이 더 커야 한다.

(2) 법률유보원칙 위반 여부

1) 조례제정권의 한계

헌법 제117조 제1항은 "지방자치단체는 … 법령의 범위 안에서 자치에 관한 규정을 제정할 수 있다."고 하여, 조례를 제정함에 있어서는 '법령의 범위 안에서' 제정해야 한다. 여기서 '법령의 범위

안'은 우선 법률우위의 원칙을 의미한다. 법률우위의 원칙은 모든 공권력작용에 대하여 예외 없이 적용되기 때문에 조례도 법률우위의 원칙에 따라 당연히 상위법령에 위반될 수 없는 것이다. 법률유보의 원칙이란 공권력작용에 있어 법률상 근거, 즉 법률에 의한 위임이 있어야 함을 말한다.

그런데 <u>헌법 제117조 제1항의 '법령의 범위 안'에 법률우위의 원칙뿐만 아니라 법률유보의 원칙까지 포함되는지가 문제된다.</u> <u>대법원</u>은 "「지방자치법」 제15조(현행법 제22조) 단서에서 … 법률의 위임을 요한다고 규정하고 있는바, 이는 <u>기본권제한에 대하여 법률유보원칙을 선언한 헌법 제37조 제2항이</u> 취지에 부합한다."(1995.5.12. 94추28)고 하여 긍정설의 태도를 취하고 있다. 헌법재판소도 "<u>주민의 권리</u> <u>의무에 관한 사항을 규율하는 조례</u> … 를 제정함에 있어서는 법률의 위임을 필요로 한다."(1995.4.20. 92헌마264)고 하여 긍정설의 입장이다.

2) 사안의 경우

이 사건 조례는 다동초등학교 재학생과 그 학부모들에게 학교선택권을 제한하는 것을 내용으로 하고 있으므로 <u>지방자치법 제22조 단서 소정의 주민의 권리의무에 관한 사항을 규율하는 조례</u>라고 할 수 있다. 따라서 지방자치단체가 이러한 조례를 제정함에 있어서는 법률의 위임을 필요로 한다.

설문상으로 명확한 것은 아니지만, 설문의 「지방교육자치에 관한 법률」 제3조에서 "지방자치법의 관련 규정을 준용한다"고 하고, 제20조에서 "<u>학교, 그 밖의 교육기관의 설치·이전 및 폐지에 관한</u> <u>사항</u>"을 교육감의 관장사항으로 하고 있는 점에 비추어 보면, 이 사건 조례가 법률우위원칙은 물론 법률유보원칙에 위반된다고 단정하기는 어려울 것이다.❶

(3) 과잉금지원칙 위반 여부

1) 목적의 정당성 및 수단의 적합성

이 사건 조례는 <u>교육의 경제적 효율성을 제고하고 인구절벽이라는 시대상황을 정책에 반영하기</u> <u>위한 것이라는 점에서 목적의 정당성</u>이 인정된다. 그리고 교육의 경제적 효율성이라는 목적을 달성하기 위한 방법으로서 전체 재학생 수를 고려하여 인근 학교와의 적극적인 통·폐합과 해당 학교의 폐지라고 하는 <u>수단은 적합</u>하다고 볼 수 있다.

2) 침해의 최소성

학생과 학부모의 교육 수요와 지역의 교육 여건 등 현실에 대응하여 적절하게 운영하기 위하여 조례를 제정한 것으로서 재학생 수를 고려하는 <u>학교의 적극적인 통·폐합이나 해당 학교의 폐지 이</u> <u>외에는 다른 효과적인 방안이 존재하지 않는다는 점에서 침해의 최소성</u>의 요건도 갖추고 있다. 다만, 학생 丁이 '다동초등학교' 외에는 통학할 수 있는 학교가 거주지 인근에 전혀 없다면 이는 학교선택권에 대한 과도한 제한이 될 수도 있다.

---

❶ 특히 현행 「지방교육자치에 관한 법률」 제32조(교육기관의 설치) "교육감은 그 소관 사무의 범위 안에서 필요한 때에는 대통령령 또는 <u>조례가 정하는 바에 따라 교육기관을 설치할 수 있다.</u>"는 규정을 고려하면 더욱 그렇다.

3) 법익의 균형성

학부모와 재학생이 통학조건의 변화 없이 '다동초등학교' 계속 재학할 수 있는 사익과 교육의 경제적 효율성을 제고하고 인구절벽이라는 시대상황을 정책에 반영하기 위한 공익을 비교해볼 때, (학생 丁이 '다동초등학교' 외에는 통학할 수 있는 학교가 거주지 인근에 전혀 없는 경우가 아닌 한) <u>법익의 균형성도 갖추었다</u>고 할 수 있다.

2. 교육을 받을 권리의 침해 여부

(1) 의 의

헌법 제31조 제1항의 교육을 받을 권리는, 국민이 능력에 따라 균등하게 교육받을 것을 공권력에 의하여 부당하게 침해받지 않을 권리와, 국민이 능력에 따라 균등하게 교육받을 수 있도록 국가에게 적극적으로 배려하여 줄 것을 요구할 수 있는 권리인바, 전자는 자유권적 성격이, 후자는 사회권적 성격이 강하다고 할 수 있다(2007헌마1456).

구체적으로, ① <u>'능력에 따라' 교육을 받을 권리</u>란 정신적·육체적 능력에 상응하는 적절한 교육을 말하는 바, 불합리한 차별이 아닌 능력에 따른 차별은 정당하고, ② <u>'균등하게' 교육을 받을 권리</u>란 정신적·육체적 능력 이외의 성별·종교·경제적·사회적 신분 등에 의하여 교육을 받을 기회를 차별하지 아니함과 동시에 국가가 모든 국민에게 교육을 받게 하고 특히 경제적 약자가 실질적인 평등교육을 받을 수 있도록 적극적 정책을 실현해야 한다는 것이며, ③ '교육'을 받을 권리란 학교교육·사회교육·가정교육 등을 포괄하는 교육을 말하나 <u>학교교육이 중심</u>이 되고, ④ 교육을 '받을' 권리는 국가로부터 교육에 필요한 시설의 제공을 요구할 수 있는 권리 및 각자의 능력에 따라 <u>교육시설에 입학하여 배울 수 있는 권리</u>를 의미한다(2013.5.30. 2011헌바227).

(2) 사안의 경우

교육을 받을 권리는 국민이 국가에 대하여 직접 특정한 교육제도나 교육과정 또는 <u>학교시설을 요구할 수 있는 것을 뜻하지는 않는다</u>(2008.9.25. 2008헌바456). 그리고 <u>丁이 현재 다니고 있는 다동초등학교가 폐지된다고 하여 丁이 다른 초등학교에서 교육을 받을 기회 자체가 없어지는 것도 아니다.</u> 따라서 이 사건 조례에 의해 <u>丁의 교육을 받을 권리가 제한된다고 보기 어렵다.</u> 설령 그 제한을 인정하더라도, 위의 학교선택권의 침해 여부에서 본 바와 같은 이유로 과잉금지원칙에 위반된다고 보기는 어렵다.

3. 평등권침해 여부

(1) 헌법상 평등의 의미

헌법 제11조 제1항은 객관적 법원칙인 평등의 원칙과 개개인의 주관적 공권인 평등권을 규정하고 있다. 그리고 동 조항에서 규정하고 있는 차별금지사유는 예시에 불과하고, 그 차별금지영역도 모든 영역으로 하고 있다. 또한 여기에서 말하는 평등이란 법적용상의 평등과 법내용상의 평등을 의미하고, 합리적인 이유가 있는 차별을 허용하는 상대적 평등을 의미한다.

(2) 조례제정과 차별의 비교집단

헌법상 문제되는 평등권은 동일한 법적 효과를 받아야 할 자들에 대해 동일한 법적 효과를 주지 않는 입법을 한 경우에 발생하는 문제라고 할 것이므로 조례의 제정 주체가 서로 다른 경우에 있어서는 동일한 법적 효과가 미치는 것을 전제로 하여 논의되는 차별취급 문제는 발생하지 않는다고 할 것이다. 따라서 당해 지방자치단체 내에 거주하는 주민들과 그 지방자치단체를 제외한 모든 지역에 거주하는 주민들 간에는 평등권침해를 논할 비교집단이 설정되지 않는다고 할 것이다(2009.3.26. 2006헌마72). 다만, 당해 지방자치단체 내에 거주하는 다른 주민들과의 차별취급이 발생한 경우는 평등권침해를 논할 비교집단이 설정될 수 있다.

따라서 이 사건 조례에 대해 A도 내의 지역주민과 A도 외의 지역주민 간에는 평등권침해를 논할 비교집단이 설정되지 않는다. 다만, 丙, 丁과 A도 내의 재학생이 10명 이상인 초등학교에 다니는 학생 및 학부모 간에는 비교집단이 될 수 있으므로 이에 대한 차별취급을 인정할 수 있다.

(3) 심사기준

헌법재판소는 완화된 심사척도로서의 자의금지원칙과 엄격한 심사기준으로서의 비례원칙을 구별하여 사안별로 적용하고 있다. 즉 입법부의 입법형성의 자유를 존중한다는 의미에서 평등권침해의 심사의 우선적 기준은 자의금지원칙이다. 또한 수익적 내지 시혜적 법률에 의한 차별이 발생할 때에도 자의금지원칙을 적용한다. 그러나 헌법에서 특별히 평등을 요구하고 있거나 차별적 취급으로 인하여 관련 기본권에 대한 중대한 제한을 초래하게 되는 경우에는 입법형성권이 축소되어 엄격한 심사척도인 비례의 원칙을 적용한다(1999.12.23. 98헌마363 등).

이 사안은 헌법에서 특별히 평등을 요구하고 있거나 차별적 취급으로 인하여 학교선택권 등의 기본권에 중대한 제한을 초래하는 경우에 해당되지 않으므로 자의금지원칙에 따라 심사해야 한다.

(4) 자의금지원칙 위반 여부

앞서 과잉금지원칙 위반 여부에 본 바와 같이, 이 사건 조례는 교육의 경제적 효율성을 제고하고 인구절벽이라는 시대상황을 정책에 반영하기 위한 것이라는 점에서 차별목적의 정당성이 인정되고, 그런 목적을 달성하기 수단으로도 적합하므로, 청구인들이 재학생 수 10명 이상인 초등학교의 학생, 학부모들에 비교하여 차별을 받고 있다고 하더라도 이는 합리적 이유 있는 차별에 해당된다.

4. 결 론

이 사건 조례는 丙과 丁의 학교선택권을 제한하지만, 법률유보원칙과 과잉금지원칙에 위반되지 않는다. 한편, 교육을 받을 권리를 제한하는 것은 아니며, 학생수에 따른 차별이 평등권을 침해한다고 보기 어렵다.

lawyer.Hackers.com

Chapter

03

헌법총론

甲은 1992년 3월부터 공무원으로 재직하면서 「공무원연금법」상 보수월액의 65/1000에 해당하는 기여금을 매달 납부하여 오다가 2012년 3월 31일자로 퇴직을 하여 최종보수월액의 70%에 해당하는 퇴직연금을 지급받아 오던 자이다.

그런데 국회는 2012년 8월 6일 공무원연금의 재정상황이 날로 악화되어 2030년부터는 공무원연금의 재정이 고갈될 것이라고 하는 KDI의 보고서를 근거로 공무원연금 재정의 안정성을 도모하기 위한 조치로 「공무원연금법」 개혁을 단행하기로 하였다. 이에 따라 같은 날 「공무원연금법」을 개정하여, (1) 「공무원연금법」상 재직 공무원들이 납부해야 할 기여금의 납부율을 보수월액의 85/1000로 인상하고, (2) 퇴직자들에게 지급할 퇴직연금의 액수도 종전 최종보수월액의 70%에서 일률적으로 최종보수월액의 50%만 지급하며, (3) 공무원의 보수인상률에 맞추어 연금액을 인상하던 것을 공무원의 보수인상률과 전국소비자물가변동률의 차이가 3% 이상을 넘지 않도록 재조정하였다. (4) 그리고 경과규정으로, 재직기간과 상관없이 개정 당시 재직 중인 모든 공무원들에게 개정법률을 적용하는 부칙조항(이 사건 부칙 제1조)과, 퇴직연금 삭감조항은 2012년 1월 1일 이후에 퇴직하는 모든 공무원에게 소급하여 적용하는 부칙조항(이 사건 부칙 제2조)을 두었으며 동 법률은 2012년 8월 16일 공포되어 같은 날부터 시행되었다.

공무원연금관리공단은 개정법률의 시행에 따라 2012년 8월부터 甲에게 최종보수월액의 70%를 50%로 삭감하여 퇴직연금을 지급하였다.

甲은 공무원연금관리공단을 상대로 2012년 8월 26일 자신에게 종전대로 최종보수월액의 70%의 연금을 지급해 줄 것을 신청하였으나, 공무원연금관리공단은 2012년 9월 5일 50%를 넘는 부분에 대하여는 개정법률에 따라 그 지급을 거부하였다. 이에 甲은 감액된 연금액을 지급받기 위하여 위 거부행위를 대상으로 하여 서울행정법원에 그 취소를 구하는 행정소송을 제기하였다(이상 「공무원연금법」의 내용은 가상의 것임을 전제로 함).

3. 甲은 위 행정소송 계속 중 이 사건 퇴직연금 삭감조항 및 부칙 제1조와 제2조는 위헌이라고 주장하면서 2012년 10월 5일 서울행정법원에 위헌법률심판제청신청을 하였으나 동 법원은 같은 해 10월 19일 이를 기각하였고 그 기각결정의 정본은 10월 22일 甲에게 송달되었다. 대리인으로 선임된 변호사 丙은 그로부터 한 달 뒤인 11월 22일 이 사건 퇴직연금 삭감조항 및 부칙 제1조와 제2조가 청구인의 행복추구권, 재산권, 공무담임권과 평등권을 과잉하게 침해할 뿐만 아니라, 법치국가원리에서 나오는 신뢰보호의 원칙에도 위반된다고 주장을 하면서 「헌법재판소법」 제68조 제2항에 따른 헌법소원심판을 청구하였다.

(2) 이 사건 퇴직연금 삭감조항 및 부칙 제2조가 청구인의 기본권을 침해하여 위헌인지 여부에 대하여 판단하라. (50점)

📝 핵심공략

설문 (2)에서 중요한 논점은 소급입법금지의 원칙과 관련된 문제이다. 소급입법금지의 원칙이 사례에서 논점이 될 경우에는 먼저 사례에서 제시된 법령이 진정소급입법인지 부진정소급입법인지를 검토하여야 한다. 진정소급입법은 법적 안정성과 개인의 신뢰를 심각하게 침해하기 때문에 원칙적으로 금지되고 예외적으로 허용된다. 그러나 부진정소급입법은 법적 안정성과 개인의 신뢰를 현저히 침해하는 것이 아니기 때문에 원칙적으로 허용되지만 신뢰보호에 의해 제한받는다. 따라서 부진정소급입법의 경우에는 신뢰보호원칙 위배 여부가 논점으로 등장한다. 신뢰보호원칙에 위배되면 그 자체로 법치국가원리에 위배되어 위헌이 되거나 아니면 기본권의 침해가 인정된다. 기본권침해가 문제되는 경우 통상 과잉금지원칙을 적용하는데, 과거의 법적 상태에 의하여 부여된 권리의 침해가 문제될 경우에는 과잉금지원칙보다는 신뢰보호원칙을 적용하여 그 침해 여부를 판단한다. 신뢰보호원칙 위배 여부를 판단하는 기준으로는, 신뢰이익의 침해, 비교형량, 경과규정 등을 들 수 있는데, 특히 비교형량이 가장 중요하다고 할 것이다.

〈목 차〉

I. 설문 (2)의 해결

1. 논점의 정리

이 사건 퇴직연금 삭감조항 및 부칙 제2조가 청구인의 기본권을 침해하여 위헌인지 여부와 관련하여, 먼저 이 사건 퇴직연금 삭감조항은 과잉금지원칙에 위반되고 이 사건 부칙조항은 신뢰보호원칙에 위반되어 청구인 甲의 재산권을 침해하고 있는지를 살펴야 한다. 다음으로, 이 사건 퇴직연금 삭감조항 및 부칙 제2조는 공무원을 일반국민이나 근로자에 비해 지나치게 차별하여 평등권을 침해하는지 여부를, 마지막으로, 공무담임권이나 행복추구권을 침해하는지 여부를 검토해야 할 것이다.

2. 재산권의 침해 여부

(1) 재산권의 제한

1) 재산권의 의의와 내용

헌법 제23조 제1항에 의해 보호되는 재산권이란 사적 유용성 및 원칙적 처분권을 내포하는 재산가치 있는 구체적 권리를 말한다. 여기서 '재산가치 있는 구체적 권리'라 함은 경제적 가치가 있는 모든 공법상·사법상의 권리를 뜻한다. 따라서 단순한 법적 지위나 경제적 기회·기대이익·반사적 이익 등은 재산권에 포함되지 않는다(95헌바36). 헌법재판소는 재산권의 보호범위를 넓게 파악하여 '재산 그 자체'도 재산권의 보호대상으로 판단하고 있다(2000헌가5 등). 또한 헌법재판소는 공법상의 권리가 헌법상의 재산권으로 보호받기 위해서는, ① 권리주체에게 귀속되어 개인의 이익을 위하여 이용 가능해야 하고(사적 유용성), ② 권리주체의 노동·투자·특별한 희생에 의하여 획득된 것이어야 하며(수급자의 상당한 자기기여), ③ 수급자의 생존확보에 기여해야 하고, ④ 수급요건, 수급자의 범위 등의 구체적 사항이 법률로 규정됨으로써 주관적 공권의 형태를 갖추어야 한다고 판시하였다(99헌마289).

2) 퇴직급여의 법적 성격

「공무원연금법」에 의한 퇴직급여의 재원은 공무원 자신의 기여금과 국가 또는 지방자치단체의 부담금으로 형성되는 점에서 본인의 기여금에 해당하는 부분은 후불임금으로서 성격을 가지고, 나머지 부분은 재직 중 성실한 복무에 대한 공로보상 또는 사회보장적 급여로서의 성격을 가진다. 또한 이러한 퇴직급여는 공법적 권리로서 수급자의 상당한 자기기여와 사적유용성, 수급자인 공무원의 생존확보에 기여하고 구체적인 내용이 법률로 규정되어 있어 주관적 공권의 형태를 갖추어 헌법상 보호받는 재산권에 해당한다. 그리고 퇴직연금을 삭감하고 소급적용을 인정하는 심판대상조항들은 입법자가 재산권에 관한 권리와 의무를 일반·추상적으로 확정하는 규정으로서 공용침해가 아닌 내용규정에 해당하는 재산권 제한이라 할 것이다.

3) 내용규정의 위헌성심사기준

헌법 제23조 제1항 후문은 '재산권의 내용과 한계는 법률로 정한다'고 규정하여, 다른 기본권과 달리 그 내용과 한계가 법률에 의해 구체적으로 형성되는 기본권형성적 법률유보의 형태를 띠고 있다. 입법자가 헌법 제23조 제1항 및 제2항에 의하여 재산권의 내용을 구체적으로 형성함에 있어서는, 헌법상의 재산권보장의 원칙과 재산권의 제한을 요청하는 공익 등 재산권의 사회적 제약성을 비교형량하여, 양 법익이 조화와 균형을 이루도록 하여야 한다. <u>입법자가 형성의 자유의 한계를 넘었는가</u> <u>하는 것은 비례의 원칙에 의하여 판단하게 된다</u>(1999.4.29. 94헌바37). 또한 <u>과거의 법적 상태에 의하여</u> <u>부여된 재산권의 내용을 새로이 형성하는 규정이 헌법적으로 허용되는가는 법치국가적 신뢰보호원</u> <u>칙을 기준으로 판단해야 한다.</u>

(2) 퇴직연금 삭감조항의 위헌성 여부

1) 기본권제한의 일반원칙

국민의 기본권은 절대적 기본권이 아닌 이상 헌법 제37조 제2항에 따라 국가안전보장·질서유지·공공복리를 위하여 제한될 수 있다. 그러나 제한하는 경우에도 명확성을 갖춘 법률에 근거하여야 하고, 과잉금지원칙을 준수하여야 하며, 본질적 내용은 침해해서는 아니 된다.

과잉금지원칙 내지 비례의 원칙이란 목적의 정당성, 수단의 적합성, 침해의 최소성, 법익의 균형성을 의미한다. 즉 국민의 기본권을 제한하려는 입법목적이 헌법 및 법률의 체제상 그 정당성이 인정되어야 하고, 그 목적의 달성을 위하여 그 방법이 효과적이고 적절하여야 하며, 기본권의 제한은 필요한 최소한도에 그치도록 하여야 하며, 그 입법에 의하여 보호하려는 공익과 침해되는 사익을 비교형량할 때 보호되는 공익이 더 커야 한다.

2) 과잉금지원칙 위반 여부

(가) 목적의 정당성 및 수단의 적합성

이 사건 퇴직연금 삭감조항이 퇴직급여를 감액하는 입법목적은 <u>공무원연금의 재정악화가 원인이</u> <u>되어 연금재정의 안정성을 도모하기 위한 것</u>으로 그 정당성이 인정된다. 그리고 퇴직급여를 감액하는 것은 그 재정안정성 확보를 위한 적절한 수단으로 보여진다.

(나) 침해의 최소성

그러나 입법자는 공익실현을 위해 기본권을 제한하는 경우에도 입법목적을 위한 여러 수단 중 기본권을 최소로 침해하는 수단을 선택해야 하는데 이러한 침해의 최소성 요건에서 문제가 있다고 보여진다. 퇴직 후 생활안정을 위해 당연히 지급될 것으로 기대되는 퇴직급여까지도 감액대상에 포함된다면 이는 지나친 침해가 되므로 이를 대신할 효과적인 다른 수단이 존재하지 아니하여야 한다. 사안의 경우 <u>퇴직연금의 액수를 종전 최종보수월액의 70%에서 일률적으로 50%로 감액하여 지급하</u> <u>는 것은 그 감액의 폭이 매우 큰 것임에도 불구하고 퇴직금 액수에 따른 차별적 감액을 통해서 상대</u> <u>적으로 퇴직연금 액수가 적은 자를 보호하려는 노력을 전혀 하지 아니하고 일률적으로 감액을 한</u> <u>것은 침해의 최소성을 위반한</u> 것이다.

(다) 법익의 균형성

또한 공무원연금의 재정건전성 악화에 대한 고려가 공익으로서 중요하다고 하더라도, 퇴직한 공무원 개인의 생활의 기초가 될 퇴직급여 부분마저 감액하는 것은 공무원 개인의 생존이라는 중대한 사익에 대한 위협이 되므로 법익의 균형성을 역시 지키지 못하였다고 볼 것이다.

따라서 이 사건 퇴직연금 삭감조항은 과잉금지원칙에 위반된다.

(3) 부칙 제2조의 위헌성 여부

1) 소급입법금지원칙의 위반 여부

헌법 제13조 제2항은 소급입법에 의한 재산권 박탈 및 참정권의 제한을 금지하고 있는데, 이는 법치국가원리의 소급입법금지원칙상 당연히 인정되는 규정으로서 여기의 소급입법은 '진정소급입법'을 말한다.

「진정소급입법」이란 이미 과거에 완성된 사실 또는 법률관계를 규율대상으로 하여 사후에 그 전과 다른 법적 효과를 생기게 하는 입법을 의미하고, 「부진정소급입법」이란 과거에 이미 개시되었지만 아직 완결되지 않고 진행과정에 있는 사실 또는 법률관계와 그 법적 효과에 장래적으로 개입하여 법적 지위를 사후에 침해하는 입법을 의미한다. 진정소급입법은 법적 안정성과 그 주관적인 측면에서 개인의 신뢰를 현저히 침해하는 것으로서 원칙적으로 부정된다. 그러나 개인의 신뢰보호에 우선하는 특단의 사정이 있는 경우에는 예외적으로 허용될 수 있다.

사안의 경우 이미 발생하여 이행기에 도달한 퇴직연금수급권의 내용에 개입하지 않고 개정법이 시행된 이후 이행기가 도래하는 퇴직금중 일정범위 부분에 대하여 삭감을 하는 내용이므로 부진정소급입법에 해당한다. 따라서 사안의 경우는 헌법 제13조 제2항의 소급입법금지원칙에 위반되지 않는다.

2) 신뢰보호원칙의 위반 여부

(가) 신뢰보호원칙 위반의 심사기준

부진정소급입법은 원칙적으로 허용되나 예외적으로 법치주의의 파생원칙인 신뢰보호원칙에 위배되는 경우에는 허용되지 아니한다. 신뢰보호 위배 여부는 ① 헌법적으로 보호되는 신뢰이익이 존재하는 여부, ② 개정법률이 과거에 발생한 사실 내지 법률관계를 규율해야 할 공익이 존재하는지 여부, ③ 법률의 존속에 관한 개인의 '신뢰이익'과 '법률개정을 통해 달성하려는 공익(법률개정이익)'을 비교형량하여 판단하여야 한다(97헌바58). 여기서 경과규정은 양 법익을 조화시키는 수단으로 기능한다.

(나) 사안의 경우

사안의 경우 퇴직금이 삭감되지 아니하였던 구 「공무원연금법」의 제정과 시행은 공무원들에게 선행조치로 인해 보호되는 헌법적인 신뢰이익을 부여하여 신뢰가 존재하는 것으로 보인다. 또한 이 사건 법률규정에는 연금재정악화를 개선하고자 하는 공익이 인정된다. 그러나 공무원연금 재정악화로 인한 재정안정성 도모를 위한 「공무원연금법」의 개정이 필요한 점은 인정되나 이미 퇴직하여 퇴직금을 수령하고 있던 甲의 경우 그 신뢰를 보호하기 위해 아무런 경과조치를 두지 아니하고 이미 연금을 수령하고 있는 자에게도 적용하도록 한 것과 특히 그 퇴직연금의 액수를 종전 최종보수월액의 70%에서 일률적으로 50%로 감액하여 지급하는 것은 甲 등 개인의 신뢰이익이 지나치게 침해된 것이 아니라고 볼 수 없을 것이다.

따라서 이 사건 심판대상조항은 신뢰보호원칙에 위반된다.

(4) 소 결

따라서 이 사건 퇴직연금 삭감조항은 과잉금지원칙에 위반되어 청구인 甲의 재산권을 침해하고, 퇴직연금 삭감조항을 소급하여 적용하는 이 사건 부칙 조항은 신뢰보호원칙에 위반되어 청구인 甲의 재산권을 침해하고 있다.

3. 평등권 침해 여부

(1) 평등의 의미와 내용

헌법 제11조 제1항은 객관적 법원칙인 평등의 원칙과 개개인의 주관적 공권인 평등권을 규정하고 있다. 동조항에서 규정하는 차별금지사유는 예시에 불과하고, 그 차별금지영역도 모든 영역으로 하고 있다. 여기에서 말하는 '법'이란 성문법, 불문법 등 모든 법규범을 의미하고, '법 앞의' 평등이란 법적용상의 평등뿐만 아니라 법내용상의 평등(입법자구속설)까지 의미하며, '평등'은 절대적 평등이 아니라 합리적인 이유가 있는 차별을 허용하는 상대적 평등을 의미한다.

(2) 평등권침해의 위헌심사기준

1) 의 의

평등권침해를 심사하기 위해서는 우선 법적용에 관련하여 상호 배타적인 '두 개의 비교집단' 간의 '차별취급'이 있어야 한다. 다음으로 이러한 차별취급이 자의금지원칙이나 비례원칙에 위반되는지를 검토한다.

헌법재판소는 완화된 심사척도로서의 자의금지원칙과 엄격한 심사기준으로서의 비례원칙을 구별하여 사안별로 적용하고 있다. 즉 입법부의 입법형성의 자유를 존중한다는 의미에서 평등권침해의 심사의 우선적 기준은 자의금지원칙이다. 또한 수익적 내지 시혜적 법률에 의한 차별이 발생할 때에도 자의금지원칙을 적용한다. 그러나 헌법에서 특별히 평등을 요구하고 있거나 차별적 취급으로 인하여 관련 기본권에 대한 중대한 제한을 초래하게 되는 경우에는 입법형성권이 축소되어 엄격한 심사척도인 비례의 원칙을 적용한다(98헌마363 등).

2) 사안의 경우

이 사건 퇴직연금 삭감조항 및 부칙 제2조는 퇴직연금 삭감을 받는 퇴직공무원의 범위를 정함에 있어 퇴직일을 기준으로 하여 2012.1.1. 이후에 퇴직한 공무원만 퇴직연금액에서 불이익을 받게 되므로, 이는 퇴직 시기에 따른 차별이 존재한다. 그런데 이러한 차별취급과 관련하여 헌법에서 특별히 평등을 요구하고 있지는 아니하지만 공무원 퇴직연금수급자의 재산권을 중대하게 제한하고 있으므로 엄격한 심사척도인 비례의 원칙이 적용되어야 한다.

(3) 비례의 원칙의 위반 여부

개정된 이 사건 퇴직연금 삭감조항 및 부칙 제2조는 공무원연금 재정건전성 확보라는 차별목적의 정당성을 가지고 있다. 그리고 위 법률조항들은 그러한 목적을 달성에 기여하는 바가 있으므로 차별취급의 적합성도 인정된다. 그러나 퇴직금 액수에 따른 차별적 감액을 통해서 상대적으로 퇴직연금 액수가 적은 자를 보호하려는 노력을 전혀 하지 아니하고 일률적으로 감액을 한 것은 차별취급의 불가피성에 위반되고, 또한 2012.1.1. 이전 혹은 이후에 퇴직하였는지 여부는 정년 내지 개인적 사정과 같은 우연한 사정에 기인하는 결과의 차이일 뿐이지, 이러한 차이로 인해 퇴직금 감액의 필요성이 달라진다고 할 수는 없다. 나아가 공무원연금의 재정건전성 확보라는 공익보다 그로 인해 침해되는 공무원의 생존의 기초가 되는 퇴직금의 감액이라는 사익이 더 크다고 볼 수 있으므로 법익의 균형성을 상실한 것이라 할 수 있다. 즉 공무원연금이 국민연금이나 법정퇴직금과 기본적으로 다른 점들이 존재한다고 해도 공무원의 성실근무 유도와 생활안정과 복리향상이라는 공무원연금제도 자체의 성격에 반하여 공무원의 연금생활에 대한 불만과 불안정, 이로 인한 공무수행의 혼란까지 초래할 수 있는 부작용 역시 고려되어야 한다.

(4) 소 결

따라서 이 사건 퇴직연금 삭감조항 및 부칙 제2조는 2012.1.1. 이후 퇴직한 공무원에 대한 지나친 차별에 해당하여 평등권을 침해하고 있다.

4. 공무담임권 침해 여부

(1) 공무담임권의 의의와 내용

헌법 제25조의 공무담임권이란 입법부, 집행부, 사법부는 물론 지방자치단체 등 국가, 공공단체의 구성원으로서 그 직무를 담당할 수 있는 권리를 말한다. 여기서 직무를 담당한다는 것은 국민이 공무담임에 관한 자의적이지 않고 평등한 기회를 보장받음을 의미하는바, 여러 가지 선거에 입후보해서 당선될 수 있다는 피선거권과 국정과 관계되는 모든 공직에 임명될 수 있는 공직취임권을 포괄하는 개념이다. 공무담임권의 보호영역에는 공직취임의 기회의 자의적인 배제뿐만 아니라 공무원 신분의 부당한 박탈, 권한(직무)의 부당한 정지까지 포함되는 것이라고 할 것이다(2002.8.29. 2001헌마788).

(2) 공무담임권을 제한하는지 여부

이 사건 퇴직연금 삭감조항 및 부칙 제2조는 공직취임의 기회의 배제하거나 공무원 신분을 박탈, 권한(직무)을 정지하는 내용이 아니므로 공무담임권의 보호영역에 속하는 사항을 규정한 것이라고 할 수 없다. 또한 이 사건 퇴직연금 삭감조항 및 부칙 제2조로 인하여 공무원의 연금생활에 대한 불만과 불안정, 이로 인한 공무수행의 혼란까지 초래할 수 있는 부작용이 있다고 하여 공무원 신분에 대한 제한으로 보기는 어려우므로 공무담임권에 대한 제한은 존재하지 아니한다.

(3) 소 결

따라서 이 사건 퇴직연금 삭감조항 및 부칙 제2조는 청구인의 공무담임권을 침해하지 아니한다.

5. 행복추구권 침해 여부

헌법 제10조 제1문의 행복추구권은 헌법에 규정된 기본권 중에서 행복추구의 수단이 될 수 있는 기본권은 물론이고 행복을 추구하는 데 필요한 것이면 헌법에 열거되지 아니한 자유와 권리까지도 포괄하는 포괄적 기본권으로 이해된다. 따라서 행복추구권과 기타의 개별기본권이 경합하는 경우 행복추구권은 보충적 기본권으로서의 성격을 가지기 때문에 개별 기본권의 침해 여부를 판단하는 이상 행복추구권에 대해서는 별도로 판단할 필요가 없다(2000.12.14. 99헌마112).

따라서 사안의 경우 <u>재산권 등을 판단한 이상 행복추구권에 대해서는 별도로 판단할 필요가 없다.</u>

6. 사안의 해결

그러므로 이 사건 퇴직연금 삭감조항은 과잉금지원칙에 위반되고 이 사건 부칙 조항은 신뢰보호원칙에 위반되어 청구인 甲의 재산권을 침해하고 있으며, 또한 이 사건 퇴직연금 삭감조항 및 부칙 제2조는 2012.1.1. 이후 퇴직한 공무원에 대한 지나친 차별에 해당하여 평등권을 침해하므로 위헌이라 할 수 있다. 다만. 이 사건 퇴직연금 삭감조항 및 부칙 제2조는 공무담임권을 제한하고 있지 아니하므로 공무담임권을 침해하지는 아니한다.

2017.12.20. 보건복지부령 제377호로 개정된 「국민건강보험 요양급여의 기준에 관한 규칙」(이하 '요양급여규칙'이라 함)은 비용 대비 효과가 우수한 것으로 인정된 약제에 대해서만 보험급여를 인정해서 보험재정의 안정을 꾀하고 의약품의 적정한 사용을 유도하고자 기존의 보험 적용 약제 중 청구실적이 없는 미청구약제에 대한 삭제제도를 도입하였다. 개정 전의 요양급여규칙은 품목허가를 받은 모든 약제에 대하여 보험급여를 인정하였으나, 개정된 요양급여규칙에 따르면 최근 2년간 보험급여 청구실적이 없는 약제에 대하여 요양급여대상 여부에 대한 조정을 할 수 있다.

보건복지부장관은 위와 같이 개정된 요양급여규칙의 위임에 따라 사단법인 대한제약회사협회 등 의약관련단체의 의견을 받아 보건복지부 고시인 '약제급여목록 및 급여상한금액표'를 개정하여 2018.9.23. 고시하면서, 기존에 요양급여대상으로 등재되어 있던 제약회사 甲(이하 '甲'이라 함)의 A약품(1998.2.1. 등재)이 2016.1.1.부터 2017.12.31.까지의 2년간 보험급여 청구실적이 없는 약제에 해당한다는 이유로 위 고시 별지4 '약제급여목록 및 급여상한금액표 중 삭제품목'란(이하 '이 사건 고시'라 함)에 아래와 같이 A약품을 등재하였다. 요양급여대상에서 삭제되면 국민건강보험의 요양급여를 받을 수 없어 해당 약제를 구입할 경우 전액 자기부담으로 구입하여야 하고 해당 약제에 대해 요양급여를 청구하여도 요양급여청구가 거부되므로 해당 약제의 판매 저하가 우려된다.

보건복지부 고시 제2018-○○호 (2018.9.23.)

약제급여목록 및 급여상한금액표

제1조 【목적】 이 표는 국민건강보험법 … 및 국민건강보험요양급여의 기준에 관한 규칙 … 의 규정에 의하여 약제의 요양급여대상기준 및 상한금액을 정함을 목적으로 한다.

제2조 【약제급여목록 및 상한금액 등】 약제급여목록 및 상한금액은 [별표 1]과 같다.

[별표 1]

별지4 삭제품목

연번 17. 제조사 甲, 품목 A약품, 상한액 120원/1정

제약회사들을 회원으로 하여 설립된 사단법인 대한제약회사협회와 甲은 이 사건 고시가 있은지 1개월 후에야 고시가 있었음을 알았다고 주장하며 이 사건 고시가 있은 날로부터 94일째인 2018.12.26. 이 사건 고시에 대한 취소소송을 제기하였다.

4. 甲은 "개정 전 요양급여규칙이 아니라 개정된 요양급여규칙에 따라 A약품을 요양급여대상에서 삭제한 것은 위법하다."라고 주장한다. 이러한 甲의 주장을 검토하시오. (30점)

📁 **참조조문**

※ 아래 법령은 현행 법령과 다를 수 있음

국민건강보험법

제41조【요양급여】① 가입자와 피부양자의 질병, 부상, 출산 등에 대하여 다음 각 호의 요양급여를 실시
한다.

1. 진찰·검사

2. 약제·치료재료의 지급

3. <이하 생략>

② 제1항에 따른 요양급여의 방법·절차·범위·상한 등의 기준은 보건복지부령으로 정한다.

국민건강보험 요양급여의 기준에 관한 규칙(제377호, 2017.12.20. 공포)

제8조【요양급여의 범위 등】① 법 제41조 제2항에 따른 요양급여의 범위는 다음 각 호와 같다.

1. 법 제41조 제1항의 각 호의 요양급여(약제를 제외한다) : 제9조에 따른 비급여대상을 제외한 것

2. 법 제41조 제1항의 2호의 요양급여(약제에 한한다) : 제11조의2, 제12조 및 제13조에 따라 요양 급여대상
으로 결정 또는 조정되어 고시된 것

② 보건복지부장관은 제1항의 규정에 의한 요양급여대상을 급여목록표로 정하여 고시하되, 법 제41조
제1항의 각 호에 규정된 요양급여행위, 약제 및 치료재료(법 제41조 제1항의 2호의 규정에 의하여 지급되는
약제 및 치료재료를 말한다)로 구분하여 고시한다.

제13조【직권결정 및 조정】④ 보건복지부장관은 다음 각 호에 해당하면 이미 고시된 약제의 요양급여대상
여부 및 상한금액을 조정하여 고시할 수 있다.

1.~5. <생략>

6. 최근 2년간 보험급여 청구실적이 없는 약제 또는 약사법령에 따른 생산실적 또는 수입실적이 2 년간
보고되지 아니한 약제

부 칙

이 규칙은 공포한 날로부터 시행한다.

Chapter 03

설문에서는 보건복지부 고시인 '약제급여목록 및 급여상한금액표'(이 사건 고시)는 법령보충적 행정규칙 (고시)으로서 행정입법(입법작용)에 해당한다는 점을 파악할 수 있어야 한다. 따라서 甲의 주장은 결국 법령개정이 소급입법금지의 원칙 또는 신뢰보호의 원칙에 위배되어 위법(위헌·위법)하다는 주장으로 볼 수 있다. 소급입법금지원칙에서 (좁은 의미의) '소급입법'이란 진정소급입법을 의미하므로, 첫째, 진정 소급입법과 부진정소급입법을 개념 구별하고, 둘째, 사례의 보건복지부장관 고시가 소급입법 중 어디에 해당하는지를 설명한 후, 셋째, 부진정소급입법일 경우에는 신뢰보호원칙 위배 여부를 검토하여야 한다.

첫째, 소급입법금지의 원칙 위배 여부와 관련하여서는, 보건복지부장관이 이 사건 고시를 개정함에 있어 요양급여대상 삭제기준이 되는 '청구실적이 없는 기간'을 기존 기간(2016.1.1. ~ 2017.12.20.)을 대상으로 하면서도 요양급여규칙 개정 이후의 추가 기간(2017.12.21. ~ 2017.12.31.)도 아울러 포함하여 판단하였다는 점과 이 사건 고시를 개정함으로써 A약품을 요양급여대상에서 삭제하는 것은 제약회사 甲이 이미 얻은 이익을 소급적으로 박탈하는 것이 아니라 그동안 A약품이 요양급여대상에 포함됨으로써 얻었던 이익을 이 사건 고시의 시행 이후부터 앞으로는 누리지 못하게 하는 것에 불과하다는 점을 통하여 부진 정소급입법에 해당한다는 것을 논증할 수 있어야 한다.

둘째, 신뢰보호원칙 위배 여부를 판단함에 있어서는, ① 구 법령의 존속에 대한 甲의 보호가치 있는 신뢰이익의 침해, ② 공익의 존재 및 공익과 침해되는 사익(신뢰이익)의 비교·형량, ③ 경과규정 등의 조치 여부를 검토하여야 하는데, 특히 공익과 사익의 비교·형량이 가장 중요하다. 공익과 사익의 비교·형량 시 사인(甲)의 신뢰이익(사익)의 보호가치를 판단함에 있어서는 특히 법령의 개정에 대한 예측 가능성이 있는지 여부와 사인의 신뢰가 국가로부터 유인된 것이었는지 여부가 중요한 척도로 작용된다.

Ⅰ. 논점의 정리

보건복지부 고시인 '약제급여목록 및 급여상한금액표'(이하 '이 사건 고시'라 한다)는 법령보충적 행정규칙(고시)으로서 행정입법에 해당한다. 따라서 보건복지부장관이 개정된 요양급여규칙에 따라 A약품을 요양급여대상에서 삭제하는 내용의 이 사건 고시를 개정한 것은 입법작용(행정입법)으로서 진정소급입법에 해당하여 위헌·위법한지 여부가 문제되고, 부진정소급입법에 해당하는 경우라도 신뢰보호의 원칙은 법률이나 그 하위법규뿐만 아니라 국가의 제도운영지침의 개폐에도 적용되는 것이므로 (1997.7.16. 97헌마38) 신뢰보호의 원칙에 위배되어 위헌·위법한 것은 아닌지 문제된다.

Ⅱ. 소급입법금지의 원칙에 위배되는지 여부

1. 문제점

헌법 제13조 제2항은 소급입법에 의한 재산권 박탈 및 참정권의 제한을 금지하고 있는데, 이는 법치국가원리의 소급입법금지의 원칙상 당연히 인정되는 규정으로서 여기에서의 소급입법은 진정소급입법을 말한다. 사례에서는 보건복지부장관이 개정된 요양급여규칙에 따라 A약품을 요양급여대상에서 삭제한 것이 진정소급입법에 해당하여 위법한지가 문제된다.

2. 소급입법금지의 원칙

(1) 진정소급입법과 부진정소급입법의 구별

'진정소급입법'이란 이미 과거에 완성된 사실 또는 법률관계를 규율대상으로 하여 사후에 그 전과 다른 법적 효과를 생기게 하는 입법을 의미하고, '부진정소급입법'이란 과거에 이미 개시되었지만 아직 완결되지 않고 진행과정에 있는 사실 또는 법률관계와 그 법적 효과에 장래적으로 개입하여 법적 지위를 사후에 침해하는 입법을 의미한다(헌재 2003.4.24. 2002헌바9 참조).

(2) 진정소급입법의 원칙적 금지와 예외적 허용

진정소급입법은 법적 안정성과 그 주관적 측면인 개인의 신뢰를 현저히 침해는 것으로서 원칙적으로 인정되지 아니한다(헌재 2006.6.29. 2005헌마156 등). 다만 개인의 신뢰보호에 우선하는 특단의 사정이 있는 경우에는 예외적으로 진정소급입법이 허용될 수 있다. 헌법재판소는 진정소급입법이 허용되는 예외적인 경우로 "일반적으로, ① 국민이 소급입법을 예상할 수 있었거나, ② 법적 상태가 불확실하고 혼란스러웠거나 하여 보호할 만한 신뢰의 이익이 적은 경우와 ③ 소급입법에 의한 당사자의 손실이 없거나 아주 경미한 경우, ④ 그리고 신뢰보호의 요청에 우선하는 심히 중대한 공익상의 사유가 있는 경우"를 들고 있다(1998.9.30. 97헌바38).

3. 사례의 경우

보건복지부장관은 A약품을 요양급여대상에서 삭제하는 내용으로 이 사건 고시를 개정함에 있어 요양급여대상 삭제기준이 되는 청구실적이 없는 기간을 기존 기간(2016.1.1.~2017.12.20.)을 대상으로 하면서도 요양급여규칙 개정 이후의 추가 기간(2017.12.21.~2017.12.31.)도 아울러 포함하여 판단하였다. 그렇다면, 비록 개정된 요양급여규칙이 기존의 사실 또는 법률관계를 대상으로 하면서 종전보다 불리한 법률효과를 규정하고 있다고 하더라도 <u>보건복지부장관이 이미 완성되거나 종결된 사실 또는 법률관계가 아니라 요양급여규칙 개정 이후에도 청구실적이 없는 기간이 계속되고 있다는 사실에 대하여 이 사건 요양급여규칙 조항을 적용한 것인 이상, 이는 헌법상 금지되는 진정소급입법이 아니라 부진정소급입법에 해당한다</u>(2009.4.23. 2008두8918; 2008.5.13. 2007누32626 참조). 또한 이 사건 고시를 개정함으로써 A약품을 요양급여대상에서 삭제하는 것은 제약회사 甲이 이미 얻은 이익을 소급적으로 박탈하는 것이 아니라, 그동안 A약품이 요양급여대상에 포함됨으로써 얻었던 이익을 이 사건 고시의 시행 이후부터 앞으로는 누리지 못하게 하는 것에 불과하므로 부진정소급입법에 해당한다는 점은 분명하다. 따라서 <u>보건복지부장관이 개정된 요양급여규칙에 따라 A약품을 요양급여대상에서 삭제하는 내용으로 사건 고시를 개정한 것은 소급입법금지의 원칙에 위배되지 않는다.</u>

Ⅲ. 신뢰보호의 원칙에 위배되는지 여부

1. 문제점

보건복지부장관이 개정된 요양급여규칙에 따라 A약품을 요양급여대상에서 삭제하는 내용으로 이 사건 고시를 개정한 것이 부진정소급입법에 해당하여 소급입법금지의 원칙에 위배되지 않는 경우라 하더라도 신뢰보호의 원칙에 위배되는지 여부에 관하여는 별도로 검토할 필요가 있다.

2. 신뢰보호의 원칙 위배의 판단기준

부진정소급입법은 원칙적으로 허용되지만 예외적으로 법치주의의 파생원칙인 신뢰보호의 원칙에 위배되는 경우에는 허용되지 아니한다. 법령의 부진정소급입법이 신뢰보호의 원칙에 위배되려면, ① <u>구 법령의 존속에 대한 당사자의 보호가치 있는 신뢰이익의 침해가 있어야</u> 하고, ② <u>법령 개정으로 달성하고자 하는 공익(개정법령이 기존의 사실관계를 함께 규율할 필요성)이 존재하여야</u> 하며, ③ <u>신뢰이익의 상실로 인하여 침해되는 사익 정도와 개정 법령의 적용을 통하여 달성하고자 하는 공익을 비교·형량하여 침해되는 사익이 공익보다 더 커야</u> 한다. 뿐만 아니라 달성하고자 하는 공익이 침해되는 사익보다 크더라도 사익이 최소침해되도록 <u>경과규정을 두는 등 당사자의 신뢰보호를 위하여 적절한 조치를 할 수 있음에도 불구하고 이러한 조치를 하지 아니한 경우에는 신뢰보호의 원칙에 위배될 수 있다</u>(1995.6.29. 94헌바39; 2006.11.16. 2003두12899 참조).

이때 신뢰보호원칙의 위배 여부를 판단함에 있어서 한편으로는 침해받은 이익의 보호가치, 침해의 중한 정도, 신뢰가 손상된 정도, 신뢰침해의 방법 등과 다른 한편으로는 새 법령을 통해 실현하고자 하는 공익적 목적을 종합적으로 비교·형량하여야 한다(1998.11.26. 97헌바58; 2006.11.16. 2003두12899). 그리고 개인의 신뢰이익의 보호가치를 판단함에 있어서는 특히 법령의 개정에 대한 예측가능성이 있는지 여부와 사인의 신뢰가 국가로부터 유인된 것이었는지 여부가 중요한 척도로 작용된다. 즉, ① 법적 상태에 대한 개인의 신뢰는 그가 <u>어느 정도로 법적 상태의 변화를 예측할 수 있는지, 혹은 예측하였어야 하는지 여부에 따라</u> 상이한 강도를 가지며, ② 사인의 신뢰가 <u>국가에 의하여 일정한 방향으로 유인된 것이라면 특별히 보호가치가 있는 신뢰이익</u>으로서 원칙적으로 개인의 신뢰보호가 국가의 법령개정이익에 우선된다고 볼 여지가 있다(2002.11.28. 2002헌바45).

3. 사례의 경우

(1) 구 법령의 존속에 대한 甲의 보호가치 있는 신뢰이익의 침해

제약회사 甲은 A약품이 1998.2.1. 요양급여대상으로 처음 등재된 이후 약 20여 년간 계속하여 이를 유지하여 옴에 따라 앞으로도 A약품이 요양급여 대상에 포함되리라는 기대를 가지고 A약품을 계속 제조하여 왔으므로, 청구실적이 없는 미청구약제에 대한 삭제제도가 없었던 <u>구 법령(구 요양급여규칙 및 이에 근거한 구 '약제급여목록 및 급여 상한금액표', 이하 '구 요양급여규칙 등'이라 한다)의 존속에 대한 신뢰는 정당하고 합리적이어서 보호가치 있는 신뢰라고 할 것이고, 보건복지부장관이 개정된 요양급여규칙에 근거하여 A약품을 요양급여대상에서 삭제함에 따라 甲은 그 신뢰이익을 침해받았다고 볼 수 있다.</u>

(2) 공익의 존재 및 침해되는 사익(신뢰이익)의 비교·형량

1) 법령의 개정에 대한 예측가능성

사례의 경우 건강보험에 대한 세부적인 제도들은 국민의 건강 및 건강보험 재정건전화 등과 밀접하게 관련된 것으로서 <u>정책에 따라 변경될 가능성이 큰 부분</u>이라 할 것이므로, <u>제약회사로서 그에 대하여 가장 큰 이해관계를 지니고 있는 甲으로서는 이와 같은 제도의 변화에 대하여 충분히 예측할 수 있었다</u>고 볼 수 있다. 따라서 甲의 청구실적이 없는 미청구약제에 대한 삭제제도가 없었던 구 요양급여규칙 등에 대한 신뢰가 절대적인 것이라고 판단하기는 어렵다고 판단된다.

2) 甲의 신뢰가 국가로부터 유인된 것인지 여부

사례의 경우 구 요양급여규칙 등을 통하여 국가가 甲과 같은 제약회사의 행위를 일정방향으로 유도하였다고 보기는 어렵다고 판단된다. 즉, <u>요양급여의 대상이 되는 약품의 등재방식은 어디까지나 정책적 판단의 소산</u>이라 할 수 있고, <u>제약회사인 甲의 요양급여 등재의 존속에 대한 신뢰</u>는 단지 그 근거가 되는 구 요양급여규칙 등에서 부여하고 있었던 기회를 활용한 것으로서 원칙적으로 <u>국가가 유도한 것이 아니라 사적 위험부담의 범위에 속하는 것</u>이라고 볼 수 있다. 따라서 사례의 경우에는 원칙적으로 甲의 신뢰이익이 국가의 법령개정이익에 우선된다고 보기는 어렵다고 할 것이다.

3) 공익의 존재 및 사익(신뢰이익)의 비교·형량

사례의 경우 요양급여규칙 등의 개정으로 <u>달성하고자 하는 공익은 비용 대비 효과가 우수한 것으로 인정된 약제에 대해서만 보험급여를 인정해서 보험재정의 안정을 꾀하고 의약품의 적정한 사용을 유도하는 것으로 그 중요성과 긴급성이 크다고</u> 할 수 있다. 반면 개정된 요양급여 규칙 등을 적용하여 최근 2년간 보험급여 청구실적이 없는 약제를 요양급여 대상에서 삭제함에 따라 甲이 침해받는 사익은 장래에 A약품의 판매저하로 인한 이익의 감소인데, <u>A약품은 최근 2년간 보험급여 청구실적이 없는 약제에 해당한다는 점을 고려할 때 침해되는 사익의 정도는 상대적으로 경미하다고 볼 수 있다.</u> 그렇다면 甲회사가 신뢰이익의 상실로 인하여 침해되는 사익 정도와 개정 법령의 적용을 통하여 달성하고자 하는 공익을 비교·형량하여 볼 때 침해되는 사익이 공익보다 크다고 할 수 없다.

(3) 경과규정 등의 조치

사례의 경우 <u>요양급여규칙 등의 개정으로 달성하고자 하는 공익은 그 중요성과 긴급성이 큰 반면 그로 인하여 甲이 침해받는 사익은 그다지 크지 아니하므로 별도의 경과규정을 두지 않더라도 신뢰보호의 원칙에 위배된다고 볼 수 없다</u>(2002.8.29. 2001헌마159).

4. 소 결

보건복지부장관이 개정된 요양급여규칙에 따라 A약품을 요양급여대상에서 삭제한 것은 신뢰보호의 원칙에 위배되지 않는다.

IV. 사례의 해결

보건복지부장관이 개정된 요양급여규칙에 따라 A약품을 요양급여대상에서 삭제한 것은 법령의 진정소급입법이 아니라 부진정소급입법에 해당하므로 소급입법금지의 원칙에 위배되지 아니하며, 신뢰보호의 원칙에도 위배되지 아니하므로 위법하지 않다. 따라서 甲의 주장은 타당하지 않다.

위헌정당해산결정과 국회의원직 상실

2019년 8회 변호사 제1문의1

A정당은 중앙선거관리위원회에 등록을 마친 정당이고 甲은 A정당 소속의 지역구 국회의원이며 乙은 A정당 소속의 비례대표 국회의원이다. 정부는 A정당의 목적과 활동이 민주적 기본질서에 위배된다고 주장하면서 헌법재판소에 위헌정당해산심판을 청구하였다. A정당은 이에 대해 강력히 반발하였지만 헌법재판소는 A정당에 대해 해산결정을 내렸다. A정당의 해산결정에 따라 甲과 乙이 국회의원직을 상실하는지를 논하시오. (30점)

✏️ 핵심공략

우리 헌법이나 법률 어디에서도 헌법재판소의 위헌정당해산심판에 의하여 해산된 정당 소속 국회의원의 신분상실 여부에 관하여 규정을 두고 있지 않다. 따라서 위헌정당 해산 시 소속의원의 자격상실 여부는 우리 헌법상 위헌정당해산제도의 의의를 먼저 고찰함으로서 해석을 통하여 결정해야 할 문제이다. 헌법 제8조는 정당의 특권과 함께 그 한계를 규정하고 있는데, 이러한 정당의 특권과 한계를 어떻게 조화시킬 것인지가 중요하다. 헌법재판소의 심판에 의하여 해산되는 경우를 제외하고는 강제로 해산되지 않는다는 헌법 제8조 제4항의 위헌정당해산제도 역시 정당의 특권들 중의 하나인데, 위헌정당해산결정은 자칫 민주주의를 내세워 민주주의를 파괴하고 다수가 소수의 정치적 자유를 박해하는 수단으로 악용될 위험성을 언제나 내포하고 있다는 점을 염두에 두고 사례를 해결하여야 한다.

위헌정당해산결정 시 소속 국회의원의 의원직 상실 여부에 관하여는, 헌법재판소가 '통합진보당 해산청구 사건'에서 이미 판단한 바 있다. 따라서 정당해산결정이 있으면 그 소속 국회의원은 지역구에서 당선되었는지, 비례대표로 당선되었는지를 불문하고 그 의원직을 상실한다고 판시한 헌법재판소의 결정 내용은 반드시 알고 있어야 한다. 다만, 오늘날 국회의원의 국민대표성(자유위임의 원칙)이 정당국가적 현실에 의해 많이 변질되었다고 하더라도 그것은 헌법규정상의 대의제 민주주의를 실현하는 한 모습에 불과할 뿐, 국회의원의 정당기속성은 대의제 민주주의의 원리의 틀을 넘어서는 안 된다는 한계가 있다는 점과 방어적 민주주의는 민주주의원리를 수호하기 위한 최후적 수단일 뿐만 아니라 남용의 위험이 존재하기 때문에 헌법이나 법률에 명문의 근거규정이 없는 상황에서 헌법재판소의 위헌정당해산결정으로 소속의원의 의원직 상실된다고 보기에는 무리라는 점 등을 고려할 때, 정당이 헌법재판소의 해산결정으로 해산되더라도 헌법이나 법률에 별도의 규정이 없는 이상, 헌법재판소와 달리 그 소속 국회의원은 의원직을 상실하지 않는다고 결론을 내리는 것도 가능할 것이다.

I. 논점의 정리

헌법 제8조는 정당의 특권에 대하여 규정하면서, 동시에 위헌정당해산제도를 규정하고 있다. 그리고 헌법재판소의 해산결정의 효과로서 헌법재판소법은 정당의 해산을 규정하고 있고(제59조), 정당법은 대체정당의 금지(제40조), 동일명칭의 사용 금지(제41조 제2항), 정당재산의 필요적 국고귀속(제48조 제2항)을 규정하고 있으나, 해산된 정당 소속 국회의원의 신분상실 여부에 관하여는 헌법이나 법률에서 규정을 두고 있지 않다. 따라서 위헌정당 해산 시 소속의원의 자격상실 여부는 우리 헌법상 위헌정당해산제도의 의의, 정당제 국가에서의 국회의원의 헌법상 지위 등을 먼저 고찰함으로서 해석을 통하여 결정해야 할 문제이다.

II. 헌법 제8조 제4항의 위헌정당해산제도의 의의

1. 정당의 기능과 정당의 특권

정당은 분산된 국민의 정치적 의사를 일정한 방향으로 유도하고 결집하여 상향적으로 국가의사결정에 반영하는 중개자적 역할을 한다. 이렇듯 오늘날 대중민주주의에 있어서 정당은 없어서는 안 될 중요한 존재로서 헌법은 정당에 대하여 일정한 특권을 부여하고 있다. 헌법재판소의 심판에 의하여 해산되는 경우를 제외하고는 강제로 해산되지 않는다는 헌법 제8조 제4항의 위헌정당해산제도 역시 그러한 특권들 중의 하나이다.

2. 방어적 민주주의와 정당의 한계

방어적 민주주의라 함은 '민주주의의 이름으로 민주주의 그 자체를 파괴하거나 자유의 이름으로 자유의 체계 그 자체를 말살하려는 민주적·법치국가적 헌법질서의 적으로부터의 자기방어적·자기수호적 민주주의'를 말한다. 민주주의는 원래 다원성과 가치상대주의에 기초하고 있으나, 이러한 민주주의의 가치상대주의적 관용도 민주주의를 부정하고 민주주의를 파괴하는 민주주의의 적에 대한 관용까지 포함할 수는 없는 것이다. 그런 점에서 헌법 제8조 제4항은 우리 헌법상의 민주주의가 정당의 자유를 보장하지만 반민주적 정당의 존립까지 보장하는 것이 아님을 규정하고 있는 것이다. 따라서 정당은 이러한 방어적 민주주의의 이념에 따라 민주적 기본질서를 존중해야 하고, 위헌정당해산제도는 민주주의를 방어하기 위한 수단들 중의 하나로 볼 수 있다.

3. 정당의 특권과 한계의 조화

헌법 제8조는 정당의 특권과 함께 그 한계를 규정하고 있는데, 이러한 정당의 특권과 한계를 어떻게 조화시킬 것인지가 문제된다. 민주주의의 이름으로 민주주의 자체를 파괴해서도 안 되지만, 방어적 민주주의의 이름으로 민주주의를 침해해서도 안 된다. 위헌정당해산결정은 자칫 민주주의를 내세워 민주주의를 파괴하고 다수가 소수의 정치적 자유를 박해하는 수단으로 악용될 위험성을 언제나 내포하고 있다. 따라서 헌법 제8조 제4항을 적용함에 있어 그 구성요건에 대한 엄격한 해석이 요구

될 뿐만 아니라 법치국가원리에서 나오는 비례의 원칙을 준수하여야 하며, <u>위헌정당해산결정의 효과</u> <u>역시 헌법이나 법률에 명문으로 규정함으로써 그 한계를 분명히 할 필요</u>가 있다.

Ⅲ. 정당제 민주주의에서 국회의원의 헌법상 지위

1. 국회의원의 국민대표로서의 지위

대의제의 이념적 기초에 따라 대의제에서의 대표자는 <u>국민 전체의 대표자</u>를 의미한다. 국회의원은 국민 전체의 대표자로서 국회의원과 국민 간에는 명령적 위임인 아닌 자유위임관계가 성립한다. 이러한 <u>자유위임의 원칙에 따라 국회의원은 그 직무를 수행함에 있어서 국민개개인이나 특정집단의</u> <u>사람들로부터 지시나 명령에 구속되지 않고 오로지 양심에 따라 독립하여 국민전체의 이익을 위하여</u> <u>행동</u>한다.

2. 국회의원의 정당대표로서의 지위

20세기에 들어와 보통선거의 원칙의 확립은 대중민주주의의 발전을 가져왔고, 대중민주주의에 있어 국민의 정치적 의사의 형성은 필연적으로 정당의 존재를 필요로 한다. 정당국가의 발전은 국회의원의 지위에 변화를 가져왔다. 정당국가에 있어서의 국회의원은 독자적 판단을 가지고 개인적 행동을 하는 것이 아니라, <u>정당의 한 구성원으로서 정당의 통일적이고 일치단결된 행동 속에서만 자기의</u> <u>의견을 관철할 수 있는 직업정치인</u>이 되었다. 그리고 정당국가에서는 국회의원이 소속정당의 지시에 따르도록 하기 위하여 <u>정당강제가 허용</u>되고 있다.

3. 국회의원의 국민대표성과 정당대표성의 충돌의 해결

국회의원의 정당대표성이 국회의원의 국민대표로서의 지위를 실현하는 방편이라는 점, 즉 국회의원은 개별적 차원에서 개인적 양심이나 판단에 따라 활동하기보다는 정당의 대표로서 정당을 통해 국민대표자로서의 기능을 수행함을 고려할 때, <u>국회의원의 자유위임은 국회의원의 정당기속에 대한</u> <u>제한원리로 작용한다</u>고 할 것이다. 따라서 국회의원의 정당기속은 자유위임을 해하지 않는 범위에서만 허용되고, 의원의 정당대표성을 이유로 국민대표성을 부인하는 결과를 초래해서는 아니 된다.

Ⅳ. 위헌정당 해산 시 소속의원의 자격상실 여부

1. 문제점

우리 헌법이나 「헌법재판소법」, 「공직선거법」 어디에도 헌법 제8조 제4항에 의해 정당의 목적이나 활동이 민주적 기본질서에 위배되어 헌법재판소에 의해 해산 결정을 받은 경우에 그 정당소속 국회의원의 신분상실 여부에 관하여 규정을 두고 있지 아니한다.❶ 이와 같이 위헌정당 해산 시 국회의원신분의 상실 여부에 관한 규정이 결여되어 있기 때문에 이에 관한 해석을 둘러싸고 견해가 대립하고 있다.

2. 학설

이에 대하여, 국회의원의 국민대표성을 중시하고 현행법상 무소속입후보의 허용을 들어 소속정당이 해산되더라도 국회의원직은 상실하지 않으나 국회에서 징계나 자격심사에 의해서 그 신분을 상실할 수는 있다고 보는 견해(자격유지설), 정당제 민주주의 원리를 중시하고 또 방어적 민주주의 정신에 비추어 비례대표의원이든 지역구의원이든 불문하고 국회의원신분을 상실한다고 보는 견해(자격상실설), 자유위임의 취지상 지역구의원은 무소속으로 남으나, 헌법재판소의 정당해산결정의 실효성을 담보하기 위해서 비례대표의원은 의원신분을 상실한다고 보는 견해(비례대표의원 자격상실설)가 주장되고 있다.

3. 판례

헌법재판소는 '통합진보당 해산 청구 사건'에서 「헌법재판소의 해산결정으로 해산되는 정당 소속 국회의원의 의원직 상실은 정당해산심판 제도의 본질로부터 인정되는 기본적 효력으로 봄이 상당하므로, 이에 관하여 명문의 규정이 있는지 여부는 고려의 대상이 되지 아니하고, 그 국회의원이 지역구에서 당선되었는지, 비례대표로 당선되었는지에 따라 아무런 차이가 없이, 정당해산결정으로 인하여 신분유지의 헌법적인 정당성을 잃으므로 그 의원직은 상실되어야 한다」고 판시하여(2014.12.19. 2013헌다1), 자격상실설의 입장이다.

---

❶ 독일의 경우 독일연방선거법 제46조 제2항 제5호가 위헌정당 해산 시 의원직 상실을 규정하고, 정당국가적 성격이 강했던 우리나라 제3공화국 헌법 제38조도 국회의원은 소속정당이 해산된 경우 그 자격을 상실하도록 규정한 바 있다.

4. 검 토

생각건대 이 문제는 대의제원리 및 자유위임의 원칙과 방어적 민주주의의 상관관계에서 고찰하여야 할 것이다. 오늘날 국회의원의 국민대표성(자유위임의 원칙)이 사실상 정당국가적 현실에 의해 변질되었다고 하더라도 그것은 헌법규정상의 대의제 민주주의를 실현하는 한 모습에 불과할 뿐, 국회의원의 정당기속성은 대의제 민주주의의 원리의 틀을 넘어서는 안 된다. 이러한 대의제원리에 입각할 때에 정당이 위헌결정으로 해산되더라도 그 소속의원은 의원직을 상실하지 않는다고 보아야 한다. 물론 방어적 민주주의에 입각하여 볼 때 위헌정당해산결정의 실효성을 확보하려면 소속의원의 의원직을 상실시켜야 한다는 주장에는 일응 타당한 측면이 있다.

그러나 방어적 민주주의는 민주주의원리를 수호하기 위한 최후적 수단일 뿐만 아니라 남용의 위험이 존재하기 때문에 헌법이나 법률에 명문의 근거규정이 없는 상황에서 헌법재판소의 위헌정당해산결정으로 소속의원의 의원직 상실된다고 보기에는 무리라고 생각한다. 또한 국민에 의해 선출된 국회의원을 민주적 정당성이 상대적으로 취약한 헌법재판소가 의원직을 박탈할 수 있는지에 관하여도 의문이 생긴다. 따라서 정당이 헌법재판소의 위헌정당해산결정으로 해산되더라도 헌법이나 법률에 별도의 규정이 없는 이상, 그 소속 국회의원은 의원직을 상실하지 않는다고 보는 것이 타당하다.

V. 사례의 해결

A정당이 헌법재판소의 해산결정에 의해 해산되더라도 헌법이나 법률에 별도의 명문의 규정이 없는 이상, 그것만으로는 A정당 소속의 국회의원의 신분이 당연히 상실되는 것은 아니다. 따라서 지역구 국회의원인 甲은 물론 비례대표 국회의원인 乙도 국회의원의 신분을 상실하지 않는다.

2022년 11회 변호사 제2문

甲은 A군 소재 농지에서 농업경영을 하던 중 양돈업을 시작하고자 한다. A군의 군수 乙은 2021.5. 경 「가축분뇨의 관리 및 이용에 관한 법률」 제8조 제1항 및 「A군 가축사육 제한에 관한 조례」(이하 '이 사건 조례'라 한다) 제3조 제2항에 의거하여 「A군 가축사육 제한구역 지정 고시」(이하 '이 사건 고시' 라 한다)를 발령하였다. 이 사건 고시 제4조 제3호에 의하면, "도로(고속국도, 일반국도, 지방도, 군도)나 철도, 농어촌도로 경계선으로부터 가축사육 시설 건축물 외벽까지 직선거리 200m 이내 지역"을 가축사육 제한구역의 하나로 정하고 있다.

축사 예정지로 삼고 있는 甲의 토지는 주거 밀집지역인 농가에서 1km 이상 벗어나 있는데 甲이 짓고자 하는 축사의 외벽은 지방도 경계선으로부터 직선거리 200m 이내에 소재하고 있어 가축 사육 제한구역에 편입되게 되었다.

甲은 2021.11.30. 돼지를 사육하려고 乙에게 축사 건축허가를 신청하였다. 그러나 乙은 2021.12.15. 이 사건 조례 제3조 및 이 사건 고시 제4조 제3호에 의거하면 축사 예정지가 가축사육 제한구역에 해당하여 여기에 축사를 건축할 수 없다는 이유로 허가를 거부하는 처분(이하 '이 사건 처분'이라고 한다)을 하였다.

4. 甲은 이 사건 처분에 대하여 불만을 품고 「헌법재판소법」 제68조 제1항에 의한 헌법소원심판 청구를 검토하였다. 그 결과 甲은 「가축분뇨의 관리 및 이용에 관한 법률」 제8조가 가축사육 제한에 관하여 이 사건 조례에 위임한 것은 「지방자치법」 제22조 단서에 따른 것이나, 「지방자 치법」 제22조 단서는 헌법에 위반되고, 설령 동 조항을 합헌으로 보더라도 해당 위임은 위임입 법의 한계를 일탈한 것이 명백하다고 주장한다. 甲의 주장이 타당한지 여부를 검토하시오(단, 「헌법재판소법」 제68조 제1항에 의한 헌법소원심판청구의 적법요건은 논하지 말 것). (30점 중 일부)

📁 **참조조문**

※ 유의사항
아래 법령은 가상의 것으로, 이와 다른 내용의 현행 법령이 있다면 제시된 법령이 현행 법령에 우선하 는 것으로 할 것

가축분뇨의 관리 및 이용에 관한 법률

제8조【가축사육의 제한 등】① 시장·군수·구청장은 지역주민의 생활환경보전 또는 상수원의 수질보전을 위하여 다음 각 호의 어느 하나에 해당하는 지역 중 가축사육의 제한이 필요하다고 인정되는 지역에 대하여는 해당 지방자치단체의 조례로 정하는 바에 따라 일정한 구역을 지정·고시하여 가축의 사육을 제한할 수 있다. 다만, 지방자치단체 간 경계지역에서 인접 지방자치단체의 요청이 있으면 환경부령으로 정하는 바에 따라 해당 지방자치단체와 협의를 거쳐 일정한 구역을 지정·고시하여 가축의 사육을 제한할 수 있다.

1. 주거 밀집지역으로 생활환경의 보호가 필요한 지역
2. 「수도법」 제7조에 따른 상수원보호구역, 「환경정책기본법」 제38조에 따른 특별대책지역, 그 밖에 이에 준하는 수질환경보전이 필요한 지역
3. 「한강수계 상수원수질개선 및 주민지원 등에 관한 법률」 제4조 제1항, 「낙동강수계 물관리 및 주민지원 등에 관한 법률」 제4조 제1항, 「금강수계 물관리 및 주민지원 등에 관한 법률」 제4조 제1항, 「영산강·섬진강수계 물관리 및 주민지원 등에 관한 법률」 제4조 제1항에 따라 지정·고시된 수변구역
4. 「환경정책기본법」 제12조에 따른 환경기준을 초과한 지역

A군 가축사육 제한에 관한 조례

제1조【목적】이 조례는 「가축분뇨의 관리 및 이용에 관한 법률」 제8조에 따라 일정한 지역 안에서 가축사육을 제한함으로써 주민의 생활환경보전과 상수원의 수질보전에 기여함을 목적으로 한다.

제2조【정의】이 조례에서 사용하는 용어의 뜻은 다음과 같다.

1. "가축"이란 「가축 분뇨의 관리 및 이용에 관한 법률」(이하 "법"이라 한다) 제2조 제1호에 따른 소·젖소·돼지·말·양(염소 등 산양을 포함한다)·사슴·개·닭·오리·메추리를 말한다.
2. "가축사육 제한구역"이란 가축사육의 일부 또는 전부를 제한하는 구역을 말한다.
3. "주거 밀집지역"이란 주택과 주택 사이 직선거리가 50미터 이내로 10가구 이상 모여 있는 지역을 말한다.

제3조【가축사육의 제한 등】① 법 제8조에 따른 가축사육 제한구역은 다음 각 호와 같다.

1. 「국토의 계획 및 이용에 관한 법률」에 따른 도시지역의 주거지역, 상업지역, 공업지역, 녹지지역 안의 취락지구
2. 「수도법」에 따른 상수원 보호구역
3. 「환경정책기본법」에 따른 환경기준을 초과한 지역
4. 「수산자원관리법」에 따른 수산자원 보호구역
5. 「교육환경 보호에 관한 법률」에 따른 교육환경 보호구역
6. 주거 밀집지역 최근접 인가 부지경계에서 가축을 사육하는 부지경계까지 직선거리로 개는 1,000미터 이내, 닭·오리·메추리·돼지는 600미터 이내, 말·양(염소 등 산양을 포함한다)·사슴은 300미터 이내, 젖소·소는 200미터 이내의 지역

② 군수는 가축사육 제한구역을 지정할 경우에 이를 고시하여야 한다.

구「지방자치법」제22조 단서는 헌법 제117조 제1항에서 규정하고 있는 바와 달리, 주민의 권리 제한 또는 의무 부과에 관한 사항이나 벌칙을 정할 때에는 법률의 위임이 있을 것을 요하고 있다. 이러한 점에서 헌법에서 보다 지방자치단체의 조례제정권의 범위를 축소하고 있는 것이 헌법에 취지에 반하여 위헌인 것인지에 대해 논하도록 한다. 한편, 위 조항이 합헌이라고 하더라도 상위법령의 위임에 따라 제정된 조례가 그 위임의 한계를 벗어난 것인지를 판단하는 기준을 제시하고, 그 기준에 따라 이 사건 조례가 위임의 한계를 일탈하였는지 순서대로 서술하도록 한다.

─────────〈목 차〉─────────

Chapter 03

I. 설문 4에 대하여

1. 논점의 정리

설문과 관련하여, ① 「지방자치법」 제22조 단서가 헌법 제117조 제1항의 취지에 위배되는지 여부, ② 「가축분뇨의 관리 및 이용에 관한 법률」(이하 '가축분뇨법'이라 한다) 제8조 제1항에서 가축사육을 제한하는 지역과 관련하여 지방자치단체의 조례로 위임한 것이 포괄위임금지원칙에 위배되는지 여부, ③ A군 가축사육 제한구역 지정 고시가 甲의 직업의 자유를 침해하는지 여부가 문제된다.

2. 「지방자치법」 제22조 단서❶의 위헌 여부

(1) 문제점

헌법 제117조 제1항에서는 "지방자치단체는 주민의 복리에 관한 사무를 처리하고 재산을 관리하며, 법령의 범위 안에서 자치에 관한 규정을 제정할 수 있다."고만 규정하고 있으나, 「지방자치법」 제22조 단서에서는 "주민의 권리 제한 또는 의무 부과에 관한 사항이나 벌칙을 정할 때에는 법률의 위임이 있어야 한다."고 규정하고 있다. 이에 「지방자치법」 제22조 단서의 위헌 여부와 관련하여 헌법 제117조 제1항의 '법령의 범위 안'에 법률우위의 원칙 뿐만 아니라 법률유보의 원칙까지 포함되는지가 문제된다.

(2) 조례와 법률유보의 원칙

「지방자치법」 제22조 단서에서 주민의 권리 제한 또는 의무 부과에 관한 사항이나 벌칙을 정할 때에 법률의 위임이 있을 것을 요구하는 것이 헌법 제117조 제1항에 위반되는지와 관련하여, ① 조례 제정에는 법률유보의 원칙이 적용되지 않으므로 「지방자치법」 제22조 단서는 위헌이라는 견해와 ② 조례제정에도 법률유보원칙이 적용되므로 「지방자치법」 제22조 단서는 합헌이라는 견해가 대립한다.

이에 대해 대법원은 "「지방자치법」에서 법률의 위임을 요한다고 규정하고 있는 것은 기본권제한에 대하여 법률유보원칙을 선언한 헌법 제37조 제2항의 취지에 부합한다(1995.5.12. 94추28 참조)."고 하고, 헌법재판소도 "주민의 권리의무에 관한 사항을 규율하는 조례를 제정함에 있어서는 법률의 위임을 필요로 한다(1995.4.20. 92헌마264 참조)."고 하여 긍정설(합헌설)의 입장이다.

(3) 검토 및 사안의 경우

생각건대, 국민 전체의 의사표현으로서의 '법률'과 제한적 지역단체 주민의 의사표현인 '조례'의 사이에는 민주적 정당성에 있어 차이를 인정할 수밖에 없다. 그리고 법치주의 원칙에 따라 국민의 권리를 제한하고 의무를 부과하는 등의 침해작용을 내용과 효과로 하는 공권력작용의 경우에는 반드시 법률유보원칙이 적용되어야 한다는 점에는 이론이 있을 수 없으므로 긍정설(합헌설)이 타당하다고 할 것이다.

따라서 「지방자치법」 제22조는 단서는 헌법에 위반되지 아니한다.

---

❶ 현 「지방자치법」 제28조 단서

3. 가축분뇨법 제8조 제1항에 따른 위임이 위임입법의 한계를 일탈하였는지 여부

(1) 조례가 위임의 한계를 준수하고 있는지 판단기준❷

헌법 제117조 제1항, 「지방자치법」 제22조 단서는 "법령의 범위 안에서" 조례를 제정할 수 있음을 규정하고 있다. 이의 구체적 내용은 ① 조례의 내용이 상위 법령의 내용에 위반되서는 안 되고(법률우위의 원칙), ② 주민의 권리제한·의무부과·벌칙제정의 경우에는 법령의 위임이 있어야 한다(법률유보의 원칙). 그러나 조례는 위임명령과는 달리 지방자치단체의 의회가 제정하는 자치법으로서의 성질을 가지므로 법률의 위임에 있어서는 포괄적 위임은 허용된다.

이에 대해 대법원은, 특정 사안과 관련하여 법령에서 조례에 위임을 한 경우 조례가 위임의 한계를 준수하고 있는지를 판단할 때에는, 당해 법령 규정의 입법 목적과 규정 내용, 규정의 체계, 다른 규정과의 관계 등을 종합적으로 살펴야 하고, 위임 규정의 문언에서 의미를 명확하게 알 수 있는 용어를 사용하여 위임의 범위를 분명히 하고 있는데도 그 의미의 한계를 벗어났는지, 수권 규정에서 사용하고 있는 용어의 의미를 넘어 그 범위를 확장하거나 축소함으로써 위임 내용을 구체화하는 데에서 벗어나 새로운 입법을 한 것으로 볼 수 있는지 등도 아울러 고려해야 한다고 본다(2019.1.31. 2018두43996).

(2) 사안의 경우

가축분뇨법 제8조 제1항(이하 '위임조항'이라 한다)은 지역주민의 생활환경보전 또는 상수원 수질보전이라는 목적을 위하여 가축사육 제한구역을 지정할 수 있도록 하면서 지정 대상을 주거밀집지역, 수질환경보전지역 등으로 한정하되, 지정기준으로는 주거밀집지역에 대하여는 '생활환경의 보호가 필요한 지역', 수질환경보전지역에 대하여는 '상수원보호구역 등에 준하는 수질환경보전이 필요한 지역'이라고 하여 추상적·개방적 개념으로만 규정하고 있다. 가축분뇨법의 입법 목적 등에 비추어 볼 때, 위임조항이 그와 같은 규정 형식을 취한 것은 가축사육 제한구역 지정으로 인한 지역주민의 재산권 제약 등을 고려하여 법률에서 지정기준의 대강과 한계를 설정하되, 구체적인 세부기준은 각 지방자치단체의 실정 등에 맞게 전문적·기술적 판단과 정책적 고려에 따라 합리적으로 정하도록 한 것이다.

또한 위임조항의 위임에 따라 가축사육제한구역을 '주거 밀집지역으로부터'로 규정한 'A군 가축사육 제한구역 조례' 제3조 제1항 제6호로 A군 관내 일정한 범위의 지역에서 가축사육이 제한되더라도, 그로써 위임조항의 의미의 한계를 벗어났다거나 위임 내용을 구체화하는 데에서 벗어나 새로운 입법을 한 것으로 볼 수는 없다.

따라서 이 사건 조례는 위임조항의 위임에 따라 제정되었고, 그 위임의 취지 및 범위 내에서 제정된 것으로서, 법률유보원칙 및 법률우위원칙 등을 준수하였으므로 위임입법의 한계를 일탈하였다고 볼 수 없다.

4. 결 론

그러므로 甲의 「지방자치법」 제22조 단서가 헌법에 위반된다는 주장과 이 사건 조례가 위임입법의 한계를 일탈하였다는 주장은 타당하지 못하다.

---

❷ 제11회 변호사시험 사례형 제1문 설문 2와 중복을 고려하여, 의회유보원칙 등 위임입법의 한계 일반론을 장황하게 쓰기 보다는 사안의 조례와 관련된 논의로 한정하여 접근할 필요가 있다.

2018년 7회 변호사 제1문

A도 교육청 교육감 甲은 교육의 경제적 효율성을 제고하고 인구절벽이라는 시대상황을 정책에 반영하기 위하여, ① 전체 재학생수가 10명 미만인 초등학교의 경우 인근 학교와의 적극적인 통·폐합을 추진하고, ② 전체 재학생수가 3명 미만인 경우에는 해당 학교를 폐지하기 위한 작업을 준비하였다. 또한 A도 의회는 2016.12.20. 'A도 학교설치 조례' 제2조의 [별표 1]란 중 "다동초등학교"란을 삭제하는 내용의 'A도 학교설치조례 개정안'을 의결하였다. 이 조례는 2016.12.31. 공포되었고, 이 조례에 대해서는 어떠한 재의요구도 없었다.

한편 A도 도지사 乙은 도내 교육 행정의 최종적 권한은 지방자치단체인 A도가 보유하는 것이고, 위 조례가 현재로서는 시기상조임을 지적하며 문제를 제기하였다. 위 조례 공포 후 乙은 2017.1.8. A도 교육청에 대하여 '재학생 10명 미만 재적 초등학교의 폐지에 관한 업무 추진 실태'에 관한 감사실시계획을 통보하였다. 이에 교육감 甲은 A도의 감사계획 통보는 甲의 학교폐지에 관한 권한을 침해하였다고 주장하면서, 2017.2.28. 헌법재판소에 A도를 상대로 권한쟁의심판을 청구하였다. 다른 한편 A도의 도민인 다동초등학교의 학부모 丙과 丙의 자녀인 丁은 2017.1.10. 위 조례에 대하여 통학조건의 변화로 인한 기본권침해를 주장하며 헌법소원심판을 청구하였다.

3. 교육감 甲의 권한쟁의심판청구의 적법성에 대하여 판단하시오. (15점)

4. 교육부장관 戊는 위 학교폐지사무는 조례의 제정대상이 아니라고 주장한다.
   (1) 학교폐지사무의 법적 성격을 검토하시오. (10점)
   (2) 위 조례에 대한 戊의 지방자치법상 쟁송수단을 설명하시오. (10점)

📁 **참조조문**

※ 아래의 법령은 가상의 것임을 전제로 한다.

지방교육자치에 관한 법률

제2조【교육·학예사무의 관장】지방자치단체의 교육·과학·기술·체육 그 밖의 학예(이하 "교육·학예"라 한다)에 관한 사무는 특별시·광역시 및 도(이하 "시·도"라 한다)의 사무로 한다.

제3조【지방자치법과의 관계】지방자치단체의 교육·학예에 관한 사무를 관장하는 기관의 설치와 그 조직 및 운영 등에 관하여 이 법에서 규정한 사항을 제외하고는 그 성질에 반하지 않는 한 「지방자치법」의 관련 규정을 준용한다. 이 경우 "지방자치단체의 장"또는 "시·도지사"는 "교육감"으로, "지방자치단체의 사무"는 "지방자치단체의 교육·학예에 관한 사무"로, "자치사무"는 "교육·학예에 관한 자치사무"로, "행정안전부장관"·"주무부장관" 및 "중앙행정기관의 장"은 "교육부장관"으로 본다.

제18조【교육감】① 시·도의 교육·학예에 관한 사무의 집행기관으로 시·도에 교육감을 둔다.

② 교육감은 교육·학예에 관한 소관 사무로 인한 소송이나 재산의 등기 등에 대하여 당해 시·도를 대표한다.

제19조【국가행정사무의 위임】국가행정사무 중 시·도에 위임하여 시행하는 사무로서 교육·학예에 관한 사무는 교육감에게 위임하여 행한다. 다만, 법령에 다른 규정이 있는 경우에는 그러하지 아니하다.

제20조【관장사무】교육감은 교육·학예에 관한 다음 각 호의 사항에 관한 사무를 관장한다.

1. 조례안의 작성 및 제출에 관한 사항
2. 예산안의 편성 및 제출에 관한 사항
3. 결산서의 작성 및 제출에 관한 사항
4. 교육규칙의 제정에 관한 사항
5. 학교, 그 밖의 교육기관의 설치·이전 및 폐지에 관한 사항
6. 교육과정의 운영에 관한 사항

초·중등교육법 시행령

제15조【취학아동명부의 작성 등】① 읍·면·동의 장은 매년 10월 1일 현재 그 관내에 거주하는 자로서 그 해 1월 1일부터 12월 31일까지 연령이 만 6세에 달하는 자를 조사하여 그 해 10월 31일까지 취학아동명부를 작성하여야 한다. 이 경우 제3항에 따라 만 6세가 되는 날이 속하는 해에 입학연기를 신청하여 취학아동명부에서 제외된 자는 포함하여야 한다.

② 취학아동의 조사 및 명부작성에 관하여 필요한 사항은 교육감이 정한다.

개정된 「A도 학교설치 조례」

제2조 ① A도 내 도립초등학교는 [별표 1]과 같이 설치한다.

[별표 1]의 내용

A도 내 도립초등학교

(개정 전) A도 B군	(개정 후) A도 B군
1. 가동 초등학교	1. 가동 초등학교
2. 나동 초등학교	2. 나동 초등학교
3. 다동 초등학교	3. (삭제)

※ 별도의 부칙은 없음

설문 3의 권한쟁의심판청구의 적법성에 대한 판단 문제는 이미 제4회 변호사시험에서 출제된 바 있다. 당시는 구선거관리위원회와 지자체·지자체장 간의 권한쟁의심판인 반면, 이번 시험에서는 지자체 내의 기관인 교육감이 지자체를 상대로 한 권한쟁의심판이라는 차이점이 있다. 이에 대해서는 헌재 2016.6.30. 2014헌라1 결정을 반드시 알고 있어야 출제의도에 부합하는 답안을 작성할 수 있다. 헌재의 중요결정에 대한 공부가 중요함을 다시 한번 일깨워 주는 문제이다. 유의할 점은 헌재와 달리 적법하다는 결론을 내리기 위해서는 당사자능력 외 다른 모든 요건의 충족 여부도 검토해야 한다는 것이다. 설문 4는 행정법 영역이라 할 수 있지만, 헌법에서도 공부하는 영역이므로 이를 해설하였다. 설문 4의 (1)의 '자치사무와 기관위임사무의 구별'은 권한쟁의심판청구의 대상적격과도 직결되는 논점이므로 반드시 정리하고 있어야 한다. 이 논점은 이미 사시 55회에서도 출제된 바 있다. 설문 4의 (2)는 「지방자치법」상 '쟁송'수단을 설명하라는 문제이므로, 「지방자치법」 제172조에 대한 정확한 해석과 이해를 전제로 정밀하게 사안포섭을 해야 한다. 설문 4는 상당히 까다롭지만 지방자치제도와 관련된 중요 쟁점임에는 분명하므로 잘 숙지해 두는 것이 좋겠다.

Ⅰ. 설문 3 - 권한쟁의심판청구의 적법성

1. 권한쟁의심판청구의 요건과 문제점

권한쟁의심판을 청구하기 위해서는 「헌법재판소법」 제61조에 따라, ① 당사자능력과 당사자적격을 갖추어야 하고, ② 피청구인의 처분 또는 부작위가 있어야 하며, ③ 그로 인해 헌법 또는 법률에 의해 부여받은 권한의 침해 또는 현저한 침해위험이 있어야 한다. 한편 ④ 권리보호이익을 요하는지 여부는 견해가 대립하는데 헌법재판소는 이를 요구한다. 그리고 ⑤ 청구기간을 준수하여야 한다.

이 사건 심판청구는 교육감이 청구인이 되어 피청구인 A도를 상대로 청구인의 권한이 침해당하였음을 다투고 있는 사안인바, 이러한 유형의 권한쟁의심판이 헌법재판소가 관장하는 권한쟁의심판에 속하는지에 대해 살펴본다. 즉, 「헌법재판소법」 제62조 제1항 제3호가 정하는 지방자치단체 상호간의 권한쟁의심판의 종류를 예시적인 것으로 보아, 교육감과 지방자치단체 상호간의 권한쟁의도 헌법재판소가 관장하는 것으로 볼 수 있는지에 대해 검토한다. 이는 교육감 甲의 당사자능력 인정 여부와 관련된 문제이기도 하다.

2. 헌법재판소가 관장하는 지방자치단체 상호간의 권한쟁의

(1) 헌법과 법률상 지방자치단체의 범위

헌법은 국가기관과는 달리 지방자치단체의 경우에는 그 종류를 법률로 정하도록 규정하고 있으며(헌법 제117조 제2항), 지방자치법은 위와 같은 헌법의 위임에 따라 지방자치단체의 종류를 특별시, 광역시, 특별자치시, 도, 특별자치도와 시, 군, 구로 정하고 있고(「지방자치법」 제2조 제1항), 그리고 헌법재판소법은 이를 감안하여 지방자치단체의 종류를 감안하여 권한쟁의심판의 종류를 정하고 있다(2016.6.30. 2014헌라1). 따라서 헌법재판소가 헌법해석을 통하여 권한쟁의심판의 당사자가 될 지방자치단체의 범위를 새로이 확정하여야 할 필요가 없다. 즉, 지방자치단체 상호간의 권한쟁의심판을 규정하고 있는 「헌법재판소법」 제62조 제1항 제3호를 예시적으로 해석할 필요성 및 법적 근거가 없다(2010.4.29. 2009헌라11).

그렇다면 사안의 교육감 甲을 헌법과 법률에서 규정하고 있는 지방자치단체의 종류에 포섭시킬 수 있는지 문제된다.

(2) 지방자치단체 '상호간'의 의미

1) 의 의

「헌법재판소법」 제62조 제1항 제3호는 지방자치단체 상호간의 권한쟁의심판으로 특별시·광역시·또는 특별자치도 상호간, 시·군 또는 자치구 상호간, 특별시·광역시·또는 특별자치도와 시·군 또는 자치구 상호간의 권한쟁의심판을 규정하고 있다. 지방자치단체 상호간의 권한쟁의가 지방교육자치에 관한 법률 제2조의 규정에 의한 교육·학예에 관한 지방자치단체의 사무에 관한 것인 때에는 교육감이 당사자가 된다(「헌법재판소법」 제62조 제2항).

그런데 '지방교육자치에 관한 법률'은 교육감을 명시적으로 시·도의 교육·학예에 관한 사무의 '집행기관'으로 규정하고 있으므로(제18조 제1항), 교육감을 지방자치단체 그 자체라거나 지방자치단체와 독립한 권리주체로 볼 수 없다. 따라서「헌법재판소법」제62조 제2항의 의미는 교육감이 지방자치단체를 대표한다는 취지라고 할 것이다. 헌법재판소는 '경상남도 교육감과 경상남도 간의 권한쟁의 사건'에서 교육감과 지방자치단체 상호간의 권한쟁의심판은 '서로 상이한 권리주체 간'의 권한쟁의심판청구로 볼 수 없다」고 보아 각하결정하였다(2016.6.30. 2014헌라1).

2) 사안의 경우

따라서 교육감과 지방자치단체 상호간의 권한쟁의심판은 '서로 상이한 권리주체 간'의 권한쟁의심판청구로 볼 수 없다.

3. 결 론

시·도의 교육·학예에 관한 집행기관인 교육감과 해당 지방자치단체 사이의 내부적 분쟁과 관련된 이 사건 심판청구는 헌법 제111조 제1항 제4호 및「헌법재판소법」제62조 제1항 제3호의 지방자치단체 상호간의 권한쟁의심판에 해당한다고 볼 수 없다. 결국 이 사건 심판청구는 교육감 甲의 당사자능력이 인정되지 않으므로 부적법하다.

Ⅱ. 설문 4의 (1) – 학교폐지사무의 법적 성격

1. 논점의 정리

지방자치단체는 법령의 범위 안에서 '그 사무에 관하여' 조례를 제정할 수 있는바(지방자치법 제22조 본문), 여기서 그 사무란 지방자치단체의 ① 자치사무와, ② 법령에 의하여 지방자치단체에 위임된 사무를 의미하므로(지방자치법 제9조 제1항), 기관위임사무에 대해서는 원칙적으로 조례를 제정할 수 없다. 다만 기관위임사무의 경우에도 개별법령에서 일정한 사항을 조례에 위임하고 있는 경우 이른바 '위임조례'를 제정할 수 있다(1999.9.17. 99추30).

따라서 개정된「A도 학교설치 조례」가 적법하려면 조례제정의 대상사무인 자치사무 또는 단체위임사무에 해당하여야 하는바, 학교폐지사무의 법적 성격이 문제된다. 특히「지방교육자치에 관한 법률」은 국가행정사무 중 시·도에 위임하여 시행하는 사무로서 교육·학예에 관한 사무는 교육감에게 위임하도록 규정하는 한편(제19조), 학교폐지사무를 지방자치단체의 집행기관인 교육감이 관장하는 사무로 규정하고 있는바(제20조 제5호), 학교폐지사무가 자치사무인지, 아니면 국가로부터 위임받은 기관위임사무인지 문제된다.

2. 자치사무와 국가사무(기관위임사무)의 구별기준

① 자치사무와 국가사무(기관위임사무)의 구별에 있어 개별 법령에서 자치사무인가 국가사무(기관위임사무)인가를 명확히 정한 경우에는 그에 따른다. ② 개별 법령에 명문의 규정이 없는 경우라도 「지방자치법」 제9조 제2항에 지방자치단체의 사무로 예시된 사무는 법률에서 달리 규정하고 있지 않은 이상, 자치사무에 해당한다고 볼 수 있을 것이다.❶ 또한 ③ 사무의 성질을 보아 문제된 사무가 주로 지역적 이익에 관한 사무이며 지역의 특성에 따라 다르게 처리되는 것이 타당한 사무인 경우에는 자치사무로 보아야 하고, 문제된 사무가 국가적 이익에 관한 사무로서 전국적으로 통일적으로 처리될 사무이면 국가사무(기관위임사무)로 보아야 한다. 이와 함께 비용부담, 최종적인 책임귀속의 주체, 지휘감독 등에 관한 관련법 규정을 고려하여 개별적으로 판단하여야 한다.

대법원도 「법령상 지방자치단체의 장이 처리하도록 규정하고 있는 사무가 자치사무인지 아니면 기관위임사무인지를 판단함에 있어서는 그에 관한 법령의 규정 형식과 취지를 우선 고려하여야 하지만 그 외에도 그 사무의 성질이 전국적으로 통일적인 처리가 요구되는 사무인지 여부나 그에 관한 경비부담과 최종적인 책임귀속의 주체 등도 아울러 고려하여야 한다」고 판시하였다(2003.4.22. 2002두10483).

3. 학교폐지사무의 법적 성격

「지방자치법」은 '유아원·유치원·초등학교·중학교·고등학교 및 이에 준하는 각종 학교의 설치·운영·지도'를 지방자치단체의 사무로 규정하고 있으며(제9조 제2항 제5호 가목), 「지방교육자치에 관한 법률」 제2조는 지방교육·학예에 관한 사무를 시·도의 사무로 규정하고 있다(제2조). 초등학교의 설치에 관한 권한 속에는 설치한 초등학교의 폐지에 관한 권한도 포함되어 있다고 볼 수 있고, 교육·학예에 관한 사무에는 학교의 설치·이전 및 폐지에 관한 사무도 포함되어 있으므로(「지방교육자치에 관한 법률」 제20조 제5호), 초등학교의 폐지에 관한 사무는 지방자치단체(시·도)의 자치사무라고 판단된다. 또한 지방자치단체가 설립한 초등학교의 설치 및 폐지는 지방자치단체의 재학생 수 등을 고려하여 지역의 실정에 맞게 처리되어야 하므로 전국적인 통일적인 처리가 요구되는 사무로 보기 어렵다. 따라서 A도에 소재하는 초등학교를 폐지하는 사무는 전형적인 A도의 자치사무에 해당하고, 그 결과 「지방자치법」 제22조의 조례제정의 대상이 된다고 할 것이다. 헌법재판소도 「유치원부터 고등학교 및 이에 준하는 학교에 관한 사무에 한하여 이를 자치사무로 보아야 할 것이고, 대학의 설립 및 대학생정원 증원 등 운영에 관한 사무는 국가적 이익에 관한 것으로서 전국적인 통일을 기할 필요성이 있는 국가사무로 보아야 할 것이다」라고 판시하였다(2012.7.26. 2010헌라3).

---

❶ 「지방자치법」 제9조 제2항에서 말하는 '제1항에 따른 지방자치단체의 사무'에는 자치사무와 단체위임사무가 포함된다고 보는 견해도 있으나, 자치사무를 뜻하는 것으로 이해된다. 왜냐하면 제1항에서 말하는 '법령에 따라 지방자치단체에 속하는 사무'는 개별 법령에서 정해질 사항이기 때문이다.

Ⅲ. 설문의 4의 (2) - 조례에 대한 「지방자치법」상 쟁송수단

1. 논점의 정리

설문에서 주어진 「지방교육자치에 관한 법률」에는 조례에 대한 교육부장관의 쟁송수단에 관한 규정이 없다.❶ 다만, 지방자치단체의 교육·학예에 관한 사무에 관하여 그 성질에 반하지 않는 한 「지방자치법」의 관련 규정이 준용되므로(「지방교육자치에 관한 법률」 제3조), 주무부장관의 재의요구 지시, 제소지시 및 직접제소 등에 관한 「지방자치법」 제172조의 규정이 준용될 수 있다. 그리고 「지방자치법」 제172조를 준용하는 경우, '지방자치단체의 장'은 '교육감'으로, '주무부장관'은 '교육부장관'으로 본다(「지방교육자치에 관한 법률」 제3조). 따라서 위 조례에 대하여 戊의 쟁송수단으로 「지방자치법」 제172조의 수단이 고려될 수 있다.

2. 교육부장관의 교육감에 대한 재의요구 지시

(1) 「지방자치법」 제172조 제1항의 내용

'지방의회의 의결'이 법령에 위반되거나 공익을 현저히 해한다고 판단되는 때에는 교육부장관은 재의를 요구하게 할 수 있고, 재의를 요구받은 교육감은 의결사항을 이송받은 날부터 20일 이내에 지방의회에 이의를 붙여 재의를 요구하여야 한다(「지방교육자치에 관한 법률」 제3조 및 「지방자치법」 제172조 제1항).

(2) 사안의 경우

「지방자치법」 제172조 제1항의 '지방의회의 의결'에는 '조례의 제정·개정 및 폐지에 대한 의결'도 포함되므로(「지방자치법」 제39조 제1항), 학교폐지사무가 조례의 제정대상이 아니라면, 위 조례는 「지방자치법」 제22조에 위반하게 되므로 교육부장관 戊는 위 조례가 법령에 위반됨을 이유로 교육감 甲에게 재의요구를 지시할 수 있을 것이다. 그러나 '지방의회 의결'에 대한 '통제수단'인 「지방자치법」 제172조 제1항의 재의요구 지시는 '쟁송수단'이 아닐 뿐만 아니라, 위 조례는 이미 2016.12.31. 공포되었으므로 재의요구 지시는 교육부장관 戊가 취할 수 있는 '쟁송수단'으로 고려될 여지가 없다.

---

❶ [유의] 실제로 「지방교육자치에 관한 법률」은 교육·학예에 관한 시·도의회의 의결에 대한 교육부장관의 통제수단으로 ① 교육감에 대한 재의요구 지시, ② 교육감이 재의요구 지시에 불응하는 경우의 교육부장관의 직접 제소 및 집행정지결정 신청, ③ 재의결된 사항이 법령에 위반된다고 판단되는 경우 교육부장관의 직접 제소 및 집행정지결정 신청에 관한 규정을 두고 있다(제28조). 다만, 문제의 [참조조문]에서는 이에 관한 언급이 없고, 주어진 법령은 가상의 것임을 전제로 하고 있으며, 설문에서도 '지방자치법'상 쟁송수단을 묻고 있으므로 현행 「지방교육자치에 관한 법률」 제28조를 고려하지 않고 해설하였다.

3. 「지방자치법」제172조 제7항에 의한 교육부장관의 직접 제소 및 집행정지결정 신청

(1) 「지방자치법」제172조 제7항의 내용

「지방자치법」제172조 제1항에 따라 '지방의회의 의결'이 법령에 위반된다고 판단되어 교육부장관으로부터 재의요구지시를 받은 교육감이 재의를 요구하지 아니하는 경우(법령에 위반되는 지방의회의 의결사항이 조례안인 경우로서 재의요구지시를 받기 전에 그 조례안을 공포한 경우를 포함한다)에는 교육부장관은 「지방자치법」제172조 제1항에 따른 기간이 지난 날부터 7일 이내에 대법원에 직접 제소 및 집행정지결정을 신청할 수 있다(「지방교육자치에 관한 법률」제3조 및 「지방자치법」제172조 제7항).❷

(2) 사안의 경우

사안의 경우 교육감 甲이 재의요구를 하지 않았다는 점은 분명하지만, 교육부장관 戊의 재의요구지시 여부는 분명하지 않다. 그러나 개정된 「A도 학교설치 조례」는 이미 2016.12.31. 이미 공포되었으므로, 교육부장관 戊가 주장하는 대로 학교폐지사무가 조례의 제정대상이 아니라면 "법령에 위반되는 지방의회의 의결사항이 조례안인 경우로서 재의요구지시를 받기 전에 그 조례안을 공포한 경우"에 해당될 수 있다. 따라서 교육부장관 戊는 위 조례에 대하여 직접 대법원에 제소 및 집행정지결정을 신청할 수 있다. 이때 戊는 A도 의회에서 의결된 조례안이 甲에게 이송된 날부터 20일이 지난 날부터 7일 이내에 대법원에 제소를 하거나 집행정지결정을 신청할 수 있다.❸

4. 「지방자치법」제172조 제4항에 의한 교육부장관의 제소지시, 직접 제소 및 집행정지결정 신청

(1) 「지방자치법」제172조 제4항의 내용

교육부장관은 '재의결된 사항'이 법령에 위반된다고 판단됨에도 불구하고 해당 교육감이 소를 제기하지 아니하면 그 교육감에게 제소를 지시하거나 직접 제소 및 집행정지결정을 신청할 수 있다(「지방교육자치에 관한 법률」제3조 및 「지방자치법」제172조 제4항).

---

❷ [관련 판례] 교육·학예에 관한 시·도의회의 의결사항에 대한 교육감의 재의요구 권한과 교육부장관의 재의요구 요청 권한은 별개의 독립된 권한이다. 교육부장관의 재의요구 요청(지시)이 있는 경우 교육감이 그 요청에 따라 재의요구를 할 수 있어야 하므로, 교육부장관의 재의요구 요청기간은 교육감의 재의요구기간과 마찬가지로 시·도의회의 의결사항을 이송받은 날부터 20일 이내라고 보아야 한다. 따라서 교육부장관이 시·도의회의 의결사항에 대하여 대법원에 직접 제소하기 위해서는, '교육감이 그 의결사항을 이송받은 날부터 20일' 이내에 재의요구 요청을 하여야 하고, 그럼에도 불구하고도 교육감이 교육부장관의 재의요구 요청을 이행하지 아니한 경우이어야 한다(헌재 2013.9.26. 2012헌라1; 2013.11.28. 2012추15 참조).

❸ 이 사건에서 개정된 조례안은 2016.12.20. A도 의회로부터 의결되었는바, 만일 의결된 조례안이 당일(2016.12.20.)에 교육감 甲에게 이송되었다면, 교육부장관 戊는 그날부터 20일이 지난 날(2017.1.9. 24:00)부터 7일되는 2017.1.16. 24:00까지 대법원에 제소를 하거나 집행정지결정을 신청하여야 한다.

(2) 사안의 경우

「지방자치법」제172조 제4항의 '재의결된 사항'에는 '조례의 제정·개정 및 폐지에 대한 재의결'도 포함되지만(「지방자치법」제39조 제1항), 사안의 경우 개정된 「A도 학교설치 조례」는 어떠한 재의요구도 없이 2016.12.31. 이미 공포되었다. 따라서 <u>지방의회에서 '재의결된 조례안'을 그 대상으로 하는 「지방자치법」제172조 제4항에 의한 교육부장관의 제소 지시, 직접제소 및 집행정지결정의 신청은 교육부장관 戊가 취할 수 있는 쟁송수단으로 고려될 수 없다.</u>

5. 결론

교육부장관 戊는 "법령에 위반되는 지방의회의 의결사항이 조례안인 경우로서 재의요구지시를 받기 전에 그 조례안을 공포한 경우"에 해당됨을 이유로, A도 의회에서 의결된 조례안을 대상으로 <u>대법원에 제소를 하거나 집행정지결정을 신청할 수 있다.</u>

2021년 10회 변호사 제1문의2

甲은 2010.6. 실시된 지방선거에서부터 2018.6. 실시된 지방선거에서까지 세 차례 연속하여 A시의 시장으로 당선되어 2022.6.까지 12년간 연임하게 되었다. 그런데 甲은 시장 재임 중 지역개발 사업 추진과 관련한 직권남용 혐의로 불구속 기소되었다. 甲은 자신의 결백을 주장하며 2022.6.에 실시될 지방선거에 A시장 후보로 출마하여 지역 유권자로부터 평가를 받으려고 한다. 하지만 지방자치단체장의 계속 재임을 3기로 제한하고 있는 「지방자치법」 제95조 후단(이하 '이 사건 연임제한 규정'이라 한다)에 따르면 甲은 지방선거에 출마할 수가 없다. 이에 甲은 이 사건 연임제한규정이 자신의 기본권을 침해한다고 주장하며 2021.1.4. 이 사건 연임제한규정에 대해 「헌법재판소법」 제68조 제1항에 의한 헌법소원심판을 청구하였다.

2. 甲은 이 사건 연임제한규정이 지방의회의원 등과 달리 지방자치단체의 장에 대하여서만 계속 재임을 제한하여 자신의 평등권을 침해한다고 주장한다. 이 사건 연임제한규정이 甲의 평등권을 침해하는지 검토하시오. (25점)

📁 **참조조문**

지방자치법(2007.5.11. 법률 제8423호로 개정되고, 같은 날부터 시행된 것)

제95조【지방자치단체의 장의 임기】 지방자치단체의 장의 임기는 4년으로 하며, 지방자치단체의 장의 계속 재임(在任)은 3기에 한한다.

Chapter 03

설문 2는 비교대상을 지방의회의원 '등'이라고 하였으므로, 지방의회의원뿐만 아니라 국회의원까지 검토하는 것이 좋다고 본다. 지방자치단체의 장은 독임제 기관인 반면, 지방의회의원은 합의제 기관인 점에 주목해야 한다. 국회의원은 국민전체의 대표자라는 점에 착안해서 논의를 할 필요가 있다.

〈목 차〉

Ⅰ. 설문 2의 해결

1. 차별의 존재

평등권침해를 심사하기 위해서는 먼저 상호 배타적인 '두 개의 비교집단'간의 '차별취급'이 있어야 한다. 같은 선출직 공무원인 지방의회의원이나 국회의원은 연임제한규정이 없는데 지방자치단체의 장에 대해서는 계속 재임을 제한하고 있으므로 이들 사이에 차별이 존재한다.

2. 평등권의 의의 및 심사기준

(1) 평등권의 의의

헌법 제11조 제1항은 객관적 법원칙인 평등의 원칙과 개개인의 주관적 공권인 평등권을 규정하고 있다. 동 조항에서 규정하는 차별금지사유는 예시에 불과하고 그 차별금지 영역은 모든 영역에 해당한다. 여기서 말하는 '법'이란 성문법, 불문법 등 모든 법규범을 의미하고, '법 앞의' 평등이란 법적용 상의 평등뿐만 아니라 법내용상의 평등까지 의미하며, '평등'은 절대적 평등이 아니라 상대적 평등을 의미한다.

(2) 심사기준

평등권침해를 심사하기 위해서 차별취급이 자의금지원칙이나 비례원칙에 위반되는지를 검토한다. 헌법재판소는 입법부의 입법형성의 자유를 존중하는 의미에서 평등권침해의 심사의 우선적 기준은 자의금지원칙으로 보며 시혜적 법률에 의한 차별이 발생할 때에도 자의금지원칙을 적용한다. 그러나 헌법에서 특별히 평등을 요구하고 있거나 차별적 취급으로 인하여 관련 기본권에 대한 중대한 제한을 초래하게 되는 경우에는 비례의 원칙을 적용한다.

이 사건 연임제한규정으로 인해 甲은 지방자치단체의 장의 선거에 출마할 수 없게 되어 공무담임권이 제한되는데, 이는 헌법에서 특별히 평등을 요구하고 있거나 차별적 취급으로 인하여 관련 기본권에 대한 중대한 제한을 초래하는 경우라고 볼 수 없다. 그리고 공무담임권의 제한의 경우는 그 직무가 가지는 공익실현이라는 특수성으로 인하여 그 직무의 본질에 반하지 아니하고 결과적으로 다른 기본권의 침해를 야기하지 아니하는 한 상대적으로 강한 합헌성이 추정될 것이므로, 주로 평등의 원칙이나 목적과 수단의 합리적인 연관성 여부가 심사대상이 될 것이며, 법익형량에 있어서도 상대적으로 다소 완화된 심사를 하게 된다. 따라서 이 사건 법률조항에 대한 평등권 심사는 합리성 심사로 족하다.

3. 자의금지원칙 위반 여부

(1) 지방의회의원과의 차별 문제

지방의회의원은 기본적으로는 회의체인 지방의회의 구성원에 불과하여 개인의 권한만으로는 지방자치행정에 큰 영향을 미치기 어렵다. 또한 합의제 기관 특유의 신중하고 공정한 판단구조, 각종 이해관계의 공평한 조정, 결정과정상의 민주성 등을 고려하면, 지방의회의원의 의사는 다른 의원과의 논의를 거쳐 지방의회의 결정으로 현출됨으로써 그 결과의 정당성도 대부분 인정된다. 이에 반하여 지방자치단체의 장은 독임제(獨任制) 행정기관이고 지방자치단체의 최고집행기관으로서 자치단체의 사무를 통할하고 집행할 권한, 규칙제정권, 주민투표부의권, 소속직원의 임용·감독권 등을 가지기 때문에 자치행정에 있어서 큰 영향력을 미친다. 따라서 주민선거에 의하여 선출된다는 점에서는 양자가 동일하다고 하더라도 계속 재임으로 인한 부작용 발생의 가능성이나 심각성은 자치단체장의 경우가 훨씬 크다고 할 수 있다. 그러므로 자치단체장과 지방의회의원의 계속 재임에 대한 차별적 취급에는 합리적인 이유가 있어 자의적인 차별이라고 할 수 없다(2006.2.23. 2005헌마403 참조).

(2) 국회의원과의 차별 문제

국회의원은 국민 전체의 이익을 대변하는 국민의 대표자로서의 기능을 담당하므로(헌법 제46조 제2항) 국회의원을 지방자치행정을 담당하는 지방자치단체의 장과 동일 또는 유사한 지위에 있다고 보아 평등권의 비교대상으로 삼는 것은 부적절하다(2006.2.23. 2005헌마403 참조). 설령 비교대상으로 보더라도 위에서 본 바와 같이 지방의회의원과의 차별논거가 대부분 적용될 수 있을 것이다.

4. 결 론

이 사건 연임제한규정은 차별에 합리적인 이유가 있어 甲의 평등권을 침해하지 아니한다.

lawyer.Hackers.com

Chapter

04

통치구조

2020년 9회 변호사 제1문의1

대통령 A는 야당의원인 甲을 국무총리로 임명하여 연합정권 공약을 실행한 바 있다. 그런데 대통령 A의 임기가 중반을 넘어서면서 여러 국가정책에 대한 야당의원들의 국정조사 요구가 많아지고 이로 인해 국정수행이 순탄치 않은 정국이 계속되자, 대통령 A는 이처럼 야당 단독으로 또는 소수의 국회의원만으로도 국정조사권이 발동됨으로써 정부의 업무가 마비되고 국회의 효율적인 운영 및 의사결정에도 장애가 되고 있다는 판단을 하게 되었다. 그래서 현행 「국정감사 및 조사에 관한 법률」(약칭 국감국조법)에서의 국정조사 요구 및 조사계획서 승인 요건의 정족수 규정을 강화하는 '국감국조법 개정안'을 국회에 제출하였고, 이 개정안은 2019.8.27. 국회에서 의결되었다.

3. 개정 국감국조법 조항의 위헌 여부에 대하여 판단하시오. (10점)

📁 **참조조문**

개정 전 「국정감사 및 조사에 관한 법률」 (법률 제16325호, 2019.4.16. 타법개정)

제3조【국정조사】① 국회는 재적의원 4분의 1 이상의 요구가 있는 때에는 특별위원회 또는 상임위원회로 하여금 국정의 특정사안에 관하여 국정조사(이하 "조사"라 한다)를 하게 한다.

② ~ ③ <생략>

④ 조사위원회는 조사의 목적, 조사할 사안의 범위와 조사방법, 조사에 필요한 기간 및 소요경비 등을 기재한 조사계획서를 본회의에 제출하여 승인을 받아 조사를 한다.

⑤ 본회의는 제4항의 조사계획서를 검토한 다음 의결로써 이를 승인하거나 반려한다.

※ 아래의 법령은 가상의 것임을 전제로 한다.

개정 「국정감사 및 조사에 관한 법률」 (법률 제16340호, 2019.8.27. 일부개정)

제3조【국정조사】① 국회는 재적의원 2분의 1 이상의 요구가 있는 때에는 특별위원회 또는 상임위원회로 하여금 국정의 특정사안에 관하여 국정조사(이하 "조사"라 한다)를 하게 한다.

② ~ ③ <생략>

④ 조사위원회는 조사의 목적, 조사할 사안의 범위와 조사방법, 조사에 필요한 기간 및 소요경비 등을 기재한 조사계획서를 본회의에 제출하여 승인을 받아 조사를 한다.

⑤ 본회의는 제4항의 조사계획서를 검토한 다음 재적의원 2분의 1 이상의 찬성으로 의결하여 이를 승인하거나 반려한다.

핵심공략

설문 3의 경우, 헌법 제61조 제2항은 국정조사권의 절차 등에 관한 구체적인 내용을 법률에 위임하고 있으므로, 어떠한 요건 하에 국정조사권을 발동할 것인지는 국회가 그의 입법형성권의 범위 내에서 스스로 정할 사항이지만, 이때에도 헌법이 국회의 국정조사권을 보장한 취지 및 오늘날의 정당제 민주주의하에서 기능적 권력분립·통제제도 국정조사제도가 가지는 의미와 기능이 충분히 고려되어야 한다는 헌법적인 한계가 있다는 점을 통하여 문제를 해결하면 된다. 즉 국정조사권을 인정한 제도적 취지 및 다수 여당에 대한 소수 야당의 통제와 국회의 행정부에 대한 통제가 실질적으로 가능(기능적 권력분립·통제론)하기 위하여도 국회의 국정조사권은 가능한 활성화할 필요가 있음에도 불구하고 개정 국감국조법 조항은 국정조사 요구 및 조사계획서 승인 요건의 정족수 규정을 오히려 강화함으로써 다수 여당에 대한 소수 야당의 통제와 국회의 행정부에 대한 통제를 약화시키고 있으므로 그 제도적 취지에 반하고 이는 오늘날의 기능적 권력분립의 원리에 위배되어 입법형성권의 한계를 일탈하여 위헌이라는 결론을 내리면 된다.

Chapter 04

I. 국정조사권의 의의와 성질

1. 국정조사권의 의의

헌법 제61조 제1항은 국정감사권과 함께 국정조사권에 관해 규정하고 있다. 국정조사권이란 국회가 가지는 입법·국정통제에 관한 권한 등을 적정하게 행사하기 위하여 특정한 국정사안에 대하여 조사할 수 있는 권한을 말한다. 우리 헌법에는 국정조사권에 관한 명시적 근거가 있지만(제61조 제1항), 국정조사권은 의회민주주의제도의 불가결한 요소로서 헌법상 명문규정 여하를 불문하고 의회의 권한의 하나로 인정되어 왔다.

2. 국정조사권의 성질

국정감사·조사권의 성질에 대하여, ① 독립적 권한설은 국정조사권은 의회의 최고기관성에서 유래하는 독립된 권한으로서 국정 전반에 걸친 조사권을 의미하고, 입법권·국정통제권·예산심의권과 더불어 의회의 4대 권한이라고 한다. ② 보조적 권한설은 국정 조사권은 독자적인 기능을 수행하는 권한이 아니라 의회가 보유하는 헌법상의 권한들을 유효적절하게 행사하는데 필요한 보조적 권한에 지나지 않는 것이라고 한다.

생각건대, 우리 헌법상 권력구조에 비추어 국회의 다른 국가기관에 대한 최고기관성을 인정하기는 어렵고, 권력분립의 원칙이나 국민의 기본권보장에 비추어 보더라도 국정조사권을 무제약적인 독립적 권한으로 보기는 어려울 것이므로 보조적 권한설이 타당하다.

II. 개정 국감국조법 조항의 권력분립의 원칙 위배 여부

1. 국정조사권의 일반적 한계

국감법 제8조는 "감사 또는 조사는 개인의 사생활을 침해하거나 계속중인 재판 또는 수사중인 사건의 소추에 관여할 목적으로 행사되어서는 아니 된다"고 하여 국정조사권의 한계에 대하여 규정하고 있다. 그런데 국정조사권은 헌법이 국회에 부여한 고유권능을 행사하기 위한 보조적 권한이라는 국정감사권의 본질에 비추어 이러한 법률에 의한 명시적 한계 이외에도 그 자체에 내재적 한계가 있다고 보아야 할 것이다. 국정조사권의 내재적 한계로는 권력분립상의 한계, 사생활의 불가침 등 기본권보장상의 한계, 중대한 국가이익상의 한계 등이 있다.

설문은 권력분립상의 한계가 문제된다.

2. 국정조사권과 권력분립의 원리

(1) 권력분립의 원리의 의의

권력분립의 원리란 국가권력을 그 성질에 따라 여러 국가기관에 분산시킴으로써 권력 상호간의 견제와 균형을 통하여 국민의 자유와 권리를 보호하려는 통치구조의 구성원리를 말한다. 이러한 권력분립의 원리는 우리 헌법의 기본원리로서 위헌심사의 기준이 되므로, 국회가 제·개정한 법률이 권력분립의 원리에 위반되는 경우 그 법률은 위헌이 된다.

(2) 기능적 권력분립·통제제도로서의 국정조사제도

오늘날 정당이 정치에 중심 역할을 하는 정당제 민주주의 하에서는 입법부·행정부·사법부가 형식적으로 분립되어 있다고 해서 권력의 견제·통제가 자동적으로 이루어진다고 볼 수 없게 되었다. 즉 정당이라는 지하도를 통해 국회와 행정부와 연결되고 융합되는 것이 보통이기 때문에 형식적 분립만 가지고 실질적으로도 견제된다는 고전적·형식적·정태적 권력분립론은 타당할 수 없는 시대가 도래하여 오늘날 현대적·실질적·동태적·기능적 권력분립론이 대두된 것이다. 정당제 민주주주의 하에서는 사회적 세력을 대변하는 힘의 원천인 정당을 효과적으로 통제하지 못하고서는 삼권분립의 기본원리인 국회가 행정부를 실질적·기능적으로 견제·통제할 수 없기 때문이다. 정당에 대한 효과적인 통제는 다수 여당에 대한 소수 야당의 실질적인 견제를 의미하는데 그 대표적인 수단이 바로 소수 야당의 국정조사권 발동인 것이다.

3. 개정 국감국조법 조항의 권력분립의 원리 위배 여부

헌법 제61조 제2항은 "국정감사 및 조사에 관한 절차 기타 필요한 사항은 법률로 정한다."고 하여, 국정조사권의 절차 등에 관한 구체적인 내용을 법률에 위임하고 있다. 따라서 어떠한 요건 하에 국정조사권을 발동할 것인지는 국회가 그의 입법형성권의 범위 내에서 스스로 정할 사항이지만, 이때에도 헌법이 국회의 국정조사권을 보장한 취지 및 오늘날의 정당제 민주주의 하에서 기능적 권력분립·통제제도 국정조사제도가 가지는 의미와 기능이 충분히 고려되어야 한다는 헌법적인 한계가 있다.

민주적 국정통제수단으로서의 국정조사가 정치적 이유에서 저해되지 않아야 한다는 제도적 취지 및 다수 여당에 대한 소수 야당의 통제와 국회의 행정부에 대한 통제가 실질적으로 가능(기능적 권력분립·통제론)하기 위하여도 국회의 국정조사권은 가능한 활성화할 필요가 있다. 그런데 개정 국감국조법 조항은 국정조사 요구 및 조사계획서 승인 요건의 정족수 규정을 오히려 강화함으로써 다수 여당에 대한 소수 야당의 통제와 국회의 행정부에 대한 통제를 약화시키기고 있으므로 그 제도적 취지에 반하고 이는 오늘날의 기능적 권력분립의 원리에 위배되어 입형성권의 한계를 일탈하였다고 할 것이다.

Ⅲ. 결론

개정 국감국조법 조항은 헌법이 국정조사제도를 인정하고 있는 취지에 반하고, 기능적 권력분립의 원리에 위배되어 입법형성권의 한계를 일탈하였다고 할 것이므로 헌법에 위반된다.

039   의회유보원칙과 포괄위임금지의 원칙

혼인하여 3자녀를 둔 5인 가구의 세대주인 甲은 현재 독점적으로 전기를 공급하고 있는 전기판매사업자 S와 전기공급계약을 체결하고 전기를 공급받는 전기사용자이다. S는 甲에게 2016.7.3.부터 같은 해 8.2.까지 甲 가구가 사용한 525kWh의 전기에 대해 131,682원의 전기요금을 부과하였다. 甲은 위 기간 동안 특별히 전기를 많이 사용하지 않았음에도 불구하고 전월에 비해 전기요금이 2배 이상으로 부과된 것이 새로 도입한 누진요금제 때문이라는 것을 알게 되었다. 이에 甲은 S의 전기공급약관 중 누진요금에 관한 부분이 「전기사업법」 제16조 제1항, 「전기사업법 시행령」 제7조 제1항을 위반하고 甲의 계약의 자유를 침해하여 무효라고 주장하면서, 2016.11.16. 전주지방법원 군산지원에 S를 상대로 甲이 납부한 131,682원과 누진요금제 시행 이전 기준으로 산정한 55,500원(S의 전기공급약관 개정 전 [별표 1] 기준)의 차액 상당을 구하는 부당이득반환 청구소송을 제기하였다. 甲은 위 소송 계속 중 2017.3.6. 위 법원에 「전기사업법」 제16조 제1항 중 '전기요금' 부분이 의회유보원칙 및 포괄위임금지원칙에 위배되고 혼인하여 대가족을 이룬 甲의 평등권을 침해한다고 주장하며 변호사 乙을 선임하여 위 법률조항 부분에 대한 위헌법률심판 제청신청을 하였다.

2. 「전기사업법」 제16조 제1항을 다음의 심사기준으로 판단하시오.
    (1) 의회유보원칙 위반 여부 (10점)
    (2) 포괄위임금지원칙 위반 여부 (20점)

📁 참조조문

※ 유의사항
    아래 조문들의 일부는 가상의 것임

전기사업법(2013.3.23. 법률 제11690호로 개정된 것)
제16조 【전기의 공급약관】 ① 전기판매사업자는 대통령령으로 정하는 바에 따라 전기요금과 그 밖의 공급조건에 관한 약관(이하 "기본공급약관"이라 한다)을 작성하여 산업통상자원부장관의 인가를 받아야 한다. 이를 변경하려는 경우에도 또한 같다.

핵심공략

설문 2에서는 「전기사업법」 제16조 제1항의 위헌 여부를 의회유보원칙과 포괄위임금지원칙에 따라 판단할 것을 명시적으로 요구하고 있다. 이렇게 논점을 직접적으로 제시하고 있는 경우에 오히려 더 체계적인 목차를 바탕으로 답안을 구체적으로 기재하여야 한다. 즉, 설문에서 제시된 甲의 주장을 보다 구체화하여 「전기사업법」 제16조 제1항에서 전기요금에 관한 부분을 별다른 제한 없이 대통령령으로 정하는 바에 따르도록 한 것이 의회유보원칙에 위반되는지, 이러한 위임이 그 필요성과 예측가능성이 인정되어 포괄위임금지원칙에 위배되지는 않는지 등으로 분석적으로 접근하여야 한다.

특히 포괄위임금지원칙의 위배 여부의 판단은 당해 조항만이 아니라 관련 법조항 등을 아울러 고려하여 판단하는바, 실제 시험에서 제공된 참조조문을 통해 예측가능성에 대한 판단을 풍부하게 서술하여야 할 것이다.

본 사례는 헌재 2021.4.29. 2017헌가25 결정을 그대로 문제화한 것으로 최신판례 공부의 중요성을 다시 한 번 일깨워주고 있다.

Chapter 04

설문 2의 (1) - 의회유보원칙의 위반 여부

Ⅰ. 문제점

「전기사업법」제16조 제1항에서는 전기판매사업자로 하여금 전기요금에 관한 약정을 작성하여 산업통상자원부장관의 인가를 받도록 하면서, 그 인가의 기준을 대통령령에 위임하고 있는 바, 이것이 의회유보원칙에 위반되는지가 문제된다.

Ⅱ. 의회유보원칙의 의미와 그 위반 여부

1. 의회유보원칙의 의미

헌법은 법치주의를 그 기본원리의 하나로 하고 있고, 법치주의는 행정작용에 국회가 제정한 형식적 법률의 근거가 요청된다는 법률유보를 그 핵심적 내용으로 하고 있다. 그런데 오늘날 법률유보원칙은 단순히 행정작용이 법률에 근거를 두기만 하면 충분한 것이 아니라, 국가공동체와 그 구성원에게 기본적이고도 중요한 의미를 갖는 영역, 특히 국민의 기본권 실현에 관련된 영역에 있어서는 행정에 맡길 것이 아니라 국민의 대표자인 입법자 스스로 그 본질적 사항에 대하여 결정하여야 한다는 요구, 즉, 의회유보원칙까지 내포하는 것으로 이해되고 있다. 다만, 이 때 입법자가 형식적 법률로 스스로 규율하여야 하는 사항이 어떤 것인가는 일률적으로 획정할 수 없고 구체적인 사례에서 관련된 이익 내지 가치의 중요성 등을 고려하여 개별적으로 정할 수 있다(2015.5.28. 2013헌가6 참조).

2. 사안의 경우

전기사업은 국민생활 및 산업활동에 필수적인 전기를 생산·공급하는 공익사업으로서, 전기의 보편적이고 안정적인 공급은 개인의 생존은 물론 기본권의 실현에 있어 기본적이고 중요한 사항이므로 전기의 보편적이고 안정적인 공급을 위한 기본 조성 및 관련된 규범체계의 마련은 국민의 대표자인 입법자가 스스로 그 본질적 사항에 대하여야 결정하여야 한다.

다만, 전기요금의 결정에 관한 내용의 경우, ① 전기요금은 전기판매사업자가 전기사용자와 체결한 전기공급계약에 따라 전기 사용대가로 전기사용자에게 부과되는 것으로서 전기판매사업자가 전기요금을 부과하는 것이 국민의 재산권에 제한을 가하는 행정작용에 해당한다고 볼 수 없다. 게다가 ② 전기요금의 산정이나 부과에 필요한 세부적인 기준을 정하는 것은 전문적이고 정책적인 판단을 요할 뿐 아니라 기술의 발전이나 환경의 변화에 즉각적으로 대응할 필요가 있는 사항이다.

그러므로 전기요금의 결정에 관한 내용을 의회유보 원칙에 따라 입법자가 스스로 결정하여야 할 사항으로 보기 어렵다.

Ⅲ. 결론

따라서 「전기사업법」 제16조 제1항에서 전기요금의 산정기준이나 요금체계 등을 의회가 직접 결정하거나 그에 관여할 수 있도록 규정하지 않았다 하더라도, 그것이 의회유보원칙에 위반된다고 할 수 없다.

설문 2의 (2) – 포괄위임금지원칙의 위반 여부

Ⅰ. 포괄위임금지원칙의 의미

<u>헌법 제75조</u>는 "대통령은 법률에서 구체적으로 범위를 정하여 위임받은 사항과 법률을 집행하기 위하여 필요한 사항에 관하여 대통령령을 발할 수 있다."고 규정하여 일정한 사항에 대하여 법집행자인 행정부에게 위임해야 할 필요성을 인정함으로써 위임입법의 근거를 마련하는 한편, 대통령령으로 입법할 수 있는 사항을 법률에서 구체적으로 범위를 정하여 위임받은 사항으로 한정함으로써 위임입법의 범위와 한계를 제시하고 있다. 헌법에 의하여 위임입법이 용인되는 한계인 <u>'법률에서 구체적으로 범위를 정하여 위임받은 사항'</u>이라 함은 법률에 이미 대통령령으로 규정될 내용 및 범위의 기본적 <u>사항이 구체적이고 명확하게 규정되어 있어서 누구라도 당해 법률 그 자체로부터 대통령령에 규정될 내용의 대강을 예측할 수 있어야 한다는 것을 의미한다.</u> 이러한 예측가능성의 유무는 당해 특정조항 하나만을 가지고 판단할 것은 아니고 관련 법 조항 전체를 유기적 · 체계적으로 종합 판단하여야 하며, 각 대상법률의 성질에 따라 구체적 · 개별적으로 검토하여야 한다(2020.8.28. 2018헌바425 참조).

Ⅱ. 위임의 필요성 및 예측가능성 구비 여부

1. 문제점

「전기사업법」 제16조 제1항에서 전기판매사업자가 대통령이 정한 바에 따라 전기요금약관을 작성하여 산업통상자원부장관의 인가를 받도록 한 것은 전기요금약관의 구체적인 인가기준을 대통령령에 위임한 것이다. 이에 포괄위임금지원칙에 위배되는지와 관련하여, 위 심판대상조항이 <u>위임의 필요성과 예측가능성의 요건을 구비하였는지가 문제된다.</u>

2. 위임의 필요성

전기사업법은 사업자들이 자유롭게 전기사업에 진입할 수 있도록 경쟁체제를 도입하고 있으나, 중복투자로 인한 사회적 손실을 우려하여 송전 · 배전 · 판매부문은 여전히 한국전력공사가 독점적으로 운영하고 있다. 현재와 같은 전기의 독점적 공급체계 내에서 전기요금의 산정은 물가와 직결되고 전기요금의 수준이나 요금 부과체계는 자원의 효율적인 배분에도 직·간접적인 영향을 미치므로, 전기판매사업자가 약관으로 정한 전기요금의 산정기준이나 요금체계 등에 대하여는 주무부장관의 인가를 통한 통제와 검증을 요한다.

그런데 <u>전기요금약관의 인가 여부를 결정함에 있어서는 전력의 수급상태, 물가수준, 한국전력공사의 재정상태 등이 종합적으로 반영되어야 하므로, 인가의 구체적인 기준을 설정하는 것은 전문적인 판단을 요함은 물론 수시로 변화하는 상황에도 시의 적절하게 탄력적으로 대응할 필요가 있다.</u>

따라서 전기요금약관의 인가기준에 대해서는 하위법령에 위임할 필요성이 인정된다.

3. 예측가능성

전기사업법은 전기사업의 건전한 발전을 도모하고 전기사용자의 이익을 보호하여 국민경제의 발전에 이바지함을 목적으로 한다. 이에 따라 「전기사업법」은 산업통상자원부장관에게 전력수급의 안정과 전력산업의 경쟁촉진 등에 관한 기본적이고 종합적인 시책을 마련할 의무를 부과하는 한편, 전기사업자에게는 전기사용자의 이익을 보호하기 위한 방안을 마련하고, 전기사용자가 언제 어디서나 적정한 요금으로 전기를 사용할 수 있도록 전기의 보편적 공급에 기여하여야 할 의무를 부과하고 있다(제3조 제1항, 제4조 및 제6조 제1항). 나아가 전기사업자는 비용이나 수익을 부당하게 분류하여 전기요금을 부당하게 산정하는 등 전력시장에서의 공정한 경쟁을 해치거나 전기사용자의 이익을 해칠 우려가 있는 행위를 하여서는 아니 된다(제21조 제1항 제4호).

그러므로 위와 같은 법조항들을 종합해 보면, <u>하위법령에서는 산업통상자원부장관이 전기요금약관을 인가할 때 전기기술의 발전과 전력수급의 안정을 위하여 전기판매사업자에게 적정 수준의 이윤을 보장하되 전기의 보편적 공급과 전기사용자의 보호, 물가의 안정이라는 공익을 고려하여 전기판매사업자에게 허용된 최대수익을 제한할 수 있도록 전기요금의 산정 원칙이나 산정방법 등을 정할 것이 충분히 예측가능하다.</u>

Ⅲ. 결론

따라서 심판대상조항이 전기요금약관의 인가기준을 대통령령으로 정하도록 위임하고 있더라도, 이것이 포괄위임금지원칙에 위반된다고 볼 수는 없다.

2015년 4회 변호사 제1문의3

대통령 甲은 국회에서 탄핵소추가 의결되었고, 그 소추의결서는 「국회법」에 따라 모두 적법하게 송달되었으며, 현재 탄핵심판이 계속 중이다. 국회는 「특정경제범죄 가중처벌 등에 관한 법률」에서 정한 죄를 범하여 형을 선고받은 자에 대한 대통령의 특별사면을 금지하는 「사면법」 일부개정 법률안을 의결하여 정부로 이송하였다. 국무총리 乙은 위 법률안이 대통령의 사면에 관한 고유권한을 침해한다는 사유로 이의서를 붙여 헌법 제53조 제2항의 기간 내에 국회로 환부하면서 그 재의를 요구하였다(위 사례는 가상의 것임).

乙이 위 법률안에 대하여 위와 같이 거부권을 행사할 수 있는지 여부 및 그 거부사유의 당부(當否)에 대하여 논하시오. (30점)

📁 **참조조문**

헌법

제53조 ① 국회에서 의결된 법률안은 정부에 이송되어 15일 이내에 대통령이 공포한다.

② 법률안에 이의가 있을 때에는 대통령은 제1항의 기간 내에 이의서를 붙여 국회로 환부하고, 그 재의를 요구할 수 있다. 국회의 폐회 중에도 또한 같다.

③ 대통령은 법률안의 일부에 대하여 또는 법률안을 수정하여 재의를 요구할 수 없다.

④ 재의의 요구가 있을 때에는 국회는 재의에 붙이고, 재적의원과반수의 출석과 출석의원 3분의 2 이상의 찬성으로 전과 같은 의결을 하면 그 법률안은 법률로서 확정된다.

⑤ 대통령이 제1항의 기간 내에 공포나 재의의 요구를 하지 아니한 때에도 그 법률안은 법률로서 확정된다.

⑥ 대통령은 제4항과 제5항의 규정에 의하여 확정된 법률을 지체 없이 공포하여야 한다. 제5항에 의하여 법률이 확정된 후 또는 제4항에 의한 확정법률이 정부에 이송된 후 5일 이내에 대통령이 공포하지 아니할 때에는 국회의장이 이를 공포한다.

⑦ 법률은 특별한 규정이 없는 한 공포한 날로부터 20일을 경과함으로써 효력을 발생한다.

대통령의 법률안거부권 행사와 관련된 사례는 이미 제53회(2011년)에 출제된 바 있는 논점이다. 변호사시험도 회차를 거듭하면서 점점 사법시험처럼 출제 주제도 다양해지고 문제의 난이도 역시 높아지고 있다. 이 사례의 논점은 첫째, 대통령의 법률안거부권 행사의 의미와 그 형식적 요건의 적법성 및 실질적 요건의 정당성 여부, 둘째, 대통령의 권한이 정지된 경우 국무총리가 권한대행으로 대통령의 법률안거부권을 행사할 수 있는지의 여부이다. 최근에 법률안거부권 행사가 문제된 이유는, 2013년 1월 1일에 여야합의로 통과한 「대중교통의 육성 및 이용촉진에 관한 법률 일부개정 법률안」에 대해서 이명박 대통령 측은 지속적으로 견지해온 정부의 반대 입장에도 불구하고 국회가 본회의에 상정하여 통과시켰다고 주장하여 1월 23일 법률안거부권을 행사하였기 때문이다. 앞으로도 법률안거부권에 관한 문제는 출제될 가능성이 있으므로 법률안거부권에 관한 일반적 내용은 반드시 정리해 둘 필요가 있다. 법률안거부권의 형식적 행사요건에 관하여는 헌법 제53조에서 규정하고 있다. 법률안거부권은 크게 환부거부권, 보류거부권이 있고, 환부거부권에는 구체적으로 전부거부, 수정거부, 일부거부가 있지만, 우리나라는 환부거부권만을 인정하고 있고, 그 행사에 있어서는 그 법안 자체의 전부거부만을 인정하고 있고 수정거부나 일부거부는 인정하고 있지 않다. 실질적 요건인 법률안 거부사유는 헌법규정에 '이의서를 붙여'라는 규정만 있고 구체적 언급이 없지만, 대통령에게 법률안거부권을 인정한 이유는 국회의 자의적 입법권 행사를 방지하기 위해서 견제와 균형의 원리에 입각하여 권력분립적 장치로서 둔 것이기 때문에 그 행사에 있어서 헌법내재적 한계가 있다.

I. 논점의 정리

설문은 대통령 甲이 탄핵소추가 의결되어 탄핵심판이 계속 중에, 국회가 「특정경제범죄 가중처벌 등에 관한 법률」에서 정한 죄를 범하여 형을 선고받은 자에 대한 대통령의 특별사면을 금지하는 「사면법」 일부개정법률안을 의결하여 정부로 이송하였는데, 국무총리 乙이 위 법률안은 대통령의 사면에 관한 고유권한을 침해한다는 사유로 이의서를 붙여 헌법 제53조 제2항의 기간 내에 국회로 환부하면서 그 재의를 요구하였는바, 이 사안의 논점은 법률안거부권의 행사요건과 관련하여, 형식적 요건으로 ① 대통령의 법률안거부권 행사를 국무총리가 대행하여 행사할 수 있는지 여부, 실질적 요건으로 ② 대통령의 사면에 관한 고유권한을 침해한다는 법률안 거부사유가 타당한지의 여부가 문제되는바, 이와 관련하여 ③ 대통령의 사면권의 개념과 입법재량, 사면권 행사의 요건과 한계를 함께 검토하여야 한다.

II. 乙이 거부권을 행사할 수 있는지 여부

1. 대통령의 법률안거부권의 의의와 행사요건

(1) 법률안거부권의 의의·유형

법률안거부권은 국회에서 의결하여 정부에 이송한 법률안에 대하여 대통령이 이의를 제기하여 국회에 재의를 요구하는 권한으로서 법률안재의요구권이라고도 한다(헌법 제53조 제2항). 이는 국회의 고유한 권한인 법률제정권에 대해 대통령이 개입할 수 있도록 한 것이지만, 국회가 재의결할 때까지 법률로서의 확정을 저지시키는 데 그친다는 점에서 소극적인 정지적 거부권으로 볼 수 있다. 거부의 유형으로는 환부거부(direct veto)와 보류거부(pocket veto)가 있지만, 우리 헌법에서는 원칙적으로 환부거부만 인정된다(제53조 제2항). 이러한 법률안거부권은 국회의 법률제정에 대한 독점권을 견제할 수 있게 하며, 법률의 적용 이전의 단계에서 대통령으로 하여금 위헌 여부를 다시 살펴보도록 함으로써 헌법질서를 수호할 수 있도록 하는 측면이 있다. 하지만 대통령이 이를 남용할 경우 대의기관인 국회의 법률제정권이 형해화될 위험성이 있다. 따라서 법률안거부권의 행사에는 헌법내재적인 한계가 따른다고 보아야 할 것이다.

(2) 법률안거부권의 행사요건

대통령의 법률안거부권 행사의 「형식적 요건」으로, ① 법률안이 정부로 이송되어온 날로부터 15일 이내에, ② 국무회의의 심의를 거친 후, ③ 그 법률안에 대한 이의서를 첨부하여, ④ 국회에 환부하여야 한다(헌법 제53조 제2항, 제89조). 다만, 대통령은 법률안의 일부에 대하여 또는 법률안을 수정하여 재의를 요구할 수 없다(헌법 제53조 제3항). 대통령의 재의 요구가 있을 때에는 국회는 재의에 붙이고, 재적의원과반수의 출석과 출석의원 3분의 2 이상의 찬성으로 전과 같은 의결을 하면 그 법률안은 법률로서 확정된다(헌법 제53조 제4항).

그리고 「실질적 요건」에 대해서 헌법에 규정이 없지만, 그 남용을 막기 위해서는 정당한 사유와 필요성이 인정되어야 한다. 즉, ① 법률안이 헌법에 위반되거나, ② 집행이 불가능하거나, ③ 국가이익에 반하거나, ④ 집행부에 대한 부당한 정치적 압박을 내용으로 하는 경우 등에 한정되어야 할 것이다.

2. 대통령권한대행자의 사유와 그 직무범위

(1) 대통령권한대행의 사유

대통령이 궐위되거나 사고로 인하여 직무를 수행할 수 없을 때에는 권한대행이 발생한다(헌법 제71조). 여기서 '궐위'라 함은 대통령이 사망한 경우, 탄핵결정으로 파면된 경우, 대통령이 판결 기타의 사유로 자격을 상실한 경우, 사임한 경우 등 대통령이 재직하고 있지 아니한 경우를 말한다. 그리고 '사고'라 함은 대통령이 재직하면서도 신병이나 해외순방 등으로 직무를 수행할 수 없는 경우와 국회가 탄핵소추를 의결함으로써 탄핵결정이 있을 때까지 권한행사가 정지된 경우를 말한다.

(2) 대통령권한대행자의 직무범위

대통령권한대행자가 대통령의 직무에 관한 권한을 어느 범위까지 대행할 수 있는가에 대해서, 제1설은 국정의 공백을 막기 위한 비상적인 제도인 만큼 대통령의 권한 전반에 걸쳐 대행할 수 있다고 한다. 제2설은 권한대행은 임시적인 대리의 성질을 가지므로, 잠정적인 현상유지만을 할 수 있고, 정책의 전환, 인사의 이동과 같이 현상유지를 벗어나는 직무는 대행할 수 없다고 한다. 제3설은 대통령이 궐위된 경우에는 그 대행은 반드시 현상유지적이어야 할 이유가 없지만, 사고인 경우에는 그 성질상 잠정적인 현상유지에 국한된다고 한다.

생각건대 권한대행의 체제는 대통령의 유고시에 국정의 공백이 발생하지 않도록 하기 위한 제도이므로, 궐위냐 사고냐를 따지기보다는 사안을 긴급하게 처리할 필요성의 여하에 따라 대행가능한 직무의 범위를 결정하는 것이 바람직할 것으로 본다. 즉 궐위냐 사고냐를 가리지 않고 긴급하게 처리할 필요성이 있는 직무라면 현상변경적 권한행사가 가능하지만, 그렇지 않다면 현상유지에 머물러야 할 것이다.

3. 사안의 경우

사안에서 대통령 甲은 국회에서 탄핵소추가 의결되었고, 그 소추의결서는 「국회법」에 따라 모두 적법하게 송달되었으며, 현재 탄핵심판이 계속 중이므로, 헌법 제65조에 의해서 탄핵소추의 의결을 받은 대통령은 탄핵심판이 있을 때까지 그 권한행사가 정지된다. 또한 헌법 제71조에 의해서 대통령의 권한이 정지되어 직무를 수행할 수 없을 때에는 국무총리, 법률이 정한 국무위원의 순서로 그 권한을 대행하도록 되어 있다. 따라서 국무총리 乙은 대통령의 '사고'로 인하여 적법하게 대통령의 권한을 대행하는 자라 할 수 있다.

한편 헌법상 법률안 거부권은 정부로 이송되어 온 15일 이내에 하여야 하므로(제53조 제2항) 긴급하게 처리할 필요성이 있다. 그렇다면 사안에서 국무총리 乙은 대통령의 권한대행자로서 국회가 의결한 「사면법」 일부개정법률안에 대해서 거부권행사의 형식적 요건을 갖추어, 즉 대통령의 사면에 관한 고유권한을 침해한다는 사유로 이의서를 붙여 헌법 제53조 제2항의 기간 내에 국회로 환부하여 그 재의를 요구할 수 있다고 할 것이다. 다만 乙은 거부권행사의 사유는 "대통령의 사면에 관한 고유권한을 침해한다"는 것이므로 거부권행사의 실질적 요건을 갖추었는지에 대해서는 이하에서 자세히 살피기로 한다.

Ⅲ. 乙이 주장한 거부사유의 당부

1. 법률안 거부사유의 정당성 인정범위

　　법률안거부권은 입법부의 권한남용을 견제하여 헌법질서를 수호하기 위하여 대통령에게 권한을 부여한 권력분립원칙에 의거한 제도적 장치이기 때문에 대통령의 법률안거부권 행사에는 비록 헌법에 명문의 규정이 없다 하더라도, 원칙적으로 입법부의 권한남용을 막기 위하여 '헌법적 관점'에서 법률안이 헌법에 위반되거나, 권력분립원칙에 위반하여 의회의 권한이 아니라고 판단되는 법률안인 경우에는 그 거부사유의 정당성이 인정된다고 보아야 한다. 그런데 현대로 오면서 산업화가 빠르게 진전되고, 현대과학의 발전이 하루가 다르게 변화하면서 사회가 급속히 변화하여 감으로 인하여 집행과 거리를 둘 수밖에 없는 입법부는 현대사회의 변화에 맞는 법안들을 상정하는 데 어려움을 겪게 되었고, 행정부는 정부로 이송된 의회의 법안에 대해 '정책적 관점'에서 이의를 제기할 수밖에 없는 상황이 되었다. 그 방법이 대통령의 법률안거부권 제도를 이용하는 것이었다. 이로 인하여 입법부의 권한남용을 견제하여 헌법질서를 수호하기 위하여 규정한 대통령의 법률안거부권은 현대적 기능으로서 법안의 정책에 대한 문제점을 제기하는 기능도 부여받게 되었다. 대표적으로 집행의 불가능성 등을 들 수 있다. 그러나 이러한 경우를 인정한다 하더라도 대통령은 그 권한을 남용하여 대의기관인 국회의 법률제정권이 형해화될 위험성에 놓이게 하여서는 아니 된다는 헌법내재적인 한계가 있다.

2. 사면권의 한계와 입법재량

(1) 사면권의 개념과 입법재량

　　협의의 사면이라 함은 형사소송법이나 그 밖의 형사법규의 절차에 의하지 아니하고 형의 선고의 효과 또는 공소권을 소멸시키거나 형집행을 면제시키는 국가원수의 특권을 말한다. 광의의 사면은 협의의 사면은 물론 감형과 복권까지 포괄하는 개념이다.

　　그런데 헌법 제79조 제1항은 "대통령은 법률이 정하는 바에 의하여 사면·감형 또는 복권을 명할 수 있다"고 규정하고, 제3항은 "사면·감형 및 복권에 관한 사항은 법률로 정한다"고 하여 사면권에 대한 입법재량을 인정하고 있다. 헌법재판소도 「사면의 종류, 대상, 범위, 절차, 효과 등은 제반사항을 종합하여 입법자가 결정할 사항으로서 입법자에게 광범위한 입법재량 내지 형성의 자유가 부여되어 있다」고 판시하였다(2000.6.1. 97헌바74).

(2) 사면권의 행사의 요건과 한계

　　모든 사면권 행사에 있어서 공통된 절차적 요건으로서는 국무회의의 심의를 거쳐야 하고(헌법 제89조 제9호), 국무총리 및 관계국무위원의 부서를 받아야 한다(제82조). 이외에 일반사면은 국회의 동의를 얻어야 하고(제79조 제2항), 특별사면·특별복권·특별감형은 사면심사위원회의 심사를 거쳐 법무부장관의 상신으로 대통령이 명한다(「사면법」 제10조 제1항, 제2항).

　　헌법과 법률에는 사면권행사의 실체적 요건에 대해서는 규정되어 있지 아니한바, 사면권행사의 한계를 부정하는 견해도 있으나, 사면권은 사법부의 판단을 변경하는 권한으로 권력분립의 원리와 법치주의에 위배될 소지가 있기 때문에, 사면권의 자의적 행사를 막기 위해서 사면권의 한계를 인정하여야 한다. 그 유형으로는 ① 권력분립상의 한계와 ② 목적상의 한계가 있다. 즉, 사면권의 행사는

Chapter 04

사법권이나 입법권을 본질적으로 침해해서는 안 되며, 그 목적에 있어 국가이익과 국민화합의 차원에서 행사되어야 하는 것이지 당리당략적 차원에서 행사되어서는 아니 되고, 형사정책적 측면에서 범죄자의 참회와 반성, 피해자의 용서 등의 이유로 범죄의 가벌성이 현저하게 감소되었을 것이 전제되어야 한다.

3. 사안의 경우

사안에서는 국회가 「특정경제범죄 가중처벌 등에 관한 법률」에서 정한 죄를 범하여 형을 선고받은 자에 대한 대통령의 특별사면을 금지하는 「사면법」일부개정법률안을 의결하여 정부로 이송하였는바, 국무총리 乙은 위 법률안이 '대통령의 사면에 관한 고유권한을 침해한다'는 사유로 이의서를 붙여 재의를 요구하였다. 즉 헌법적 관점에서 입법부가 권력분립의 원칙을 위반하여 대통령의 고유권한인 사면권을 침해한다는 주장이다. 그런데 헌법 제79조 제3항에서는 사면·감형 및 복권에 관한 사항은 법률로 정한다고 규정하여 사면에 관한 사항은 국회의 입법형성권한에 해당한다고 보아야 하고, 대통령의 사면권 행사는 사법권이나 입법권을 본질적으로 침해해서는 안 되는 한계 역시 가지고 있다. 따라서 사안에서 문제는 국회가 일정한 죄를 범하여 형을 선고받은 자에 대한 대통령의 특별사면을 '금지'하는 입법을 할 수 있는가의 여부에 있다.

사안에서 「사면법」일부개정법률안은 대통령의 특별사면 전반에 대한 제한이 아니라 「특정경제범죄 가중처벌 등에 관한 법률」에서 정한 죄를 범하여 형을 선고받은 자에 한하여 제한하는 점, 사면권 행사는 국가이익과 국민화합의 차원에서 행사되어야 하는데 「특정경제범죄 가중처벌 등에 관한 법률」에서 정한 죄를 범하여 형을 선고받은 자에 대한 특별사면은 오히려 이러한 사면의 목적에 반할 우려가 있는 점, 「특정경제범죄 가중처벌 등에 관한 법률」에서 정한 죄를 범하여 형을 선고받은 자에 대한 일반사면의 가능성은 여전히 존재하는 점 등을 고려하면 대통령의 사면에 관한 고유권한을 침해한다고 볼 수는 없을 것이다.

그렇다면, '대통령의 사면에 관한 고유권한을 침해한다'는 거부사유는 법률안거부권 행사에서 요구되는 정당한 사유로 인정할 수 없다.

Ⅳ. 결론

법률안거부권은 대통령의 권한으로 행사하여야 하는 것이지만 헌법 제65조에 의해서 탄핵소추의 의결을 받은 대통령은 탄핵심판이 있을 때까지 그 권한행사가 정지되며, 헌법 제71조에 의해서 대통령의 권한이 정지되어 직무를 수행할 수 없을 때에는 국무총리 그 권한을 대행하도록 되어 있어, 국무총리 乙은 대통령의 권한대행자로서 국회가 의결한 「사면법」일부개정법률안을 이의서를 붙여 헌법 제53조 제2항의 기간 내에 국회로 환부하여 그 재의를 요구할 수 있으나, '대통령의 사면에 관한 고유권한을 침해한다'는 거부사유는 헌법 제79조 규정상으로도 권력분립원칙의 차원에서도 정당한 사유가 인정되지 아니한다고 할 것이다.

2020년 9회 변호사 제1문의1

대통령 A는 야당의원인 甲을 국무총리로 임명하여 연합정권 공약을 실행한 바 있다. 그런데 대통령 A의 임기가 중반을 넘어서면서 여러 국가정책에 대한 야당의원들의 국정조사 요구가 많아지고 이로 인해 국정수행이 순탄치 않은 정국이 계속되자, 대통령 A는 이처럼 야당 단독으로 또는 소수의 국회의원만으로도 국정조사권이 발동됨으로써 정부의 업무가 마비되고 국회의 효율적인 운영 및 의사결정에도 장애가 되고 있다는 판단을 하게 되었다. 그래서 현행「국정감사 및 조사에 관한 법률」(약칭 국감국조법)에서의 국정조사 요구 및 조사계획서 승인 요건의 정족수 규정을 강화하는 '국감국조법 개정안'을 국회에 제출하였고, 이 개정안은 2019.8.27. 국회에서 의결되었다. 그러나 국무회의에서의 법률개정안 심의단계에서부터 동 개정안 내용에 반대해 온 국무총리 甲은 대통령 A의 법률공포에 대하여 끝내 부서를 거부하였다. 이에 2019.9.2. 국회의 과반수를 차지하는 여당의원들은 국무총리 甲에 대한 해임건의안을 국회에 상정하였고, 동 상정안에 반대하는 야당의원들은 본회의장 문을 폐쇄하고 그 앞 복도에 누워 농성을 하면서 접근하는 자들을 폭력적인 방법으로 저지하였다. 이후 여당은 국회의 제3의 장소로 회의장소를 변경하고 본회의 개의일시도 야당의원들에게 통지하지 않은 채 본회의를 개의하였고, 2019.9.17. 국무총리 甲에 대한 해임건의안을 의결하여 통과시켰다.

1. 국무총리 甲의 부서가 없는 국감국조법 공포의 유효성에 대하여 판단하시오. (10점)

📁 **참조조문**

개정 전「국정감사 및 조사에 관한 법률」 (법률 제16325호, 2019.4.16. 타법개정)

제3조【국정조사】① 국회는 재적의원 4분의 1 이상의 요구가 있는 때에는 특별위원회 또는 상임위원회로 하여금 국정의 특정사안에 관하여 국정조사(이하 "조사"라 한다)를 하게 한다.

② ~ ③ <생략>

④ 조사위원회는 조사의 목적, 조사할 사안의 범위와 조사방법, 조사에 필요한 기간 및 소요경비 등을 기재한 조사계획서를 본회의에 제출하여 승인을 받아 조사를 한다.

⑤ 본회의는 제4항의 조사계획서를 검토한 다음 의결로써 이를 승인하거나 반려한다.

※ 아래의 법령은 가상의 것임을 전제로 한다.

개정 후「국정감사 및 조사에 관한 법률」 (법률 제16340호, 2019.8.27. 일부개정)

제3조【국정조사】① 국회는 재적의원 2분의 1 이상의 요구가 있는 때에는 특별위원회 또는 상임위원회로 하여금 국정의 특정사안에 관하여 국정조사(이하 "조사"라 한다)를 하게 한다.

② ~ ③ <생략>

④ 조사위원회는 조사의 목적, 조사할 사안의 범위와 조사방법, 조사에 필요한 기간 및 소요경비 등을 기재한 조사계획서를 본회의에 제출하여 승인을 받아 조사를 한다.

⑤ 본회의는 제4항의 조사계획서를 검토한 다음 재적의원 2분의 1 이상의 찬성으로 의결하여 이를 승인하거나 반려한다.

법령 등 공포에 관한 법률 (약칭 법령공포법, 법률 제15798호 2018.10.16. 일부개정)

제2조【전문】헌법개정·법률·조약 및 대통령령의 공포문과 헌법개정안·예산 및 예산 외 국고부담계약의 공고문에는 전문(前文)을 붙여야 한다.

제5조【법률】① 법률 공포문의 전문에는 국회의 의결을 받은 사실을 적고, 대통령이 서명한 후 대통령인을 찍고 그 공포일을 명기하여 국무총리와 관계 국무위원이 부서한다.

② 「대한민국헌법」 제53조제6항에 따라 국회의장이 공포하는 법률의 공포문 전문에는 국회의 의결을 받은 사실과 「대한민국헌법」 제53조 제6항에 따라 공포한다는 뜻을 적고, 국회의장이 서명한 후 국회의장인(國會議長印)을 찍고 그 공포일을 명기하여야 한다.

📝 핵심공략

설문 1의 경우, 우선, 대통령은 헌법상 법률안의 공포권을 가지고 있으므로(제53조 제1항 및 제6항), 대통령의 국감국조법 공포행위는 국무총리와 관계국무위원의 부서를 요하는 헌법 제82조의 '대통령의 국법상 행위'에 해당한다는 점을 적시하여야 한다. 다음으로, '부서 없는 대통령의 국법상 행위'의 효력에 관하여는 헌법이나 법률에 규정이 없기 때문에, 부서제도의 법적 성격 및 기능을 규명한 후에 이를 기초로 국무총리의 부서 없는 대통령의 국감국조법 공포의 유효성에 관하여 검토하면 된다. 이는 사시 49회에 출제된 쟁점과 동일하다.

〈목 차〉

I. 논점의 정리

대통령은 헌법상 법률안의 공포권을 가지고 있으므로(제53조 제1항 및 제6항), 대통령 A의 국감국조법 공포행위는 대통령에게 부여된 헌법상 권한의 행사로서 국무총리와 관계국무위원이 부서를 요하는 헌법 제82조의 '대통령의 국법상 행위'에 해당한다. 그런데 '부서 없는 대통령의 국법상 행위'의 효력에 관하여는 헌법이나 법률에 규정이 없으므로, 부서제도의 법적 성격 및 기능을 규명한 후에 이를 기초로 국무총리 甲의 부서 없는 대통령 A의 국감국조법 공포가 유효한지 여부를 검토하기로 한다.

II. 부서제도의 의의, 법적 성격 및 기능

1. 부서제도의 의의

헌법 제82조는 「대통령의 국법상 행위는 문서로써 하며, 이 문서에는 국무총리와 관계국무위원이 부서한다」고 규정하고 있는데, 여기의 '부서'라 함은 대통령의 서명에 이어 국무총리와 관계국무위원이 서명하는 것을 말한다.

2. 부서제도의 법적 성격

부서제도의 법적 성격에 대해서는, 부서는 부서권자로 하여금 대통령을 보좌하는 기관으로서의 책임을 지우고 책임소재를 분명하게 하는 것이라는 '보좌책임설', 국무총리와 국무위원은 원칙적으로 국회에 대하여 책임을 지지 않으므로 부서는 단순히 부서권자가 대통령의 국법상 행위에 참여하였다는 물적 증거를 의미하는 것에 지나지 않는다는 '물적증거설', 부서는 대통령의 국정행위가 절차적으로 정당하게 이루어질 수 있도록 기관내통제를 행사하는 것으로 이해하는 '권력통제설', 부서제도는 책임소재확인기능과 기관내통제수단의 기능을 함께 갖는 것으로 보는 '복합적 성격설' 등이 대립한다.

생각건대 헌법이 대통령의 국법상의 행위에 있어서 부서제도를 두는 취지는, 대통령의 권한행사의 오류와 남용을 방지하고, 국정에 있어서 대통령을 보좌하는 지위에 있는 국무총리와 관계국무위원의 책임 소재를 분명하게 하기 위함이다. 따라서 복합적 성격설이 타당하다고 보인다.

3. 부서제도의 기능

대통령의 국정행위에 대한 국무총리와 관계국무위원의 부서제도 역시 의원내각제적 요소라고 볼 수 있으며, 이는 대통령의 권한행사를 보좌하거나 통제하는 기능을 수행한다. 앞의 '부서제도의 성격'에서 본 바와 같이 복합적 성격설이 타당한 것도 바로 여기에 근거한 것으로 볼 수 있다. 다만, 대통령의 권한행사를 '보좌'하는 측면이 본질인 것인지, 아니면 '통제'하는 측면이 본질인 것인지에 대해서는 견해가 갈리는데, 이는 부서 없는 대통령의 국법상 행위의 효력과 연결되는 문제이다.

Chapter 04

Ⅲ. 부서 없는 대통령의 국법상 행위의 효력

1. 문제점

국무총리나 관계국무위원의 부서 없이 이루어진 대통령의 국법상 행위는 어떠한 법적 효력을 갖는지가 문제된다.

2. 학 설

① 무효설은 부서제도의 기능 중 대통령의 권한행사를 '통제'하는 측면을 본질로 보고, 부서제도를 대통령의 국법상 행위에 관한 효력요건으로 본다. 따라서 무효설에 의하면 부서를 결여한 대통령의 행위는 그 국법상 행위의 형식적 요건을 구비하지 못한 것이므로 이를 무효로 보아야 하며, 또 그래야만 대통령에 대한 견제작용도 가능할 것이고, 책임소재가 확인되지도 않고 절차적 정당성의 요건도 갖추지 아니한 국정행위가 효력을 발생한다는 것은 현행헌법이 추구하는 통치구조의 기본이념과도 조화되기 어렵다고 본다. 반면 ② 유효설은 부서제도의 기능 중 대통령의 권한행사를 '보좌'하는 측면을 본질로 보고, 부서제도를 대통령의 국법상 행위에 관한 적법요건으로 본다. 따라서 유효설에 의하면 부서 없는 대통령의 행위도 당연히 무효가 되는 것은 아니고 위법행위가 되는 데 지나지 않으며, 국회는 이를 탄핵소추의 사유로 할 수 있을 뿐이다.

3. 검 토

생각건대, 부서의 결여는 헌법이 필수적으로 요구하고 있는 형식적 요건을 결여하고 절차적 정당성에 반하는 것으로서, 헌법이 부서제도를 마련한 취지에 비추어 볼 때 부서를 결한 대통령의 국법상 행위는 무효로 보아야 한다.❶

Ⅳ. 결론

국무총리 甲의 부서 없는 대통령 A의 국감국조법 공포행위는 헌법 제82조에 위반하여 무효이다.

---

❶ [참고(유효설을 택할 경우)] 생각건대, 첫째, 대통령제 정부형태에서 행정권행사에 대한 최후의 결정권자는 대통령이라는 점에 비추어 우리 헌법상 부서제도를 비롯한 의원내각제적 요소는 대통령을 보좌하는 것이 본질적인 기능이라고 할 것이다. 둘째, 부서 없는 대통령의 국법상 행위를 무효라고 한다면 대통령의 의사가 그보다 민주적 정당성이 희박한 국무총리 및 국무위원에 의하여 좌절되는 모순을 초래하게 된다. 따라서 유효설이 타당하다.

MEMO

MEMO